この地で
フランス料理を
つくり続けていく

故郷に愛され、発信するフランス料理店。

素材・人・料理

オトワレストラン
音羽和紀

Kazunori
Otowa

柴田書店

Lorsque Kazunori Otowa a rejoint la famille des Relais & Châteaux, je le connaissais bien sûr comme le premier japonais ayant fait ses classes chez Alain Chapel, qui a formé et inspiré toute une génération.

Devenu l'un des grands ambassadeurs de la cuisine française au Japon, il s'est fait le fer-de-lance du travail des producteurs locaux avec lesquels il a su tisser une relation de confiance. Kazunori Otowa est en effet l'un des premiers à avoir compris l'importance des liens entre cuisine et agriculture. Partout dans le monde, les Tables Relais & Châteaux sont l'expression de la richesse de leur environnement local.

Garante de continuité mais aussi de renouvellement, l'éducation au goût – par l'organisation d'écoles de cuisine pour les enfants – est également au cœur de sa pratique. Relais & Châteaux ne peut qu'être sensible à ces démarches, puisque l'authenticité et la générosité sont des valeurs chères à notre Association.

J'ai découvert récemment que nous en partagions une autre, à laquelle je suis très attaché, celle du sens de la famille et de la transmission. À Québec, en novembre 2018, je l'ai vu monter sur scène avec sa femme, ses fils, sa fille et ses deux petits-enfants pour la remise du Chef Trophy Relais & Châteaux. Il soulignait ainsi que l'art culinaire est une exigence qui repose sur le soutien et la confiance de toute la famille. Mais surtout, ce tableau émouvant disait que l'hospitalité véritable est une histoire de transmission et de partage.

Dans la profondeur des liens que Kazunori Otowa crée avec son espace proche se trouve le secret d'un avenir certain pour une cuisine saine et durable. Son œuvre est un hommage vivant aux liens profonds qui unissent la France et le Japon.

February 2019
International President of Relais & Châteaux
Philippe Gombert

音羽和紀氏が私たちルレ・エ・シャトーの加盟メンバーになったとき、一世代の料理界に影響を与え、料理人を育てたアラン・シャペル氏のもとで学んだ、最初の日本人であることを私はもちろん知っていました。

彼は、日本におけるフランス料理大使の一人となり、彼が信頼を築きあげてきた地元の生産者とともに仕事をする先駆者となったのです。事実、彼は、料理と農業のつながりの重要性を誰よりもいち早く理解していた人物の一人です。世界のルレ・エ・シャトー加盟レストランやホテルのすべてが、その地域の豊かな環境をお客様に提供している場所であります。

持続することに留まらず新しいことにも意欲的に、子どものための料理教室を開催し、味覚の教育の実践活動もまた彼の仕事の核であります。誠実で尽力する精神は、我々の協会にとって貴重な価値であり、ルレ・エ・シャトーでは、このような彼の活動に対して心から敬意を表するとともに、感謝の念に堪えません。

私は最近、彼にとても執心した、我々の間にもうひとつ共通するあることに気付きました。それは家族の存在と伝承の意義です。2018年11月、ルレ・エ・シャトーのシェフトロフィー授与式でのことでした。彼の妻、息子二人、娘、孫二人と一緒に壇上に上がり、そして、料理の芸術は、家族全員の支えと信頼の上に成り立っているのだと、彼が熱く語る姿を目の当たりにしました。しかし何よりこの光景そのものが、真のおもてなしを伝え、分かち合うということを物語っていたのです。

彼の空間でつむぎ出す絆の奥深さの中に、健全かつ継承されていく料理の確実な未来への鍵があります。彼の創り出す料理は、フランスと日本を結び付けている深い絆への生きたオマージュなのです。

2019年2月
ルレ・エ・シャトー国際会長
フィリップ・ゴンベール

食文化の巨人！

　音羽さんの料理に初めて出会ったのは、26年ほど前、宇都宮に転勤してきてから半年ほど経ってのことだった。ある会合の弁当の蓋を開け何気なくサラダから箸をつけはじめた。"うまい！なんだ、この大根とハムのサラダは…"ど田舎の生まれで、舌の鈍感さには自信（？）があるが、そんな舌をも震わせてしまう衝撃だった。それ以来、小さな子どもたちを連れて釜川沿いの『セ・ラ・ヴィ』へ、たまには家内と二人で県庁前の『オーベルジュ・デ・マロニエ』へとOtowa詣がはじまった。

　私が勤める宇都宮大学では3C精神（主体的にChallenge挑戦し、自らChangeし周囲をChangeさせ、社会にContribution貢献する）をモットーにしている。だいぶ前になるが音羽さんの刺激に満ちた半生をお聞きし、あるいはご著書で読ませていただいたときに感じたのが、まさにこの3C精神であった。
　海外がとてつもなく遠かった1970年に単身ヨーロッパへ渡り、その上、驚きと笑いを禁じ得ないアプローチで"料理界のダ・ヴィンチ"アラン・シャペル氏に日本人として初めて師事するというChallenge。厳しい修業によって自らの腕や意識をChangeさせるのは当然のこと、地元の食材や生産者を大切にした素敵な料理を提供し、旨いものは都会でという私たちの固定観念をChange。更に、テロワール（地域ごとに違う栽培環境）という概念がほとんど意識されていなかった当時から地元ならではの食材の魅力と食と農のつながりを重視し、あるいは食育という言葉がまだ広く浸透していなかったころから食を通じて子どもたちの心を豊かにするなど、社会へのさまざまなContribution。

　このように食の世界を通じて3C精神を体現されてきた音羽さん、最近お目にかかったときには「地域のテロワールが生み出す食と農はひとつの文化であり、そこに観光が結び付くことが本当の意味での地方の豊かさを生み、地域に根づいたレストランは、その重要な担い手になる」と"食文化の巨人　音羽和紀"の集大成ともなる次なる3Cに眼を輝かせていらっしゃった。そんなジャンルを越えた幅広い魅力を学生に伝えたいと思い、お忙しい中にもかかわらず無理やり客員教授として学生の指導をお願いしているのは教育者としての本性である。音羽さんゴメン！

　音羽さんの20数冊目の著書となる『この地でフランス料理をつくり続けていく』が、株式会社柴田書店から出版されることになった。本書は単なる料理書ではなく、故郷である宇都宮で長年にわたりフランス料理レストランを営む音羽和紀シェフが、料理の道へ進むことになった経緯、そして地元とつながりをもちながらどのように考え、どのようにして店を続け、更にどのような夢を抱いているか。食材と生産者の写真や話も交えながら、200品あまりの料理とともに1冊にまとめられたユニークな著作である。私もレシピに従って俄か音羽門下生になってみたいと思うし、食しながらもう一度ページをめくり、音羽さんの想いに触れてみたいと思う。

国立大学法人 宇都宮大学長
石田朋靖

はじめに

　宇都宮という一地方都市でレストランを続けてきた自分の経験を知ってもらい、同じように地方で店を営む人や地元に戻って独立を考えている料理人、あるいは地域の食や観光をよりよいものにしたいと思っている人にとり、何かしらのヒントになるような本を作りたいと考え、もうずいぶん以前より構想を温めてきました。料理人を志すまでのこと、修業中のこと、帰国してから開業するまで東京でフードビジネスの在り方を学んだこと、開業してからの店作りのこと、家族のこと、継承のこと、これからの夢についても書き記しました。

　生まれ故郷に店を開いてから10年、20年、30年。まもなく40年になろうとしています。いつも前のめりで走り続けてきて、ふとふり返るとフランス料理店の中でも長く続いている店になっていました。地元のお客様たちにさまざまな場面でおいしく豊かな食に触れてほしいという思いから、フランス料理店以外にもデリカショップ、レストランバー、カフェレストランなども手掛けつつ、いずれは地域で唯一無二の存在感を放つ名店 ―自分が修業をしてきた、ヨーロッパで代々続く老舗のような― を宇都宮に作りたいと夢を追い続けてきました。やがて3人の子どもたちが海外修業から戻り、ともに夢を追いかけるようになり、少しずつ、でも確かに、目標にむかって進んでいるのかなと思っています。

　本書には、地域に根ざして自らの産物に誇りをもってがんばっている生産者の方たちにも登場していただいています。彼らの生き生きとした表情や素材が放つエネルギーから、この土地の食の力を感じとってもらえればと思います。料理は栃木・宇都宮らしさを前提にイマジネーションをめぐらせ、春夏秋冬それぞれの季節の素材を使って自由な発想で作りました。長く作り続けている料理も、息子たちの代で進化したものもあります。昔は無かった食材に出会い、生まれた料理もあります。時代の変化をとらえつつ、地域らしさを見失わずに、これからもより深く料理とむき合っていきたい、料理を作れば作るほどそう思うのです。

　料理人が地域社会にどう根ざしていくのかを考え、それを追い求めることは、優れた料理を生み出すこと以上に根気がいることかもしれません。その地域の食に精通し地域の食材を活かしきる、その土地らしい料理、建物、ホスピタリティを探り続ける。そこでしか得られない喜びを提供する。そしてそれは、自分の店だけでかなうことではなく、地域の自然、食材、観光、人のすべてが循環しその輪が広がる中で、つまり地域の成長とともにかたちになっていくものでしょう。食を通して地域の発展を支えること、それは地方に生きる料理人の役割であり、喜びではないでしょうか。

2019年5月
音羽和紀

目次

7 はじめに

思いを形に

15 憧れのはじまり
27 目標にむかって
33 シェフたちと
37 集大成
39 料理
44 地元食材
46 役割

21 伊達鶏白レバーのフラン、
　 オマールのムースリーヌ
22 椎茸のカプチーノ、
　 椎茸とかんぴょうのパイ
40 鶏のムースとオマール、
　 オマールソース
40 伊達鶏のバロティーヌ、
　 ジロールのピラフ、
　 ソース・アルビュフェラ
43 フォワグラのフラン

素材と料理　春・夏

春

52 伊達鶏のクネル、味噌風味のオランデーズソース
53 仔羊もも肉と葉玉ネギのブレゼ
56 新玉ネギの冷たいスープ、トマトのムース
57 伊達鶏のささみ、ハマグリのジュ
57 アンディーヴのポワレ、アサリ風味
60 新玉ネギのフラン
61 新玉ネギの冷たいスープ、鴨の生ハム
64 湯津上のホワイトアスパラガスのアイスクリーム
68 ホワイトアスパラガスとプレミアムヤシオマス、
　 ムースリーヌソース
68 ミニアスパラガスのミルフィユ、
　 オレンジのムースリーヌソース
69 朝採りグリーンピースのタルト
72 帆立のグリエ、グリーンピースのピュレ　トリュフ風味
72 グリーンピースのクレームブリュレ、
　 シェーヴルチーズのアイスクリーム
73 グリーンピースのフラン、オレンジソース
76 リヨン風　田ゼリのサラダ
76 イカとグリーンピース、日向夏の香り

77 ウドのグリエとイノシシ肉のブーレット、
　 味噌風味のベアルネーズソース
81 ウドのピクルス、プレミアムヤシオマスのリエットと
　 伊達鶏のリエット
84 筍のロースト、鶏胸肉と白レバーのポワレ
85 伊達鶏と筍のタルタル
88 ホワイトアスパラガスと筍のグラタン
92 牛ほほ肉のラグー、筍と葉玉ネギのソテー
93 筍とフォワグラのポワレ、五穀米のリゾット、マデラソース
97 椎茸と伊達鶏のコンソメ、フォワグラ添え
97 椎茸と伊達鶏のコンソメ、金目鯛添え
100 リ・ド・ヴォーと椎茸のパネ、オーブン焼き
100 ジャンボ椎茸のイノシシファルシ、
　 ベシャメルモッツァレッラ
101 ジャンボ椎茸のファルシ
104 トマトのジュレと新玉ネギのエスプーマ
105 栃木の春野菜、トマトのジュレ
109 ガスパチョのグラニテ
109 パプリカのスフレグラッセ、キュウリとトマトのグラニテ
112 よもぎのアイスクリームとキンカンのコンポート
114 鯛のポワレ、グリーンソース
115 桜鯛と燻製椎茸のヴァプール、
　 クレーム・ド・シャンピニヨン
115 行者ニンニクをまとったヒラメ、新ジャガイモ、アサリ、
　 グリーンピース添え
115 鯛のコンソメ
118 プレミアムヤシオマスのティエド、キュウリのソース
119 プレミアムヤシオマスのショーフロワ
122 軽いトリュフ風味のフランとプレミアムヤシオマス
126 ヤシオマスのスフレ、笹の香り
127 プレミアムヤシオマスのコンフィと新玉ネギ
127 ヤシオマスのファルシ、フィノッキオのポワレ
130 とちぎ和牛のロースト　フォワグラ風味、
　 ホワイトアスパラガスのグリエ
131 ウサギのバロティーヌ、フキのピクルス
134 伊達鶏ささみのティエドと春野菜
134 伊達鶏胸肉のポワレ、オマールの香り

夏

138 ズッキーニ・ゼファー、帆立と毛蟹のムース、
　　 トマトのクーリ

139 ナスとフォワグラのファルシ、バルサミコソース

139 米ナスと牛肉、フォワグラのポワレ、生姜とネギのフリット

143 トウモロコシと枝豆、カッテージチーズのサラダ

143 アーティチョークとパンチェッタの軽い煮込み

146 インゲンと新生姜のサラダ、タイムの花

146 レタスとイカのミルフィユ仕立て、オリーブソース

147 帆立と夏野菜のラグー

150 トウモロコシのスープ、トマトのソルベ

151 ジャガイモとキュウリのスープ

151 イベリコハム入りガスパチョ

154 イワシと赤パプリカのテリーヌ

155 グリーンピースとラングスティーヌ、
　　 酒粕のナージュ仕立て

155 海老のクネルとジロール茸、
　　 クレーム・ド・シャンピニョン

158 オマールの冷製クリームスープ

158 オマールのタルタルとトマトのロースト　サラダ仕立て

159 オマールのア・ラ・クレーム

162 岩牡蠣、生海苔ソース

162 岩牡蠣、グリーントマトのヴィネグレットとレモンのムース

163 岩牡蠣、レモンジュレ

163 岩牡蠣とウド、ヴィネガー風味

166 イワシのマリネとジャガイモのエクラゼ

167 マグロのタルタル、ウイキョウの香り

167 カツオとナスのタルタル、ビーツのヴィネグレットと
　　 梅のムース

170 スズキのポワレ、ブールブランソース

171 イサキのポワレ、生海苔ソース

171 アナゴと白インゲン豆、鶏トサカのラグー

174 ホヤのマリネとパッションフルーツ

175 ウナギのラケ、ポルトソース

179 ウナギのグリエ、みょうがのラヴィゴットソース

179 ウナギの燻製、キュウリとグリーントマトのピクルス

182 イカとウナギのテリーヌ

183 ウナギの温かいパイ

183 ウナギのクリーム仕立て、ケッパー風味

187 とちぎ和牛スライスとトリュフ風味のポテトサラダ

190 とちぎ和牛スライスと夏野菜のサラダ

191 とちぎ和牛のポワレ、サンマルツァーノトマトと
　　 アーティチョーク

194 仔羊のポワレとナスのテリーヌ　プロヴァンス風

195 仔羊肩肉とジャガイモのココット焼き

198 伊達鶏のヴィネガー風味

199 鶏胸肉のグリエ、ケッパー風味のキュウリソース

203 バジルのムースとヨーグルトソルベ

206 フルーツのコンソメとアイスクリーム

207 リ・オ・レ、アンズのコンポート

207 クレーム・ド・バナナとココナッツのソルベ
　　 パッションフルーツのソース

210 柑橘類のデザート　生姜とマスタードの香りで

211 キウイフルーツとパイナップルのグラニテ

211 ブルーベリーの温かいパイ

214 桃の瞬間コンポートとライチのソルベ

219 エキゾチックフルーツのババ

素材と料理　秋・冬

秋

223 落花生のタルト　今牧場のウオッシュチーズ "りんどう"

223 赤ピーマンとナッツのムース、ロメスコ風

226 ジャガイモとフォワグラのスープ

227 ジャガイモのポタージュと
　　 カチョカヴァッロのグラティネ

227 ポワローのポタージュとマッシュポテト

230 田ゼリとジャガイモの温かいサラダ、
　　 鶏レバーのヴィネグレットソース

231 ありったけの焼き野菜

234 温製ブリチーズと春菊

235 キノコのコンフィとジャガイモのピュレ

235 キノコのコンフィとジャガイモのピュレ、
キノコのムース添え

235 牛ほほ肉のラグー、椎茸のコンフィ、ゆべしの香り

235 マイタケのコンフィ、フォワグラ、伊達鶏のコンソメ

238 仔羊のラグーとナスのシャルロット

239 和栗のポタージュ

242 鶏のクネル、クレーム・ド・マロン

246 サンマの燻製と白菜の燻製ヨーグルト風味

247 サンマと緑ナスのテリーヌ

247 サバのコンソメ

250 スズキのポワレ　ラルド風味、ヴィヤンドソース

250 サワラと大和イモのクルート、酒粕風味の蟹のコンソメ

251 オマールのポシェ、栃木の野菜添え

254 鹿のロースト、シェーヴルのラヴィオリ、
ニンジンのピュレ、胡椒風味のソース

255 黒大根とフォワグラのポワレ

255 豚肉のクレピネット、アサリ、新生姜のムース

258 栗蜂蜜とほうじ茶でマリネした鴨のロースト、
サヤインゲンと新ゴボウ

258 鴨とフォワグラのロール仕立て、キノコのピクルス添え

259 鴨胸肉のポワレ、ヴィネガー風味の赤玉ネギのロースト

262 佐野産イチジクと洋梨、スペキュロスのアイスクリーム

263 イチジクのオレンジ風味コンポート、
蜂蜜のアイスクリーム、白ワインジュレ

266 マスカルポーネのアイスクリームと黄桃、
ピスタチオのエミュルション

267 栗とクルミのデザート、フロマージュムースと
黒糖のメレンゲ

270 洋梨のデザート、
キャラメリア（ミルクチョコレート）のアイスクリーム

274 ユズのウッフ・ア・ラ・ネージュと和梨の瞬間真空、
和梨のソルベ

275 和梨のソルベと和梨の瞬間真空

275 ミルクアイスクリームと和梨の瞬間真空

冬

279 伊達鶏レバームースとリンゴのメレンゲ、
鹿のバルバジュアン

279 菊イモのポタージュ、トリュフ風味のエミュルション

282 ポワローの3皿（ポワローと鶏のソリレス、
ポワローとフォワグラのポワレ、
ポワローとプレミアムヤシオマスのタルタル）

283 新里ねぎのポシェと牡蠣

286 帆立のグリエと新里ねぎのポシェ

287 新里ねぎのポシェ、牡蠣のコンフィと鴨の生ハム

287 とちぎ和牛と新里ねぎのポシェ

287 フォワグラのポシェと新里ねぎ

291 ゴボウのフランと白子、トリュフ風味

291 ゴボウのアイスクリーム、
ゴマ風味のチョコレートソース

294 海老のグラタン、オレンジ風味

295 海老のオーブン焼き、
トリュフ風味のカリフラワーのクリーム

295 帆立のポワレ、
トリュフ風味のクレーム・ド・マスカルポーネ

298 ヤリイカとトマトのグリエ、
万願寺唐辛子のコンディマン

298 ヤリイカのポワレ、シイタケのラヴィゴットソース

299 北寄貝の青海苔ブール・ブランソース

299 北寄貝のリゾット、発酵赤大根、
ローリエ風味のエミュルション

302 プレミアムヤシオマスのコンフィ、グリーンソース

303 タラのポワレ、ターメリック風味

303 タラと発酵白菜のヴァプール

303 タラとジャガイモのエクラゼ

306 ブリのポワレ、ベアルネーズソース日本風

306 ブリの四川唐辛子コンフィ

307 ブリのファルシ、ニンジンとパプリカのソース

310 鶏ささみとエスカルゴのブルゴーニュ風

311 八溝ししまるのロースト、
スパイス風味の紫イモのピュレ、トレヴィス、
椎茸、新ゴボウ添え

314 とちぎ和牛すね肉のブイイ、レフォールソース

314 栃の木黒牛のポワレ、
　　シェーヴルチーズと奈良漬けのコンディマン

315 とちぎ和牛のポワレとアンディーヴ、
　　トリュフのヴィネグレット

318 とちぎ和牛すね肉のラグー、マデラソース

318 とちぎ和牛すね肉のラグー、フォワグラソース

319 とちぎ和牛すね肉のラグーと牡蠣のコンフィ

322 フォワグラのポワレとブドウのクリーム風味

323 ジャガイモとフォワグラ、鴨の生ハムのプレッセ、
　　トリュフのヴィネグレット

323 焼きイモとフォワグラのファルシ

326 レモンのウッフ・ア・ラ・ネージュ、とちおとめ、
　　酒粕のアイスクリーム

327 とちおとめのコンソメ、ココナッツとライチのソルベ、
　　ローズヒップのグラニテ

334 ピスタチオアイスクリーム入りのプロフィットロール、
　　ベリーのチョコレートソース

335 チョコレートとトリュフのデザート

つながる

340 県を越えて

福島県〈伊達鶏〉

342 伊達鶏のロースト、いろいろ野菜添え

344 伊達鶏とオマールのロール仕立て、
　　クレーム・ド・オマール

345 伊達鶏胸肉と長ネギのポシェ、
　　山椒風味のベアルネーズソース

宮城県〈牡蠣〉

350 牡蠣のシャンパーニュクリーム

352 牡蠣のポワレ、紫白菜と春菊

354 牡蠣と牛肉のタルタル

354 牡蠣と牛肉

355 牡蠣と鶏ささみのトリュフヴィネグレット

355 牡蠣と鶏ささみのブール・フォンデュ　トリュフの香り

358 牡蠣とトマト、田ゼリのラグー

359 鶏手羽元と牡蠣のスープ

奈良県

363 アマゴのベニエ、ウド、カリフラワー

363 アマゴのベニエ、長ネギ、椎茸、ラヴィゴットソース

366 大和牛のロースト、万願寺唐辛子のコンディマン

367 大和牛ランプ肉のポワレと赤玉ネギのロースト

370 片平あかねのポタージュ、大和まなと金ゴマ葛餅

371 三輪素麺のキュウリソース

371 三輪素麺とコンソメ、レモンの香り

つなぐ

377 地元のためにできること

381 軸を作るもの

383 家族のこと

387 未来

［本書をお使いになる前に］

・本書中の鶏は、内臓やガラも含め、すべて「伊達鶏」を使用している。

・本書中のヤシオマスは、燻製やアラも含め、すべて「プレミアムヤシオマス」を使用している。

・バターはすべて無塩バターを使用している。

・ヨーグルト（プレーン）、ココアパウダーは、すべて無糖のものを使用している。

・E.V.オリーブ油は、エクストラ・バージン・オリーブ油の略。単にオリーブ油とある場合は、ピュア・オリーブ油を使用している。

・材料の分量、加熱時間などは、素材の状態や使用する調理機器などによってかわるため、すべて目安である。

・「スチームコンベクションオーブン」を使用して加熱している場合でも、スチームモードを使用していない場合は、「コンベクションオーブン」と表記している。

・本書で使用しているアガー類、エスプーマコールド、マルトセックは、すべてSOSA社（スペイン）の製品。

・「トロメイク」は、（株）明治のとろみ調整食品。

撮影　天方晴子

デザイン　中村善郎 yen

フランス語訳・フランス語校正　千住麻里子

編集　長澤麻美

.A l'Apéritif.

- Chante - Alouette

- Besserat de Belle

- Château de Fonsalette

———

- Le 28 Juin 1975.

思いを形に

Réaliser son esprit

- Fritures de Céteaux, de Goujons.

- Petit Feuilleté d'Asperges vertes de Villelaure.

- Homard Breton à la crème,

- Coeur de Filet à la façon de Fernand Point, crique Ardéchoise en jardinière de légumes
  ou
- Poulette de Bresse en gessie,

- Fromages Fermiers.

- Desserts glacés. Mignardises. Les Fruits rouges.

- Pâtisserie maison.

Carte des cafés.

ALAIN CHAPEL M.O.F. 1972 "LA MÈRE CHARLES" 01390 MIONNAY

1947年、栃木県宇都宮市に生まれる。
身内に料理人はいなかった。

憧れのはじまり

夢は昆虫博士。海外への思い

　子どものころから自分の好きなことに没頭するタイプだったようで、ものごころつくころには昆虫に夢中。虫捕り網を手に、近所の昆虫好きの大人に交じり、蝶やトンボを追いかける毎日だった。やがて採集だけではあきたらず、蝶の卵を探したり、幼虫から育てて観察し、成長段階ごとの標本まで作るように。小学生にもかかわらず、宇都宮大学の「昆虫愛好会」のメンバーにもなっていて、いずれは昆虫を追って、世界を旅してまわることを夢見ていた。

　中学生になるころには海外に行く決心をほぼ固めていたのだが、それはつまり、昆虫採集を目的としたものだったのだ。

　当時は海外に行く人もそれほど多くはなく、情報も今のように豊富ではなかった。中学生の僕は、海外のことを知るために映画館に通い詰めるうち、洋画の中の俳優たちの優雅な身のこなしやファッション、街の雰囲気にもすっかり魅了されていた。

　やがて将来について思い悩む年頃となり、自分にむいている仕事はなにかと考えるようになっても、海外への思いは薄れることはなく、海外で生き抜くために"稼ぐ"手段として、自分に適性がありそうな料理人という仕事を志すことに。子どものころからよく母を手伝っていた僕にとり、料理もまた、身近なもののひとつだった。

　大学時代は渡航費と滞在費を貯めるためにアルバイトに明け暮れ、海外体験について書かれた本を読みあさり、実際に海外生活の経験のある人に話を聞きに行くなど、着々と準備を進めた。

　大学を卒業すると、まず東京・渋谷のレストランに入り、厨房に空きが出るのを待ちながらサーヴィス見習いとして働きはじめたのだが、このままでは、ひと通りの技術を身につけて海外に行くまでに10年はかかると思い、早々に渡欧を決意。店を半年で辞め、宇都宮のレストランで調理見習いをしながら、受け入れ先を探した。

1970年　ヨーロッパへ

　なんとか父の知り合いの紹介で、ドイツのレストランで働かせてもらえることとなり、ヨーロッパ行きが現実のものとなったのは、1970年の11月。横浜港から船でナホトカにむかい、そこからシベリア鉄道を利用するという、当時の学生や若者たちにとって一般的だったルートで2週間以上をかけ、ようやく目的地のドイツ（西ドイツ）にたどり着いた。

　最初の修業先はキールの伝統的なドイツ料理店『ジーヘンブロイ』で、仕事は倉庫の在庫管理からスタート。ここで半年を過ごし、その後『レストラン・シェロス』へ。ドイツ語を必死に勉強しながら、野菜の下処理や、肉や魚をおろす仕事をこなした。

　次にケルンに移り、ドイツでも屈指のエクセルジオル・ホテル・エルンスト内にある、クラシックなフランス料理を提供するレストラン『ハンザ・ステューベ』で、菓子とパン、冷たい料理の仕込み、スープや温野菜のポジションなどを担当した。そのころにはドイツ語も、日常会話程度なら話せるようになっていたが、次はフランスと決めていたため、ケルンに着くと同時にフランス語の勉強も開始した。フランスの二ツ星、三ツ星レストランへ手紙も書きはじめたが、色よい返事が受けとれないうちに、ホテルとの契約期間は終了。不安な日々を過ごしていた僕を助けてくれたのは、キールで修業中に知り合った、オペラ歌手の岡村喬生さんだった。ようやくそのつてを頼りに、スイス・ジュネーヴのフランス料理店、ジャック・ラコンブ氏がオーナーシェフを務める『オーベルジュ・デュ・リオン・ドール』に入ることができたのは、1973年の冬であった。ここで僕はフランス料理の基礎を学んだ。

　ジュネーヴは国連などの国際機関が集まる国際都市。人の動きもインターナショナルで、食材もフランスの一流のものが集められていた。スタッフはほとんどがフランス人で腕のいい料理人が多く、発想も豊かで新しい料理がどんどん生まれていた。毎日がめまぐるしく刺激的で、いい経験、勉強になった。

やはりフランス料理

　こうして僕の料理修業は、フランス料理を意識しながらも、ドイツ料理からのスタートとなったのだが、フランス料理、そしてフランスへの思いをより強くすることになった、ひとつのきっかけがあった。

　それは1枚の写真だった。

　ドイツでの修業をはじめて半年が過ぎたころである。たまたまめくった料理雑誌から目に飛び込んできたのは、ずらっと並んだ料理人たちの真ん中で、白いコックコートを着て腕組みをした厳めしい表情の料理人、ポール・ボキューズの姿だった。見出しは「料理人の王様」。その厳しい表情に比し、料理は繊細で華やか。美しく、かつダイナミック。その写真から受けた衝撃が、自分のむか

う方向を決定づけたといっていい。

　その雑誌には、ほかにもリヨンのレストランや食材を紹介する特集記事が、20数頁にわたり掲載されていて、それを見終えた瞬間に、すでに僕の心は決まっていた。

　「料理を身につけるならフランス料理、それも本場のリヨンに行って修業する」

　それまで、修業はほどほどのところでと考えていた僕は、こうしてフランス料理の道を極める決意をした。

　フランス中南部に位置するリヨンは、世界に知られた美食の町。自然に恵まれ、食材も豊富で、その近辺には昔からいい料理人が多く集まっていた。たとえば、1930年代に「フランスの三大料理人」と呼ばれた3人、ヴァランスの『ピック』のアンドレ・ピック、ソーリューで『ラ・コート・ドール』を営んでいたアレクサンドル・デュメーヌ、ヴィエンヌの『ラ・ピラミッド』のフェルナン・ポワンがいたのもこの辺り。フランス料理界の大御所は皆この周辺で活躍し、いうなれば、リヨンはフランス料理のメッカだった。

『アラン・シャペル』への思い

　1970年代当時、フランスには「ヌーベル・キュイジーヌ」の新風が巻き起こり、その新しい流れの旗手としてポール・ボキューズやトロワグロ兄弟、ロジェ・ヴェルジェやミッシェル・ゲラールなどの名が知れわたっていた時代である。

　そんな中、次の修業先を探すにあたり、まわりの料理人たちに尋ねてみた。

　「今まで出会った中で、もっとも厳しい料理人は？勢いのある店は？」

すると、その答えのほとんどが、リヨン郊外の『アラン・シャペル』であった。やはりリヨン。それも僕が望む最高の仕事場である『アラン・シャペル』に入らなければ、修業は終われないという思いは、日増しに強くなっていった。

　アラン・シャペル氏は1972年にフランス政府からM.O.F（フランス国家最優秀職人章）を最年少で与えられるほどの奇才ぶりを発揮し、翌年の1973年には、これも史上最年少でミシュランの三ツ星を獲得するという快挙を果たし、その名を世界にとどろかせていた。

　後に「厨房のダ・ヴィンチ」とも称された人物で、その圧倒的な威厳や風格が、写真からも伝わってくるようだった。

1974年、アラン・シャペル氏と。

いよいよ『アラン・シャペル』へ

　こうして『アラン・シャペル』への思いを募らせていたある日、僕は意を決して『リオン・ドール』のラコンブ氏に自分の思いを伝えてみた。すると予想に反し、快くシャペル氏に連絡をとってくれたのである。

　もちろん、最初からすんなりと入店を許されたわけではない。最年少でとった三ツ星を守りながら、更に料理を極めようとしていた時期、外国人を雇って余計な気をとられたくなかったのは当然で、かたくなに断られ続けた。最後に僕が出した切り札は、かつてこの店で働きたいと出した手紙に対する返事が書かれていた、1枚のカード。「2、3年経って、もしまだ興味があったなら、可能性はあるかもしれない」と書かれたその内容を伝えると、シャペル氏は一瞬言葉を失った。

　後になって、それを書いたのは彼の母親だったということを知ったが、とにかく、晴れて憧れの『アラン・シャペル』で働くチャンスを手に入れたのである。

　ようやく念願だった『アラン・シャペル』の厨房に立つことができたのは、1974年の春。僕は26歳だった。初日の緊張は極限に達していたが、仕事がはじまればそんなものは吹き飛んでしまい、とにかく目の前の仕事をこなした。

　『アラン・シャペル』の厨房は、設備も道具もみごとに磨かれ、食材も器具もすべてきちんと整理され、大切に扱われていた。無駄なものは何ひとつなく、怒鳴り声や話し声さえもまったくない静けさだった。聞こえるのは銅鍋がプラックに置かれるときのわずかな金属音やオーダーを読むシャペル氏の低い声だけで、全員が淡々と、驚くほどスピーディーに仕事をこなしていた。シャペル氏が優れた料理人であると同時に、細かいところまで目の行き届く、優れた経営者であることが理解できた。

　僕はこの『アラン・シャペル』で、その後の自分の料理に対する考え方や店作りに大きな影響を与えることになる、たくさんのものを吸収した。まずはもちろん料理。そして、それとともに強く心を打たれたのは、目の前の食材や生産者、お客様にむかうシャペル氏の姿勢である。誰が見ていようが見ていまいが、淡々とまじめに食材にむかい、料理を作るという、料理人としての姿勢そのものに、深く感銘を受けた。

『アラン・シャペル』の料理

　『アラン・シャペル』の料理で、印象的なものがいくつかある。

　まず、衝撃を受けたのは「poulet en vessie（肥育鶏の膀胱詰め）」。世界に名だたるブレス鶏を丸ごと使い、皮と肉の間にトリュフの厚いスライスを詰め、これを丸ごと豚の膀胱に入れて、蒸し煮にするというダイナミックな料理。リヨン地方の伝統料理のシャペル版である。僕が初めてこの料

理を目にしたのは、まだ『リオン・ドール』にいたころのことである。店の若い料理人たちの勉強のためにと、フランス各地の料理を作って見せていたラコンブ氏が、あるときメニューに載せていたのがこれだった。遠くから覗いた厨房の鍋の中で、パンパンに膨らんでいたそれを目にした僕は、お店のサーヴィスに尋ねてみたのである。そんな料理があることは、話としては知ってはいたが、実際に見たのはそれが初めてだった。

『アラン・シャペル』で働くようになると、その凄さにあらためて驚かされた。膀胱の中に鶏とともに入れられているのは、マデーラやコニャックやジュ・ド・トリュフ。ふっくらと芳醇な風味に仕上がった肉を切り分け、膀胱の中のブイヨンを煮詰めてクリームやフォワグラを加えてバターでモンテしたソースをかける。トリュフの香りが漂い、圧倒的に豪華で、それでいて繊細で、とにかく夢のような料理だった。

そして、グリーンアスパラガスとエクルヴィス（ザリガニ）のパイ料理。春になると、プロヴァンスのブラン氏のアスパラガス農場から送られてくるみごとなアスパラガスを使い、トリュフ風味のムースリーヌソースをかける贅沢な一品。提供する直前にゆでたアスパラガスに、エクルヴィスの風味とトリュフの香りを加えたおいしさは格別で、あっという間にフランス中、そして世界中に広まった、有名な料理のひとつである。

エクルヴィスといえばもうひとつ。白レバーのフランに、エクルヴィスのソースを合わせた料理がある。なぜレバーにエクルヴィス？という不思議さと、そのおいしさ、そして一歩間違えればまったく別の料理になってしまう難しさ、複雑さ。料理人にとって、興味をひかれる要素の詰まった一品だった。

そしてこれは、もう少し後になって生まれた料理。

僕は帰国してからも、毎年フランスを訪れ『アラン・シャペル』で食事をすることを欠かさなかったのだが、あるとき、見たことのないスープが出された。その名は「カプチーノ・シャンピニヨン（キノコのスープ　カプチーノ仕立て）」。それまでスープといえば、とろみのあるものが普通だったが、このスープはさらっとしていて、かつ軽い味わいの中にコクも感じられた。

当時、「泡」は消される存在だった。混じり合ったアクとともに、排除すべきものと考えられていたのである。それを、攪拌してわざわざ泡を作り、料理にしてしまったところが新しかった。今では世界中どこでも見掛けるカプチーノ仕立てだが、もともとは、シャペル氏がこのスープで初めてとり入れた手法である。このスープ、簡単そうに見えて実は高度な技術が必要で、キノコの旨みが上手に引き出せなければ、そして泡立ちの絶妙なバランスを見極めなければ、決しておいしくは仕上がらない。もちろん、イタリアのカプチーノの影響は明らかだが、だしや素材の味を大事にし、さらっとしているのに味のある、日本のお澄ましの要素も、僕には感じられた。

この斬新なスープの手法もまた、一気に世界中に広まった。

伊達鶏白レバーのフラン、
オマールのムースリーヌ p.253
Flan de foies de volaille,
mousseline de homard

鶏白レバーのフランは、フランス・ブレス地方
の名物料理。通常はトマトソースを合わせるが、
シャペル氏はこれにエクルヴィスのソースを合
わせた。僕はオマールで作っている。フランの
火入れがポイントである。

椎茸のカプチーノ、
椎茸とかんぴょうのパイ p.95
Cappuccino de shiitakes,
tarte aux shiitakes et kanpyo

シャペル氏のキノコのスープは、僕も大好きな
料理のひとつ。これはそのスープからヒントを
得て、シイタケを加えて作ったもの。

シャペル氏が、こんな話をしてくれたことを思い出す。

「なぁカズ。自分の店の、オリジナリティーのある一品を見つけることは、とても難しい。先人たちの仕事から多くを学んできた中で、自分が感じるものを、自分の方法で表現することは、それほど簡単なことではない。そして、その一品を見つけて世に出した瞬間に、それはあっという間に広まってしまう。誰もが同じような料理を作るようになっても、残念ながら、仕方がない」

常に料理界のトップにいたシャペル氏の心境は、複雑だったに違いない。

こうした料理でフランス料理界に革命を起こし、影響を与え続けていたシャペル氏が、何より大切にしていたのが素材である。地元の産物を知り尽くし、毎朝自分で生産者のもとを訪れて新鮮な食材を持ちかえると、それぞれの素材の個性を大切にしながら料理法を考え、盛り付けにもその素材らしさを活かすことを忘れなかった。

そんな彼の料理には、食材（生命）への敬意と感謝が込められていた。彼がよく言っていたのは、「ルセットにとらわれてはいけない」ということ。同じ素材でも、気候や収穫時季などにより味は大きくかわる。それに合わせ、料理も当然変化すべきである。

ミヨネーの村で

僕は日本にいたころに、ヨーロッパに渡る準備のひとつとして、空手と華道を身につけていた。何かの役に立つだろうと習いはじめた2つだったが、けっきょく大学を卒業するまで7年以上やり通し、師範の免状ももらっていた。

特に空手は、収入的には厳しいヨーロッパでの修業時代、大いに僕を助けてくれた。ドイツでは料理修業の傍ら週2回、キール大学の学生に教えていた。仕事場ではいちばん新入りだった僕が空手ではマイスター（師範）であり、それが心の支えにもなっていた。また、質素で堅実なドイツの大学生の生活に触れられたことも、料理のことしか頭になかった僕にとり、大きな収穫だった。

フランスに移り『アラン・シャペル』で働きはじめてからも、時間があるときには、ミヨネーの村人数人に空手を指導していた。

あるとき、習いにきていた一人の村人と談笑していたときのこと。彼がなにげなく言ったのだ。「カズ、ミヨネーはどうだい？いいところだろう」と。その言葉に僕ははっとした。彼にとっては『アラン・シャペル』が自慢なのではなく、村の自然や風景、暮らし、人、すべてを大切に思っている。その言葉の中にある、郷土愛の深さに感銘を受けたのである。それから続いた彼の話の中には、とうとう最後まで『アラン・シャペル』の名が出てくることはなかった。

思えば、「おらが村」を意識するフランス人にいたるところで出会った。特に際立つものが感じられない土地でも、そこで採れる野菜や作られるチーズを、まるで世界一のごとく絶賛する彼ら。古びた建物も、素朴な郷土料理も、その土地にまつわるすべてが彼らの自慢のタネだった。

1971年、オーストリア（グラーツ）にて。夏の空手合宿にトレーナーとして参加。

1972年、西ドイツ（ケルン）のエクセルジオル・ホテル・エルンスト内の『ハンザ・スチューベ』にて。

　いつも他と比較することが習慣になっていると、なにか抜きん出たものがなければ、いいとは感じられなくなってしまうものなのかもしれない。そんな自分の価値観を、問われたように思えた。

　ミヨネーの村人の言葉を聞いたその翌日には、自分も故郷に戻って店を開き、根づいていこうと決意していた。27歳のときである。

『オーベルジュ・ド・リル』　もうひとつの憧れ

　フランスには『アラン・シャペル』と並び、僕が憧れていたレストランがいくつかある。
　『オーベルジュ・ド・リル』もそのひとつ。アルザス地方のイローゼルンという小さな村にある、三ツ星レストランである。
　僕が初めてここを訪れたのは、ドイツで修業をはじめて2年目の1972年。当時空手を教えていたキール大学の学生のつてで、初めて食べに行った三ツ星レストランが、ここだった。
　エーベルラン一家は1880年代からこの地でレストラン業を営み、地元の人々に親しまれていた。第二次世界大戦のあおりを受けて一時閉店してしまったレストランを再建し、力を合わせて家業を再興したのがエーベルラン家の兄弟、ポールとジャン＝ピエールの二人。兄のポール氏が料理を担当し、弟のジャン＝ピエール氏が設備面やサーヴィスを担当した。ポール氏はレストランで働く母親や叔母の傍らで自然と料理に親しみ、その道へ進んだという。
　三ツ星レストランらしく洗練されてはいたが、料理を運ぶ女性は民族衣装を身にまとい、そのサーヴィスは家庭的で温かかった。もちろん料理はとびきりおいしく、お客はゆったりとした気持ちで食事を楽しみ、上質の時間を過ごすことができた。家族経営のレストランが作る穏やかな雰囲気、そのなんともいえない心地よさが、心に深く刻まれた。

ミッシェル・ゲラール

『アラン・シャペル』に入って3年が過ぎたころ、最後の修業先として次の店を考えはじめた。プロヴァンス地方にも興味はあったが、いろいろ調べていくうちに気になりだしたのは、ミッシェル・ゲラール氏。菓子職人から料理に幅を広げたという経歴もユニークで、味はもちろん、視覚的にもすばらしい盛り付けが評価されていた。パリ郊外の『ポ・ト・フー』という店で脚光を浴び、「おいしくて太らない料理」とクアハウスを結び付けた新しいタイプのホテル・レストランをはじめて話題になり、1970年代のフランス料理界に新風を吹き込んだ一人。なにより、シャペル氏とはまた違った料理に対する考え方やセンスをもっていそうなところが魅力だった。複数の店で修業をするなら、タイプの異なる店を選んだほうが、得られるものは大きい。

シャペル氏の口利きで、このミッシェル・ゲラール氏のもとで働けることになり、1977年3月、29歳でいよいよ最後の修業の地、フランスの西南部、スペインとの国境近くのピレネー山脈の麓の村、ユージェニー・レ・バンにある、ゲラール氏がオーナーシェフを務めるホテル・レストラン『レ・プレ・ドゥジェニー』で、シェフ・ド・ポワソニエ(魚担当のシェフ)として働きはじめた。魚はゲラール氏が重要視していた素材のひとつだが、担当は僕一人。見方によっては試されていたともいえるが、僕にとってはありがたいことだった。

ゲラール氏もまた、料理にいっさい妥協のない、厳しい料理人だった。シャペル氏同様地元の食材を知り尽くし、近くに産地のあるフォワグラを、当時では珍しくポシェにした料理などを作っていて、また、トウモロコシをたっぷり与えた地鶏に、これも産地が近くにあったロックフォールや摘みたてのハーブを詰めた料理も有名だった。

彼の料理で際立っていたのは、繊細な技術と皿の上の表現力。魚を蒸す技法などもいち早くとり入れ、まだ珍しかった海藻蒸しの料理を出すなど、創造力も豊かだった。フランス人としては小柄な外見や、その温和な性格とは対照的に、作り出す料理は大胆。素材の特徴を活かした美しい色彩で、はっとするような世界を皿の上に作り上げて見せた。もともと菓子作りから料理へと自分の領域を広げた人でもあり、料理の世界に菓子の華やかさと繊細さを持ち込んだ。また逆に、菓子の世界に料理のようなシズル感溢れる表現方法をとり入れ、「レストラン・デザート」という一分野を確立させた。

次々とフランス料理界に新風を吹き込み、変革を起こしながら前進を続けるゲラール氏の姿を、ここで間近に見ることができた。

こうして僕は、すばらしいシェフたちのもと、ヨーロッパで約7年間の修業を積み、それを納得のいくかたちでしめくくることができた。

目標にむかって

遠くの目標。
そのために今すべきこと

ヨーロッパでの修業を終えて日本に戻ったのは1978年。

故郷である宇都宮で、いつか『アラン・シャペル』のような店を作りたい。その目標は決まっていたが、いきなりそれを実現させるのは難しいこともわかっていた。そのため、そこに至るまでのステップをどう重ねるかを、常に考えていた。

せっかくフランスで修業をしたのに、「なぜ宇都宮で？」というのは、まわりの料理人仲間の当然の反応であった。それでなくとも、フランス料理店のようなある種特別なものは、人が集まる東京でさえ成功させるのはそれほど簡単ではない。それを、特に人が多く集まる施設や観光名所があるわけでもない地方都市で立ち上げるなど、並大抵のことではない。それは僕も充分予想し、覚悟していたことだった。

宇都宮にフランス料理の楽しさを広めるには、最低10年はかかるだろうと思っていた。

そして、店の経営については、これからまだ勉強しなければならないことが多くあった。そのため、まずはつながりのあった株式会社中村屋に3年間お世話になることに決め、東京・新宿の『中村屋』で働きはじめた。

当時から菓子の製造・販売のほかにも多角的に飲食業を展開していた中村屋は、日本のレストランビジネスを学びたいと思っていた僕にとっては願ってもない職場だった。また、新宿本店を全館まとめてリニューアルするというタイミングとも重なり、短期間のうちに、多くのブレーンや業者とやりとりをする貴重な体験をさせてもらった。

またその一方で、アメリカの外食産業を視察するツアーや経営セミナーなどの勉強会に参加して、マーケティングの視点を学んだ。同時に、あらゆる店を食べ歩くことも忘れずに、ロケーションや店のレイアウト、メニューやプライスを見てまわった。

このときの経験が、宇都宮でレストランをはじめるときの軸になったのはたしかで、この3年間は、とても大切な時間だったといえる。

経営について

　店の経営について学ぶ方法はひとつではない。もちろん基本的な経理の知識は必要だが、教科書や本での勉強だけですべて理解できるものでもない。それよりも、店でいろいろな人の仕事を見ること。これがとても役に立った。

　たとえば当時のフランスのソムリエは、店のワインをすべて自分で仕入れていた。仕入れ日や売り値などを書き込んだ手帳をもとに経営者とやりとりをし、選んだワインを責任をもって売っていた。販売価格は、ヴィンテージ、世の中の情勢や情報、残りの本数、もちろん自分の価値観などによって毎年かわり、ワインの売り上げが、自分の給料とも連動していた。

　つまりワインというひとつの商品でビジネスをする一事業者だったわけで、レストランの経営も基本は同じである。自分の感覚だけではなく、さまざまな情報やお客様の求めるものなど、客観的に判断して価格を決め、それに沿った料理とサーヴィスを提供する。その考え方や方法は、当時のソムリエのそれとなんらかわりはない。

　こんなふうに経営に関しても、自分の目や耳や、手や足を使って覚える生きた勉強を、僕は意識的にしてきたように思う。

　それともうひとつ。自分の店が、少し世の中の人の役に立てばうれしいという思いは大切である。そのことを本気で考えられるなら、そしてそれを客観的に判断することができるなら、絶対に失敗はしないと思っている。

店を作りはじめる前に

　地方に限ったことではないが、いかに市場のニーズに合った店を作るかが、成功のカギとなる。お客様がどんな店を望み、どんな料理を求め、どんな空間を期待しているのか。これが探れなければ、自己満足の料理人でしかない。

　作りたい店のイメージができ上がったら、それに近い同業店を見学に行くのも、あるいは、第三者の意見に耳を傾けるのもいいだろう。それと同時に、もう少し大きな視点から、現在の消費マーケットや生活スタイルがどう動いているのかなど、一見店の営業とは関係のない、世の中の動きにも注視すべきである。

　僕が宇都宮に最初の店を出すための具体的な準備にとり掛かったのは、1980年。結果的に計画から準備まで、たっぷりと1年半をかけた。

　まず僕は、宇都宮に暮らす人々の特性を自分なりに分析するところからはじめた。

　当時の宇都宮は、まだ東京のような極端な核家族化には至っておらず、各家庭の習慣や慣例は強く残っていたが、反面、県外の大学を卒業し、就職のために地元に戻るなどのＵターン現象が出は

じめ、昭和20年代生まれの世代から、生活スタイルが都市型になりはじめていた。この年代は男女を問わず「食」にも関心が高かったが、彼らもストレートに「東京」をとり入れることをよしとはせず、むしろ、郷里宇都宮の地域性を大切にする意識が強かった。

　こうしたその土地の住民の気質とでもいうべきものを見極めることは、とても重要なことである。

カフェ・レストラン『オーベルジュ』開店まで

　こうした時代の空気の中、最初の店を、宇都宮駅から少し離れたところに広がる繁華街の一角に出すことになった。街の中を流れる釜川に面した静かなその場所は、東京にいる間に結婚した妻の父親が所有していた土地で、そこを提供してくれることになったのだ。

　建物は2階建ての一軒屋。店名については、最初は別のものを考えていたが、フランスの一流レストランの多くは田舎にあるオーベルジュ（宿泊施設付きのレストラン）からスタートしているという背景を考え、『オーベルジュ』に決定。また、地元に根づきたいという思いから、栃木県の県木である「栃の木」の葉を、それもあえて若葉を店のマークにした。

　料理については、フランスで覚えたレシピはひとまず脇におき、この町で、この場所で今何ができるか、求められているかを考えた。重要な1階のメニューは、ファッション性もあるシチューやスパゲッティ、サラダといった軽食と、デザートを中心にすることにした。ナポリタンが全盛の時代に魚介とフレッシュトマトのパスタを出すなど、意識的に他店との差別化も図り、また、メニューに強弱をつけ、シーズン性を打ち出すことも忘れなかった。そして2階では、栃木産の食材を活かしたフランス料理を、手頃な価格で提供することにした。軽いコース料理に別料金でデザートが付くランチの利用が多く、夜の客入りには波があったが、それも予想の範疇であった。

　こうして1981年10月、カフェ・レストラン『オーベルジュ』は、スタートをきった。

人を育てる

　建物やメニューができ上がれば、店作りは終わりではない。大事なのは人だ。人をどう育てるかが、あのころの最大の課題だった。

　人を育てる難しさは、今も方々のレストランでよく聞く話である。その理由のひとつは、一律の教育マニュアルが通用しないということだろう。同じ仕事をしていても、それまで学んできた店のタイプも規模も異なる。感性や性格、成長のスピードにも個人差があり、将来の目標や働く目的もさまざまで、一人ひとりに対して細かい対応が必要になる。

　たとえば、将来自分の店を持ちたい、海外に行きたい、あるいは漠然と食の仕事がしたいと思っている。勉強したいとは言っても、その内容が明確でないなど、目標や思いの強さも一様ではない。一人ひとりとじっくり話をして目標設定を明確にすること、またそれがはっきりとしていない場合は、導いてそれに気づかせることも必要だろう。遠い目標と、そのために必要な1、2年先の目標、そして今日やるべきことを意識させ、点と線と面で、将来にむかう道筋をイメージさせることができれば、おのずと今やるべきことが見えてくる。あとはそれをお互いが共有し、確認すればよい。

　そうした働き掛けをすることで意識はかわり、少しずつ仕事にも変化が出る。厳しさと寄り添って理解することの両方が必要で、どちらが欠けてもうまくいかない。

最初の5年間

『オーベルジュ』はオープン時、フランス料理店としては宇都宮で5店目くらいであったと思う。当時、一般の人々にとってフランス料理はそれほど身近なものではなく、日常的にフランス料理店を利用する層は一部に限られていたのだが、潜在的な需要はあると思っていた。それを掘り起こすには、レストランで食べる楽しさを、できるだけ多くの人に知ってもらう必要があり、そのためには店のレベルアップが最優先課題であった。

しかし焦りはなく、最終的な目標にむかい、そのときどきの現実をふまえながら、少しずつ進んでいけばよいと思っていた。10年をかけて自分が不在でもまわる仕組みを作り、その先の目標に投資をするために必要な、ある程度のボリュームの経営基盤を整えていこうと考えていたのである。

一方で1981年のオープン当時は、日本の地方都市に地産地消のフランス料理店を出そうなどと考える人間は誰もいなかったこともあり、地方の食文化の発展のためにも、自分は絶対に失敗してはいけないという強い思いもあった。そのため開業から5年間はこの店に全精力を傾け、その代わり5年経ったら意識的に視点をかえ、一歩外に出て、客観的に自分の店を見ようと思っていた。

その先の更なるレベルアップのためには、新しい視点や方法が必要になると考えていたのである。

多店舗化と仕事の広がり

実際には、開業2年目に飲食関連企業のメニュー開発の相談を受け、引き受けることに。また1983年、市内の百貨店からの依頼で百貨店内にデリカショップを出店し、数年後にはCK（セントラルキッチン）を作り、また県からの依頼を受けて、栃木県総合文化センター内に『オーベルジュ・デ・マロニエ』を、益子町の求めに応じて、町営宿泊施設に付随するレストラン『リス・ブラン』をオープンした。その間に『オーベルジュ』は1、2階ともフランス料理レストランに。

最初からこうした店舗展開の青写真があったわけではない。地元に関することで声を掛けていただいたらありがたく引き受ける。これが僕の基本的なスタンスで、大変さを考えるより、興味やおもしろそうだと感じる気持ちのほうが勝ったためともいえる。そしてもちろん、どれも『オーベルジュ』にとってマイナスになるものではないと判断したためである。

『オーベルジュ』の開店から5年が経ったあたりからは、よりスケールの大きな仕事にも積極的に挑戦した。たとえば、開店の相談や食品メーカーの商品開発、あるいは県産品のアドバイスや、文化交流などのイベントへの協力など、依頼の内容は多岐にわたった。

人脈が広がり、最先端の情報が得られ、さまざまな経験を通して知識を積み重ねることのできるこれらの仕事は、結果的に自分のレストラン経営にとり大きなプラスとなった。

1986年7月、『オーベルジュ』にて。

シェフたちと

ピエール・ガニエール

『オーベルジュ』をオープンして4年目の冬のことである。フランスを旅行中、ガイドブックを手にサン・テチェンヌという寂れた工業都市を訪れ、その一ツ星レストランに立ち寄った。ギャラリーのような店内にはジャズが流れ、昼時にもかかわらず先客はたった一組。

ところがメニューを開いた瞬間、僕のアンテナは反応した。まずは料理名。素材や料理法が詩のように美しく綴られていた。

素材の組み合わせも意外なものばかりで、どんな味に仕上がるのか、文字からだけでは想像しづらかった。僕は淡い期待をもちながら、「シェフ自慢の」と書かれていたグラン・メニューを注文した。デギュスタシオンのような出し方も新鮮で、運ばれてきた料理は、あるものはパプリカの赤いパウダーが皿全体に散らされ、あるものは細く絞り出したソースで皿に蛇行線が描かれ、まるで皿をキャンバスにして、思いのままに絵を描いているようだった。今でこそよく見る表現だが、当時は斬新で、僕がそれまで学んできた料理とはまったく異なるものだった。自由な発想によって生み出されたさまざまなマリアージュ。そのオリジナリティーに感銘を受け、デザートを食べ終えた僕は、シェフにお会いしたいと申し出た。

長身でソフトな印象の彼の名は、ピエール・ガニエール。後に「厨房のピカソ」と称され、現代フランス料理のスターシェフとなったその人であった。僕は小一時間ほど話をし、「日本に興味はありますか？」と尋ねていた。いずれ日本に呼びたいと伝え、その場で快諾を得た。

それから1年半後の1986年。ピエール・ガニエール氏を初めて日本に呼び、宇都宮と東京で、その創意あふれる料理を披露してもらうことができた。その後も何度か日本に呼び、宇都宮や東京ばかりでなく軽井沢や福島などでも賞味会を行なった。そのうちに、ガニエール氏はミシュランの星の数を増やし、新進気鋭の若手料理人として注目を集める話題の人になっていったのである。

フランスのシェフたちとの交流

海外のシェフたちを招き、料理を披露してもらったり、ともに料理を作ったり。あるいは国内外で開催されるイベントに参加させてもらったりすることは、自分にはもちろん、店のスタッフたちにとっても大きな刺激や励みになる。

1980年代後半から、フランスの料理人を日本に招くイベントは徐々に増えていったが、中でも僕にとって印象的だったのは、1988年2月に行なわれた、二大グラン・シェフによる「夢のトリュ

フの競宴」である。

　二大シェフとはアラン・シャペル氏と、当時もっとも注目を集めていた若手料理人、ジョエル・ロビュション氏。そしてこれに銀座『ロオジェ』のグラン・シェフだったジャック・ボリー氏も加わり、M.O.F.（フランス国家最優秀職人章）シェフが一度に3人も集まるというビック・イベント。プロデュースは料理評論家の山本益博氏で、会場は有楽町のレストラン『アピシウス』。僕もシャペル氏と当時の料理長であった高橋徳男氏や主催者側の間に入り調整役を務めた。当日は、日本の有名シェフやトップクラスのメートル・ドテル、ソムリエが一堂に会し、僕もシャペル氏のご指名で12年ぶりに同じ厨房に立った。

　一方宇都宮にも、ピエール・ガニエール氏以降さまざまな料理人をフランスから呼んで賞味会を行なうようになった。『アラン・シャペル』での修業時代の同窓生ジャック・グレース氏、ブレス鶏を料理させたらピカイチのブルカン・ブレスのジャック・ギー氏。ほかにもアビニョンのクリスチャン・エティエンヌ氏など、この人はと感じたシェフには何度となく日本にきてもらい、賞味会を行なうなどしてつながりを深めた。またこちらからも海外に出向き、フランスのブレス地方などで、日本文化とともに料理を紹介するイベントやジョイント・ディナーなどを企画した。1999年にはイタリアのパルマで、最近はマルタ島のホテルやスイス、クアラルンプールのホテルでもイベントを行なっている。

日本のシェフたちとの交流

　フランスの素材の産地で出会ったシェフたちからは、さまざまな賞味会やイベントを通じて毎回すばらしい刺激を受けているが、僕は日本でもこういう出会いをもっと広げたいと思い、活動を続けている。

　たとえば宮城県の塩釜で『シェ・ヌー』を営み、三陸の新鮮な魚介類をみごとに使いこなす赤間善久シェフとは1997年から数回にわたり、そして札幌で『モリエール』を営み、真狩村にあるレストラン『マッカリーナ』を手掛ける中道博シェフとは、2000年に初めてジョイントディナーを行なった。中道シェフは、「食」で北海道の地域創生の一端を担い、農と連携した料理人のための学校を興すなど、地域を巻き込んだダイナミックな活動で知られる。

　こうしたイベントの目的は、おいしさや豪華さを競うためではなく、身近な食材を見直し、スポットをあてていきたいという思いをともに伝えることである。また、それまで培ってきた技術や経験を披露する機会にもなる。それは料理人にとってとても重要なことで、披露することで技術は更に磨かれ、それがまた人やビジネスとのつながりになり、自分を高めてもくれる。

　もうひとつの利点は、それが料理人どうしの情報交換や触れ合いの場になることだ。店を構えるとどうしても自分の店のことで精いっぱいで、外に目をむけることが難しくなる。そうして孤立してしまっては、料理の幅も広がらないし、いいアイデアも浮かばない。

2016年、『オトワレストラン』にて。
ミルト・マルケージ シェフと。

集大成

準備

　自分の理想とするレストランのイメージを常に頭の片隅におきながら、できれば50歳ぐらいには実現させたいと考えていたのだが、なかなかタイミングが合わず、思惑どおりにはいかなかった。ただ、場所については、帰国後ずっと市内の大谷町を考えていて、時間を見つけては何百回となく赴き、方々を見てまわっていた。大谷町はご存じのように大谷石で知られ、操業を終えた採石場跡が非日常的な景観を呈し、映画のロケーション撮影などにも利用されているほか、地下空洞がワインや日本酒などの貯蔵や熟成にも使われている。町全体が非常にドラマチックな舞台のようでもあり、魅力的な場所である。

　ところが大谷は調整区域が多く、建物が建てられる場所や建物の広さに制限があった。あらゆる方法を模索したが、調整が難しいと判断して断念することに。そこから市内の他の場所で探しはじめ、2005年にようやく、宇都宮駅から車で15分ほどの、現在の場所を見つけることができた。

　設計は友人でもあった建築家の横山聡氏に依頼。とことんやりとりをし、決定までに1年以上を費やした。外観は今までとは異なるコンクリートの打ちっぱなしのモダンなデザインにし、その代わりに店内には木や石、土などで自然のぬくもりを加えてやわらかさを出し、さまざまなアーティストやアルティザン（職人）たちの作品も、できるかぎりとり入れた。

　この店が自分の目標でもあったので、銀行からも最大級の借り入れをし、妥協することなくすべてにおいて自分の思いを貫いた。収益は、一般のお客様、パーティーや接待、マリアージュを1/3ずつと見積もっていた。当初は2階を商品開発や講習会などが行なえるラボにしようと考えていたのだが、マリアージュ関連の利用を期待するのであれば、レストランだけでは厳しいだろうという専門家のアドバイスにしたがい、急遽、チャペルや新郎新婦のための控室などに変更。結果的にはこれが正解だった。

2007年　『オトワレストラン』オープン

　2007年7月、こうして『オトワレストラン』はオープンの日を迎えることができた。

　『オーベルジュ』のオープンから26年。僕は59歳になっていた。予定より10年ほど長くかかったが、フランス修業以来ずっと心に思い描き目指してきた店を、ようやく作ることができたのである。

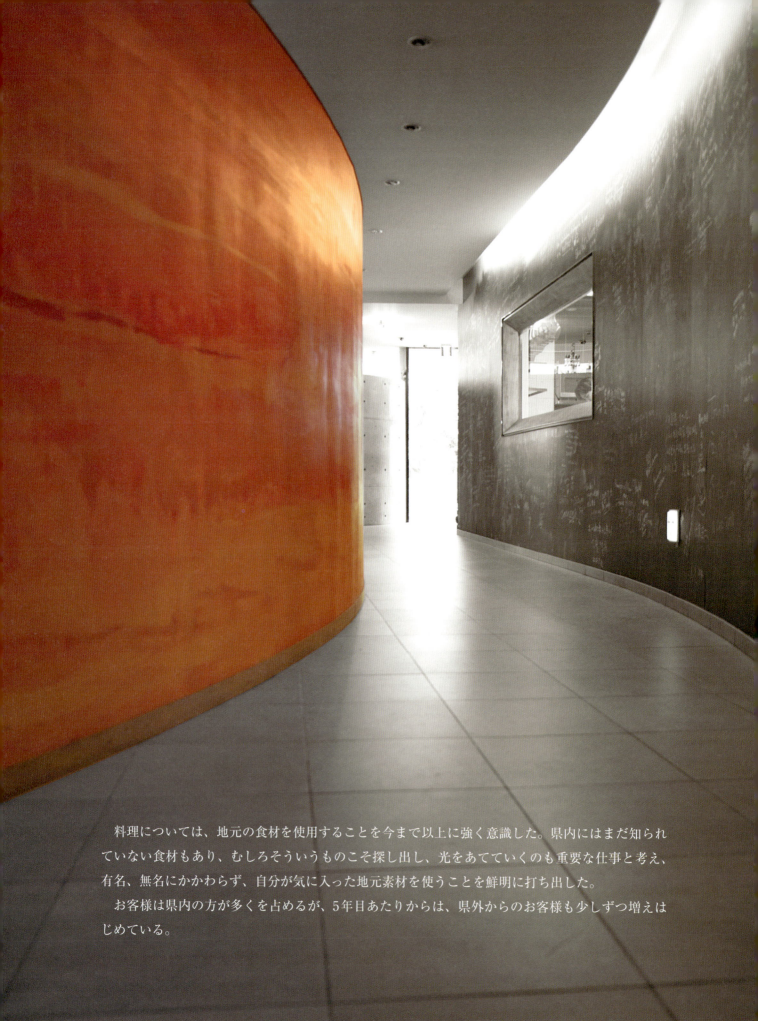

　料理については、地元の食材を使用することを今まで以上に強く意識した。県内にはまだ知られていない食材もあり、むしろそういうものこそ探し出し、光をあてていくのも重要な仕事と考え、有名、無名にかかわらず、自分が気に入った地元素材を使うことを鮮明に打ち出した。
　お客様は県内の方が多くを占めるが、5年目あたりからは、県外からのお客様も少しずつ増えはじめている。

料理

自分の料理とは

　新しい料理を創るとき、料理人の頭の中にはどういう考えがめぐっているのだろうか。今の流行りの料理は？盛り付けは？好まれる味の傾向は？注目されている食材は？…。何を重視するかは料理人によって異なるだろう。

　僕の場合は実にシンプル。今自分が感じるもっとも素敵だと思う料理。食べたい料理である。

　僕はよく旅をする。日本国内はもちろん、年に2回はヨーロッパへも赴き、フランスだけではなくイタリア、スペインなど方々をまわり、かならず食材の名産地を訪ねることにしている。自然の風景を見て、呼吸しながらその土地の風や土のにおいを感じ、素肌で気温や湿度、日差しの強さを実感し、そこで毎日暮らしている人々の言葉に耳を傾けると、食材に対する理解の度合いが違ってくる。

　食べ歩きはもちろん、時にはイベントで地元のシェフたちと一緒に料理を作ることも、料理を教えたり、教わったりすることもある。そうして触れたさまざまな食材やその土地の空気も、海外の有名シェフが作る最先端の料理も、田舎のお蕎麦屋さんの作る素朴でほっとするような料理も、記憶に同様に刻まれる。また、異業種の方との交流も多く、食の範疇を越えたさまざまな出会いもある。それらはみな染み入るように、僕の中に蓄積されていく。

　そうした自分の中にあるものが、皿の上に自然に表現されたのが僕の料理。それは、流行を意識した料理でもなく、かといって独りよがりの料理でもない。さまざまな出会いや経験を通して時代の空気を吸い込み、僕の中できちんと消化され、表現されたもの。そしてそれが、料理の個性ともなっているのだろう。何年か前の自分の料理の写真を見ても、不思議と古さを感じないのは、そういうところに理由があるのかもしれない。

感性

　料理人は、五感のすべてを使って料理を作る。味や香りばかりでなく、手触りや固さ、色、形、温度…すべてが大切な要素である。また何気ない素材でも、見方、感じ方しだいで新たな発見がある。そのためには常にそれを感じとれる自分でいなければならない。ただ、これには個人差があり、子どものころから比較的感覚の鋭い人間もいるが、誰もが生まれつき、研ぎ澄まされた感性をもっているわけではない。ではどうすればよいか。まずは興味、関心をもつことではないかと思う。見ようとして見る、興味をもって見る。手に触れる、食べてみる。こうした攻めの姿勢で対象にむかううちに、見える、感じられるようになるのではないかと思う。感性より興味。まずはそこからだ。

時代と料理

　料理は世相を映し出す鏡のようなもの。充たされている時代なのか、不足している時代なのか。その時代に求められているものを反映し、フランス料理も大きくかわってきた。かつて見られたような、クリームを煮詰めてバターでモンテしたソースをたっぷり敷き詰めた皿にお目にかかることは、フランスでも日本でも少なくなった。

　僕がフランスにいたころは、あの『アラン・シャペル』でさえ、ソースはたっぷりのバターでモンテしていた。ただ後にシャペル氏は、スープといえば濃厚なポタージュが当たり前だった時代に、カプチーノ・シャンピニヨンを出すなど、旨みを大事にしながらも、伝統的な重さの中に軽さをとり入れていった。

　流通が格段に進歩して素材の質がよくなれば、たっぷりのソースでカバーするばかりでなく、フォンの旨みを活かすような軽い仕立ても可能になる。健康志向はますます強まり、さまざまな食材や情報も世界中から手に入る。

　ファッションには流行があり、流行は繰り返すのが常である。料理についても同様だが、人々の嗜好や志向が後戻りしないかぎり、素材重視、軽さを好む傾向はしばらく続くだろう。しかしときには、あえてソースをたっぷりと使った料理を作ってみるのもいい。モンテするバターを少なめにしたり、軽く泡立てるなどして軽さを出すことで、時代に合った新しいおいしさが生まれる。

　皿の上の表現も、時代とともに変化する。昔は丸い皿の中心に主役を据え、そこから全体のバランスを考えるのが定石だったが、今はもっと自由で、また別のバランス感覚が必要なようだ。生け花をたしなみ、独立した当初から店の花も自分で生けていた僕は、料理を"盛る"というよりも、"生ける"という表現が昔から好きなのだが、若い人たちの表現にも、なにかそれに通じるものがあって興味深い。

　世の中の傾向や流行を意識することは、もちろん悪いことではない。ただし、未消化なまま流行をとり入れた皿には、どこか居心地の悪さを感じる。

柔軟であること

　思考が柔軟であることが、ものごとをよい方向へ導くのは、なにも料理の世界にかぎったことではないが、こうである、こうあるべきと決めてしまうことが、可能性を狭め、新しいものが生まれるチャンスをみすみす逃すことにもなる。

　たとえば、今では上質のものが当たり前のように手に入るフォワグラも、僕が日本で店をはじめた当初は、あまり状態のよくないものが多かった。ポワレすると溶けてしまうそのフォワグラを、どうしたものかと考え、あるときフランにすることを思いついた。卵やクリームなどを加え、小さな器に流して蒸し焼くと、フォワグラの風味そのままの、上質なフランができ上がった。

当時フォワグラといえばポワレで、もし上質のものが手に入れば、それ以外の調理法を試してみることもなかったかもしれない。このフォワグラのフランは大好評で、フォワグラになじみのなかったお客様にも喜ばれた。上にかけるソースやトッピングで変化をつけながら、現在も作り続けている料理のひとつである。

　そしてこれもまたスペシャリテのひとつである、トウモロコシの冷たいスープ（p.150参照）。素材にクリームを加えて作るスープはたしかにおいしいが、食べ続けていくと、その甘さや単調さが気になった。スープにトッピングを添えるスタイルは古くからあり、クルトンやクリームは定番だったが、僕はふとした思いつきで、トマトのソルベを浮かべてみた。冷たく冷やしたスープに、ソルベにしたトマトのほどよい甘みと酸味がいいアクセントになって、トウモロコシの風味がよりおいしく感じられるように。当時は野菜のソルベ自体珍しく、しかも冷たいスープに冷たいソルベは王道とは言いがたい組み合わせだったが、結果的にこのスープも好評で、今でもかならず初夏のメニューに登場する。

　またフランス料理に使うだしといえば、フォン・ド・ヴォー。これも当時は当たり前で、これがなければフランス料理ではないと思われていた時代だった。しかし日本、それも地方で仔牛の骨を手に入れるのはひと苦労で、無理をしてそれを使う必然性も、僕には感じられなかった。そこで、もっと身近で手に入りやすく、しかもおいしいだしの出る鶏を使うことに。これについては、当時はさすがに声高に言える雰囲気ではなかったが、結果的に鶏のだしは、肉はもちろん野菜や魚介とも相性がよく、僕の作る軽やかな料理によくなじんだ。宇都宮で店をはじめてから今に至るまで、ベースのだしはずっとフォン・ド・ヴォライユで、ジュやグラスもすべて鶏でとっている。

　そしてこの思考の柔軟性は、菓子やデザートにも活かされた。たとえばマロンケーキ。これは、残ったジェノワーズの切れ端やバゲットなどのパンを合わせ、栗とともに型に詰め、プディングの生地を流し込んで湯煎焼きにして作る。切れ端とはいえ、まだ使える生地が捨てられてしまうことに疑問をもち作りはじめたものだが、もともとおいしい生地で作るので、当然おいしくでき上がる。これも人気があり、現在もデリカショップの人気商品である。

　40歳を過ぎたころからだろうか。いろいろな人とのつながりが広がる中で、日本の調理技法や食材も自然にとり入れるようになった。味噌や醤油、麹、漬け物、せんべいといった日本の調味料や食品にも僕はとても興味がある。また、低温調理や発酵、熟成、燻製、ポシェ、ヴァプールといった調理法も奥が深く、ときには中国料理の技法をとり入れることもある。心をやわらかくして身のまわりを眺めてみれば、あらゆるところに、新しい料理の可能性をまだまだ感じることができる。

フォワグラのフラン p.325
Flan de foie gras
少量のフォワグラで、贅沢さが味わえるオードヴル。上にかけるソースやトッピングで、さまざまな変化がつけられる。

地元食材

フランス人の、地元食材に対する思い

　僕がフランスで出会ったシェフたちは皆、地元の食材を知り尽くし、それを上手に使いこなしていた。しかしそれは、なにも料理人に限ったことではない。フランスという国はそれぞれの地域に根づく伝統の食材に誇りをもつと同時に、それを保存、伝承していこうという意識が人々の中に強くある。

　僕が『アラン・シャペル』で修業をしていたころ、シャペル氏が特に大切にしていた食材のひとつに、ブレス産の「ブレス鶏」があった。日本に戻ってからも、この鶏のすばらしさを再認識した僕は、仲間たちと産地のブレスに通い、更に調べ、ブレス鶏を目的に食べ歩くようなこともしていた。そんな活動が評価され、僕はブレスから「プラルディエ」というナイト（騎士）の称号もいただいた。ブレス鶏を広く世に知らしめた功績が認められた人物が、何人かの推薦を得て与えられるもので、年に2回開催される現地の授賞式で、メダルとナイトの認定書が授与される。

　その授賞式を含む恒例の行事はまさに収穫祭で、ブレス鶏の生産者、処理業者、流通関係者、地元の政財界人、料理人、職業学校関係者のほかにも、街中の大人や子どもが集まり、地元の物産展なども行なわれる。各農家が育てたブレス鶏を専門家が審査する品評会も組み込まれていて、ここで金メダルに輝いた鶏は、地元でいちばんのレストランで料理されることになっていた。

　僕は、ブレス鶏のほかにもワイン、オリーブオイル、トリュフ、チーズなどに関する称号をいくつかフランス各地でいただいているのだが、授与式を含むそれぞれの祭典はさまざまな趣向が凝らされていて、地元の特産品の収穫を地元のみんなで喜び、楽しもうというムードに満ちあふれていた。その熱の入れようを見ると、地元の人々がいかに自分たちの名産品を愛しているのかがわかる。僕はこれらの祭典を、とてもうらやましく思っている。

生産者を訪ねる

　そんなフランスでの修業を終えた僕は、宇都宮で店をやると決めたときから、当然のように地元の食材を活かすことを考えていた。そしてまずその食材を、ひとつひとつ見つめ直すことからはじめた。

　ひと言で地元の食材といってもさまざまで、生産者や流通経路も多様である。市場に並ぶものだけを見ていては、すばらしい食材に出会うチャンスを逃してしまっているかもしれない。料理人であるならば、ぜひ食材の生産者のもとを訪ねてみてほしい。もちろんすべては無理にしても、たとえば気に入ったものだけでも、その野菜や肉や魚がどういう人の手で、どういう苦労をともなって

作られているか、それを知ることが、料理にもかならずなんらかの影響を与える。

　生産者も一様ではない。代々その土地で、その食材を作り続けている方もいれば、別の土地から移り住み、脱サラで農業をはじめた方も。また、自治体が力を入れて開発や生産、販売を行なっている食材もある。栃木県でいえばイチゴやヤシオマスなどがそれである。

　レストランで使われる食材は、そうした多くの方々の手によって作られている。生産者のもとを訪ねて聞いた話から、料理や素材の組み合わせ、盛り付けのヒントが得られることも多い。

　生産者とのつながりは、料理人がもっとも重要視すべきもののひとつだ。

役割

地方のレストランの役割

　地方のレストランに求められるのは、単においしい料理を提供することだけではない。
僕が考えるレストラン、そして料理人の役割のひとつは、それぞれの地方の食文化の担い手になることである。フランスでも、シェフたちは皆地元の食材を活かし、郷土料理を踏まえた、その地域、またはその店ならではの料理を作っていた。その場所の歴史と気候風土の中で、おいしさが追求されてでき上がった地方料理を、その場所に住む料理人は引き継ぎ、次世代に伝える役割があるのではないだろうか。

　2つ目は、よい店を作りよい環境を作ること。僕はターゲットを絞るということがあまり好きではなく、さまざまな人が、それぞれの楽しみ方を選べる店作りを目指してきたが、そういうよい雰囲気を継続するためには自分がある程度高い意識をもたなければならない。そのうえで、その店が人も食材も話題も集まるような出会いの場となり、その料理が、集まる人々の楽しみや心地よさのために欠かせないものになれば、こんなにうれしいことはないだろう。

　その土地に住んでいる意味を考えることは、料理人にとってとても大事なことである。

　また、店を継続させるには、自分の店の役割と他の店の役割の違いを理解することである。そのうえで、自分のした仕事を喜んでくれるお客様がいるということを常に忘れなければ、不要なやっかみやライバル心、挫折感にふりまわされることもない。日本の料理人は海外にくらべ、そうした使命感、役割感といった意識があまり強くないように思う。

地方の利点

　東京とくらべてハンデと思えたことも、見方をかえれば利点になる。東京は一見自由で華やかに見えるが、テナント出店や競合を考えると、かえって自分の店作りに枠をはめてしまうことにもなりかねない。まわりの店や、他のシェフたちの評判も気になり、自分が本当にやりたいことを見失う危険性も大いにある。

　食材については、今はどこにいてもその気になれば、世界中からさまざまなものが入手できる時代である。それに加え、地元の食材は生産者の顔が見えやすく、採れたてのものが使える。フランス料理であることを大事にしながら、その地域ならではの食材を上手に使うことができれば、大きな特徴として打ち出せるだろう。日本にもそんな店が少しずつ増えつつあるが、今後もっと増えるとよいと思う。

食と農と観光と

　食は、その地域と深く結び付いているのが本来の姿。基本的にはその土地で採れるもので、その土地の人たちが満たされてほしい。どんな素材が得られるかは、その土地の気候風土が大きく関わり、その素材がどんな料理になるかは、その地域の歴史や習慣、生活と大きく結び付いている。そして、「素材」（農）と「料理」（食）の組み合わせがその土地ならではの個性を作り、これに「観光」が結び付いたとき、本当の意味での豊かさが生まれ、その地域の発展につながるのではないだろうか。地方のレストランは、その担い手となれるだろう。

　フランスやスペインの各地で見た、食と農と観光の連携は、地方で店を続けるうえで大いに参考になる。たとえばフランスのミヨネー村もそのひとつで、『アラン・シャペル』の存在は生産者や住民の誇りでもあり、経済の柱ともなっている。

　フランスには、農業国、観光立国としての自覚をもち、国全体でそれを育んできた歴史がある。AOC制度（原産地呼称制度）があり、フランス政府観光局があり、そして「ミシュランガイド」や「ゴー・エ・ミヨ」がある。1954年に発足した「ルレ・エ・シャトー」は、厳格な審査をクリアしたホテルとレストランが加盟する組織だが、各地方の特徴あるオーベルジュやレストランを選ぶ際のガイドにもなっている。また、1982年には、フランス国内の、小さな村の観光を促進することを大きな目的とした「フランスの最も美しい村」協会が発足している。食と農と観光を結び付け、盛り上げるための後方支援体制が、厚く整っているのである。

　たとえば、こんなモデルケースを想定してみよう。

　国内で、気持ちのいい時間を過ごすために、どこかへ旅行したいと考える。自然に触れ、花や緑に癒されたいと「美しい村」のひとつを目的地に選ぶ。ミシュランの旅行ガイドの道路地図には、通常のルートとは別に、緑豊かなコースも表示されている。少し遠回りだが、そちらのコースを選ぶ。目的の村に到着し、昼食の時間。せっかくだからおいしいものが食べたいと、ミシュランガイドを開き、星付きレストランで、地元の食材を使った料理をゆっくり楽しむ─。

　タイヤメーカーであるミシュランにとり、車を走らせてもらうことにもつながるさまざまなガイドブックの出版は、宣伝効果を含め経営戦略の一環ではあるだろう。しかしそれが、その村を潤すためにひと役買ったのはたしかである。

　このようにフランスは民間、行政が長い時間をかけて環境を整え、情報を提供してきた。それを重要視する意識や仕組みが国全体に浸透している、観光立国なのだ。

　さて、日本はどうだろうか。四季があり、すばらしい自然があり、歴史があり、その土地ならではの産物や郷土料理もある。それらはうまく活かされているだろうか？

素材と料理　春・夏

La Matière et Le Plat

Le Printemps
- L'Été

春 / 野菜

生まれ育った土地に対する慈しみを、一皿に

　僕の料理や活動は、「地産地消」という言葉とともに、採り上げていただくことが多い。「地産地消」とは、文字どおり「地元で生産されたものを地元で消費すること」であり、その活動を通じて生産者と消費者の距離が縮まり、ひいてはそれが農業の活性化や食の安全性にもつながるなど、さまざまな利点が挙げられている。

　しかし、僕にとってこの言葉は後付けである。この土地に生きているのだから、この地の気候風土に合う素材を使い、その素材で作る料理を食することは自然なこと。生まれ育った土地の自然や人に対する慈しみが、料理という形で表現されたにすぎない。

　食せばその土地に吹く風や山々の色、そこに暮らす人々の体温まで伝わり、食べるという行為が生きる喜びにつながる。僕にとっての地産地消は、そんな幸せの一端を担う、ひとつの表現にほかならない。そしてそれは、結果的に地元を活気づけ、その発展につながる力になると信じている。

伊達鶏のクネル、味噌風味のオランデーズソース
Quenelle de volaille, sauce hollandaise au miso

仔羊もも肉と葉玉ネギのブレゼ
Gigot d'agneau braisé aux oignons nouveaux

伊達鶏のクネル、味噌風味のオランデーズソース

白味噌を加えて作るオランデーズソースを、やわらかな味わいのささみのクネルにたっぷりかけて。
春先の短い期間にしか出回らない葉玉ネギは、春の訪れを強く印象づける野菜のひとつ。
できるだけ形を活かして使いたい。

材料（作りやすい量）
鶏ささみのクネル
┌ 鶏ささみ（スジなどを掃除する）　200g
│ 生クリーム　100g
│ パナード（右記参照）　60g
└ 塩　適量
葉玉ネギ　1本（1人分）
バター、塩　各適量
味噌オランデーズソース（右記参照）　適量
クルミ（ローストしたもの）　少量

1　**鶏ささみのクネル**：鶏ささみをロボクープにかけ、パナードを少しずつ加えて攪拌し、生クリームを加えて更に攪拌する。塩で味を調え、冷蔵庫で冷やす。

2　1をテーブルスプーンで形作り、スチームコンベクションオーブンのスチームモード（85℃）で15分ほど蒸す。

3　葉玉ネギは、丸ごとさっとブランシールした後、葉の部分を少し付けて鱗茎を切りとり、縦半分に切る。バターをひいたフライパンでゆっくり焼いて焼き目をつけ、軽く塩をふる。

4　2のクネルを皿にのせ、味噌オランデーズソースをかける。3の葉玉ネギを添え、砕いたクルミを散らす。

○パナード

材料（作りやすい量）
牛乳　250g
バター　90g
小麦粉（ふるったもの）　125g
卵黄　4個

1　鍋で牛乳を熱し、バターを入れて溶かす。

2　1に小麦粉を一気に加え、木ベラでよく混ぜ合わせる。

3　2に卵黄を少しずつ加えて合わせる。

○味噌オランデーズソース

材料
オランデーズソース（下記参照）　適量
生クリーム　適量
グラス・ド・ヴィヤンド（鶏。p.373参照）　少量
白味噌　少量
鶏レバー（塩、コショウをしてさっとバターでソテーし、コニャックでフランベした後、裏漉す）　少量
塩、コショウ　各適量

生クリームを熱し、グラス・ド・ヴィヤンド、白味噌、裏漉した鶏レバーを加えて混ぜ合わせ、オランデーズソースと合わせる。塩、コショウで味を調える。

○オランデーズソース

材料（作りやすい量）
卵黄　2個
澄ましバター　200g

ボウルに卵黄と少量の水を入れ、湯煎にして泡立て器で8の字を描くようにして泡立てる。きめ細かく強く泡立ってきたら、澄ましバターを少しずつ入れながら合わせていく。

仔羊もも肉と葉玉ネギのブレゼ

アラン・シャペル氏も、よくこのような料理を作っていた。
甘みのある葉玉ネギが、仔羊によく合う。

材料（作りやすい量）
仔羊もも肉（350g前後の塊）　1個
ニンニク（薄皮付き）　1〜2粒
葉玉ネギ　2〜3本（小なら4〜5本）
トマト（小角切り）　1/2個分
白ワイン　適量
仔羊のジュ（右記参照）　適量
塩、砂糖、コショウ、バター、オリーブ油　各適量

1　仔羊肉に塩をする。銅鍋にオリーブ油をひき、ニンニクと仔羊肉を入れて、ゆっくりと全体に焼き色をつけていく。ある程度焼けたら、縦半分に切った葉玉ネギを加えて更に焼く。葉玉ネギに焼き色がついてきたら、少量の塩と砂糖をふる。更に途中で1、2回、少量の砂糖をふる。

2　仔羊肉にほどよく火が入ったら鍋からとり出し、アルミ箔を軽く巻き、温かいところでやすませる。葉玉ネギもとり出しておく。

3　仔羊肉と葉玉ネギをとり出した後の2の鍋にトマトを入れ、白ワインでデグラッセする。仔羊のジュを加えて少し煮詰める。2の仔羊の焼き汁（やすませている間に出たもの）を加えて塩、コショウで味を調え、少量のバターでモンテし、ソースとする。

4　盛り付け：仔羊肉と葉玉ネギを食べやすく切って器に盛り、3のソースをかける。

○仔羊のジュ［ジュ・ダニョー］

材料（作りやすい量）
仔羊の骨（適宜に切る）　3kg
玉ネギ（3cm角）　400g
ニンジン（3cm角）　200g
セロリ（3cm角）　70g
ニンニク（薄皮付きのまま半分に切る）　2〜3粒分
フォン・ド・ヴォライユ（p.373参照）　3kg
水　2kg
トマトペースト　35g
ブーケ・ガルニ（ポワロー、パセリの茎、ローリエ、タイム）　1束

1　仔羊の骨を鉄板にのせて高温のオーブンで焼き、途中で脂は捨てて、きれいに焼き色をつけていく。途中で野菜とニンニクも加える。

2　1の骨や野菜に焼き色がついたら、鍋に移す。鉄板の脂はとり除き、適量の水でデグラッセして、液体を鍋に加える。

3　2にフォン・ド・ヴォライユと分量の水を加え、強火で沸騰させる。

4　アクをとり除き、トマトペーストとブーケ・ガルニを入れ、沸いた状態を保ちながら、2時間30分ほど加熱する（途中でアクと脂はとり除く）。

5　4をシノワで漉して鍋に戻し、味と濃度が調うまで煮詰めていく。

6　目の細かいシノワを通して漉す。

新玉ネギの冷たいスープ、トマトのムース
Soupe d'oignons nouveaux, mousse de tomate

伊達鶏のささみ、ハマグリのジュ
Suprême de volaille,
sauce son jus aux palourdes

アンディーヴのポワレ、アサリ風味
Endive poêlée, palourdes et son jus

新玉ネギの冷たいスープ、トマトのムース

新玉ネギのおいしさを活かすなら、スープやフランにするのがいい。
ここでは新玉ネギのやさしい甘みに、トマトの爽やかな酸味を加えて
味をまとめた。いろいろな色の花やハーブを散らし、
目からも春を感じさせる。

材料（4〜5人分）
新玉ネギの冷たいスープ
┌ 新玉ネギ　2個
│ 牛乳　150g
│ 水　30g
│ 生クリーム　20g
│ 塩　少量
└ レモン果汁　少量
トマトのコンソメ（p.106参照）　適量
板ゼラチン（水に浸けておく）　適量
エディブルフラワー（各種）　適量
E.V.オリーブ油　適量

1　**新玉ネギの冷たいスープ**：新玉ネギは皮をむき、芯の部分をくり抜く。
　　アルミ箔で包み、150℃のオーブンでやわらかくなるまで加熱する。

2　1をミキサーにかけ、なめらかなピュレにする。

3　ボウルに2と牛乳、分量の水を入れて混ぜ合わせ、生クリームを加え、
　　濃度により水で調整する。塩とレモン果汁で味を調え、冷蔵庫でよく冷
　　やしておく。

4　トマトのコンソメを鍋に入れて熱し、水気を切ったゼラチンを加えて溶
　　かす。ボウルに移し、氷水にあてながら、ハンドミキサーで泡立てる。

5　3のスープを器に注ぎ、4をのせ、エディブルフラワーをあしらう。
　　E.V.オリーブ油をまわりにたらす。

伊達鶏のささみ、ハマグリのジュ

鶏肉と貝は相性のいい組み合わせ。
いいだしの出るハマグリは、特に合わせやすい。

材料（1人分）
鶏ささみ　1本
葉玉ネギ　1/2本
エシャロット（細いもの）　1個
新ジャガイモ（蒸して皮をむいたもの）　1個
ハマグリ　2個
白ワイン　適量
グラス・ド・ヴィヤンド（鶏。p.373参照）　3（割合）
コンソメ（鶏。p.120参照）　2（割合）
ハマグリの蒸し汁　3（割合）
オリーブ油、E.V.オリーブ油、塩　各適量

1　葉玉ネギとエシャロットは縦半分に切り、ゆでる。
2　鶏ささみに塩をふる。オリーブ油をひいたフライパン
　　で、焦げ目をつけないように焼く。食べやすい大きさ
　　に切る。
3　ハマグリを白ワインで蒸し、殻を開け、身をとり出す。
4　グラス・ド・ヴィヤンド：コンソメ：3のハマグリの
　　蒸し汁を3：2：3程度の割合で合わせ、E.V.オリーブ
　　油を少量加えて温め、塩で味を調える。
5　1、2、3のハマグリの身、食べやすい大きさに割った
　　新ジャガイモを器に盛り、4をかける。

アンディーヴのポワレ、アサリ風味

アサリの旨みを活かし、
アンディーヴをおいしく食べるための一皿。

材料（1人分）
アンディーヴ　1個
揚げ油　適量
オリーブ油　適量
アサリ　適量
白ワイン　適量
シェリーヴィネガー、E.V.オリーブ油、塩　各適量
アンチョビ（小さめに切る）　少量
カラシ菜、ユズの花のつぼみ　各少量

1　アンディーヴを丸ごと素揚げする。縦半分に切り、オ
　　リーブ油をひいたフライパンで焼く。
2　アサリは白ワイン蒸しにして、身を殻からとり出す。
　　蒸し汁は漉しておく。
3　2のアサリのむき身と蒸し汁、シェリーヴィネガー、
　　E.V.オリーブ油を鍋に合わせて温め、塩で味を調える。
4　1のアンディーヴを皿にのせ、3のソースをまわしか
　　ける。アンチョビを添え、カラシ菜とユズの花のつぼ
　　みを散らす。

新玉ネギのフラン
Flan d'oignons nouveaux

新玉ネギの冷たいスープ、鴨の生ハム
Soupe d'oignons nouveaux, jambon cru de canard

新玉ネギのフラン

繊細な新玉ネギの香りを活かすために、
卵白と合わせてフランを作る。

材料（1人分）
新玉ネギのフラン
- 新玉ネギのピュレ（下記参照）　80（〜100）g
- 卵白　60g
- 牛乳　30g
- 生クリーム（乳脂肪分45%）　10g
- 塩　適量
コンソメ（鶏。p.120参照）　少量
ハマグリ（水を加えて蒸し、殻からとり出した身）、
　新玉ネギ（ゆでてほぐしたもの）、桜エビ（ゆでたもの）、
　ハコベ　各適量

1 **新玉ネギのフラン**：新玉ネギのピュレと卵白、牛乳、
　生クリーム、塩を混ぜ合わせる。器に流してラップフ
　ィルムをかけ、スチームコンベクションオーブンのス
　チームモード（85℃）で蒸す。
2 1のフランの上にハマグリの身、ゆでた新玉ネギと桜
　エビをのせ、温めたコンソメを流してハコベを散らす。

○ 新玉ネギのピュレ

鍋にバター、オリーブ油を入れて熱し、皮をむいて薄切
りにした新玉ネギと塩を入れ、蓋をして加熱する。火が
入ったら粗熱をとり、ミキサーにかけてピュレ状にする。

新玉ネギの冷たいスープ、鴨の生ハム

甘みのある新玉ネギのスープに、
鴨の生ハムやミニョネットでアクセントを加えた。
スープの作り方は基本的にp.58と同じだが、
こちらはあえて、玉ネギの食感を残している。

材料（4〜5人分）
新玉ネギの冷たいスープ
- 新玉ネギ　1〜2個
- 牛乳　150g
- 生クリーム　20g
- 塩　少量
- レモン果汁　少量
鴨の生ハム（下記参照）　適量
E.V.オリーブ油、ミニョネット　各適量

1 **新玉ネギの冷たいスープ**：新玉ネギは皮をむき、芯の
　部分をくり抜く。アルミ箔で包み、150℃のオーブン
　でやわらかくなるまで加熱する。
2 1をミキサーにかけ、食感が残る程度のピュレにする。
3 ボウルに2と牛乳を入れて混ぜ合わせ、生クリームを
　加え、味、濃度により水で調整する。塩とレモン果汁
　で味を調え、冷蔵庫でよく冷やしておく。
4 3のスープを器に注ぎ、鴨の生ハムを添える。E.V.オ
　リーブ油をかけ、ミニョネットをふる。

○ 鴨の生ハム

鴨胸肉に、重量に対して1%の塩、0.1%のトレハロース、
0.1%の黒コショウ（ミニョネット）をまぶしつけ、冷蔵庫
で3日間おく。塩、コショウをぬぐい、冷蔵室の風があ
たる場所で3日間乾燥させた後、真空用袋に入れて真空
にし、冷蔵庫に移す。

ルセットに書かれていないこと

　たとえばルセットに、「アスパラガスをゆでる」とあったとする。その1行には、多くの"書かれていないこと"が含まれる。温度変化を最小限にとどめるための水の量、鍋の大きさ、適切な塩の量、火加減、湯に入れるタイミング、とり出すタイミング…。それらは素材の状態によってかわるため、調理のたびに調整する。
　そうした繰り返しの中で、それぞれの作業のすべてに理由があることを知るのである。

湯津上のホワイトアスパラガスのアイスクリーム
Glace à l'asperge blanche

「ジョセフィンファーム」

湯津上のホワイトアスパラガスのアイスクリーム

大田原市湯津上にある「ジョセフィンファーム」の
ホワイトアスパラガスを、パウダー状のアイスクリームにし、
春のアミューズに。

材料（1人分）
ホワイトアスパラガスのアイスクリーム（作りやすい量）
┌ ホワイトアスパラガスのピュレ（ホワイトアスパラガスの皮をむき、
│　 むいた皮と塩を入れた湯でゆでて、ミキサーにかけたもの）　200g
│ 生クリーム（七分立て）　70g
└ フォン・ド・ヴォライユ（p.373参照）　40g
ホワイトアスパラガス（むいた皮と塩を入れた湯でゆでる）　1/2本
生ハム　少量

1　**ホワイトアスパラガスのアイスクリーム**：ホワイトアスパラガ
　　スのピュレに泡立てた生クリームとフォン・ド・ヴォライユを
　　合わせ、液体窒素でパウダー状にする。
2　1を器に盛り、ゆでたホワイトアスパラガスと生ハムを添える。

　ホワイトアスパラガスは、ヨーロッパの春を象徴する野菜。ゆでたてに、澄ましバターとレモン汁、またはたっぷりのオランデーズソースをかけて楽しむ。

　栃木県大田原市湯津上で、「ジョセフィンファーム」を営む坂主さんは、酪農とアスパラガス栽培を組み合わせた循環型農業にとり組む。もともとは、牛1頭からはじめた酪農家だが、おいしいアスパラガスが食べてみたいという思いから、1996年に、当時はまだ少なかったグリーンアスパラガスの栽培に挑戦し、栃木県で初めてハウス栽培に成功。その後、ホワイトアスパラガスも作るようになった。

　地元で採れたてのホワイトアスパラガスが使えるのは、うれしい限りである。

遮光された、ホワイトアスパラガスのハウスの中。昼間の室温は30℃以上になる。

ホワイトアスパラガスと
プレミアムヤシオマス、ムースリーヌソース

Asperges blanches pochées,
sauce mousseline de truite de "Yashio"

ミニアスパラガスのミルフィユ、
オレンジのムースリーヌソース

Millefeuille d'asperges vertes fines,
sauce mousseline à l'orange

朝採りグリーンピースのタルト
Tartelette aux petits-pois frais

ホワイトアスパラガスとプレミアムヤシオマス、ムースリーヌソース

オランデーズに生クリームを加えたムースリーヌソースと
ホワイトアスパラガスの王道の組み合わせに、
ヤシオマスの燻製と田ゼリでアクセントを加えた。

材料
ホワイトアスパラガス　適量
ムースリーヌソース
┌ オランデーズソース（p.54参照）　適量
│ 生クリーム（七分立て）　少量
└ 塩　少量
ヤシオマスの燻製　適量
田ゼリ（葉のみ）　少量
塩　適量

1　ホワイトアスパラガスは皮をむき、むいた皮と塩を入
　　れた湯でゆでる。
2　**ムースリーヌソース**：オランデーズソースに七分立て
　　の生クリームを少量合わせ、塩で味を調える。
3　ヤシオマスの燻製は細かく刻み、田ゼリの葉とともに
　　2に加えて合わせる。
4　1を皿に盛り、3をかける。

ミニアスパラガスのミルフィユ、オレンジのムースリーヌソース

フレッシュなミニアスパラガスとサクサクのパイを重ね、
オレンジ風味のムースリーヌソースを合わせた。

材料（1人分）
折りパイ生地（p.71参照）　長方形2枚
ミニグリーンアスパラガス　約10本
塩　適量
オレンジのムースリーヌソース
┌ オレンジの果汁　適量
│ オランデーズソース（p.54参照）　適量
│ 生クリーム（七分立て）　少量
└ 塩　少量
オレンジのフィレ（房から切り出し、適宜に切ったもの）、グ
　　リーンピース（ゆでる）　適量

1　折りパイ生地を焼く。ミニアスパラガスは塩ゆでする。
2　**オレンジのムースリーヌソース**：オレンジの果汁を
　　1/3量に煮詰める。
3　オランデーズソースに七分立ての生クリームを少量合
　　わせ、2を少量加えて混ぜ合わせる。塩で味を調える。
4　パイとミニアスパラガスを2段に重ねて器に盛り、3
　　のソースをかける。グリーンピースとオレンジのフィ
　　レを添える。

○ 折りパイ生地

材料（作りやすい量）
A
- 薄力粉　750g
- 強力粉　250g
- グラニュー糖　10g
- 塩　5g
- バター　250g
- 冷水　400g

バター（折り込み用）　900g
＊材料はすべて冷蔵庫で冷やしておく。

1　Aの薄力粉、強力粉、グラニュー糖、塩を合わせてふるう。バター250gは細かく切る。合わせた粉類とバターをボウルに入れ、手でサラサラになるまですり合わせた後、分量の冷水を加えて練り、ひとまとめにする。30分以上冷蔵庫でやすませる。

2　折り込み用バターは20cm角にのして、30分以上冷蔵庫でやすませる。

3　1の生地をのばして2のバターを包む。

4　麺棒でのばし、三つ折りにする。生地の方向を90度かえて再度三つ折りにする。冷蔵庫で2時間やすませる。

朝採りグリーンピースのタルト

採れたてのグリーンピースのおいしさを活かす、
シンプルなタルト。

材料
タルト生地（作りやすい量）
- バター　107g
- 粉糖　70g
- 全卵　1個
- アーモンドプードル　25g
- 薄力粉　190g

グリーンピース　適量
塩　適量
レモンのコンフィ（下記参照）　少量

1　**タルト生地**：バターをポマード状にしてボウルに入れ、粉糖、全卵、アーモンドプードル、薄力粉を順に、そのつど混ぜ合わせながら加えてつないでいく。できた生地をひとまとめにしてラップフィルムで包み、冷蔵庫で1時間ほどやすませる。

2　1の生地を薄くのばして小さなタルト型に敷き込み、170℃のオーブンで焼く。

3　グリーンピースを塩ゆでし、一部をとり分け、ゆで汁を適量加えてミキサーにかけ、ピュレにする。ボウルにあけ、氷水にあてて急冷する。

4　3の残りのグリーンピースは、粒のまま薄皮をむいておく。

5　2のタルト台に3のピュレを入れ、4のグリーンピースをのせ、レモンのコンフィの表皮を細切りにしてあしらう。

○ レモンのコンフィ

レモンに切り込みを入れ、塩と砂糖をまぶして保存びんに入れ、冷蔵庫に4～6ヵ月程度おいたもの。

帆立のグリエ、
グリーンピースのピュレ
トリュフ風味
Noix de Saint-Jacqes grillées
aux purée de petits-pois,
vinaigrette aux truffes

春 / デザート

グリーンピースのクレームブリュレ、
シェーヴルチーズのアイスクリーム
Crème brûlée de petits-pois,
glace au chèvre frais

グリーンピースのフラン、
オレンジソース

Flan de petits-pois, sauce à l'orange

帆立のグリエ、グリーンピースのピュレ
トリュフ風味

旬のグリーンピースのおいしさを、
ホタテのやさしい甘みとともに味わう。
トリュフのヴィネグレットが、全体をまとめてくれる。

材料（1人分）
ホタテ貝柱　3個
グリーンピース　適量
生クリーム　少量
塩、コショウ　各適量
トリュフのヴィネグレット（下記参照）　適量
グリーンピースの新芽　適量

1　ホタテ貝柱は塩をして、グリルで表面を焼く。
2　グリーンピースを塩ゆでし、一部をとり分け、ゆで汁を適量加えてミキ
　　サーにかけ、ピュレにする。ボウルにあけ、氷水にあてて急冷する。
3　2のグリーンピースのピュレに生クリームを少量加えて温めながら合わ
　　せ、塩、コショウで味を調える。
4　皿に3のピュレを敷き、1のホタテを盛る。トリュフのヴィネグレット
　　をかけ、2の残りのグリーンピースとグリーンピースの新芽を添える。

○トリュフのヴィネグレット

材料
ジュ・ド・トリュフ（下記参照）、トリュフ（みじん切り）、
　グラス・ド・ヴィヤンド（鶏。p.373参照）、
　コンソメ（鶏。p.120参照）、赤ワインヴィネガー、
　E.V.オリーブ油、塩、コショウ　各適量

混ぜ合わせる。

○ジュ・ド・トリュフ

トリュフの外側の部分を削りとり、みじん切りにして、水（ミネラルウォー
ター）を加えて真空用袋に入れて真空にし、スチームコンベクションオー
ブンのスチームモード（85℃）で6～7分加熱する。そのまま氷水に浸けて
冷やし、冷えたら冷蔵庫で保存する。

グリーンピースのフラン、オレンジソース

グリーンピースと相性のいいオレンジを合わせ、
春らしい色合いのフランに。

材料（4人分）
グリーンピースのフラン
- グリーンピース（実）　100g
- 塩　適量
- 牛乳　100g
- 卵黄　60g
- 砂糖　適量
- 生クリーム（乳脂肪分45%）　120g

オレンジソース
- オレンジの果汁　適量
- コーンスターチ　適量

オレンジのフィレ（房から切り出した実）　適量

1 **グリーンピースのフラン**：グリーンピースを、塩を加えた湯でゆでる。
2 1のグリーンピースと少量のゆで汁、牛乳を合わせてミキサーにかけ、裏漉す。
3 ボウルに卵黄、砂糖、生クリームを入れて混ぜ合わせ、2のピュレを加えて混ぜ、味を調える。器に注ぎ、スチームコンベクションオーブンのスチームモード（85℃）で蒸す。
4 粗熱がとれたら、冷蔵庫で冷やす。
5 **オレンジソース**：オレンジの果汁を鍋で温め、コーンスターチで軽くとろみをつける。粗熱をとる。
6 4のフランにオレンジのフィレをのせ、5のソースを流す。

グリーンピースのクレームブリュレ、
シェーヴルチーズのアイスクリーム

グリーンピースのフランをブリュレにすれば、
また違うおいしさに。添えたのは、甘みを加えずに
作ったシェーヴルチーズのアイスクリーム。

材料（4人分）
グリーンピースのフラン（左記作り方1〜3参照）
　左記の分量
カソナード（またはグラニュー糖）　適量
シェーヴルチーズのアイスクリーム（下記参照）　適量

1 左記の「グリーンピースのフラン」の作り方1〜3同様にしてフランを作る。
2 1の表面にカソナードをふりかけ、バーナーで熱して焼き目をつける。シェーヴルチーズのアイスクリームを添える。

○ シェーヴルチーズのアイスクリーム

材料（作りやすい量）
シェーヴルチーズ（今牧場チーズ工房の「茶臼岳」）　80g
牛乳　60g
生クリーム　60g（好みにより増減）
塩、コショウ　各適

1 鍋で牛乳を温め、シェーヴルチーズを入れてよく溶かす。
2 1をボウルにあけ、氷水にあてて急冷する。生クリームを加えて混ぜ、塩、コショウで味を調える。
3 2をパコジェットのビーカーに入れて冷凍する。使用時にパコジェットにかける。

リヨン風 田ゼリのサラダ
Salade de seri à la lyonnaise

イカとグリーンピース、日向夏の香り
Calamar aux agrumes et purée de petits-pois

ウドのグリエとイノシシ肉のブーレット、
味噌風味のベアルネーズソース
Udo grillé et boulette de sanglier,
sauce béarnaise au miso

リヨン風 田ゼリのサラダ

春を味わうシンプルなサラダ。ベーコンの油と
半熟卵、粗挽きの黒コショウの組み合わせが、
少しクセのある野菜や香草によく合う。

材料
田ゼリ、ベーコン、赤ワインヴィネガードレッシング
　（下記参照）、ゆで卵（半熟）、黒粒コショウ（粗挽きにする）
　各適量
＊赤ワインヴィネガードレッシングの代わりにヴィネグレット
　ソース（p.192参照）を使用してもよい。

1　田ゼリ（根も）をボウルに入れておく。
2　細切りベーコンをフライパンでカリッと炒め、出たオ
　　イルごと、熱いうちに1のボウルに加えて合わせる。
3　赤ワインヴィネガードレッシングで和えて器に盛り、
　　半熟卵を添え、黒コショウを挽きかける。

○赤ワインヴィネガードレッシング
赤ワインヴィネガーとE.V.オリーブ油を1：1の割合で合
わせ、塩、コショウで味を調える。

イカとグリーンピース、日向夏の香り

どちらもやわらかい甘みが特徴のイカと
グリーンピースを合わせ、爽やかでわずかに
ホロ苦さもある日向夏をアクセントに使った。
日向夏は栃木県内の生産者のものを使用している。

材料
コウイカ（掃除して皮をむいた胴の身を、冷凍しておく）　適量
オリーブ油、塩、大和当帰葉パウダー（市販）　各適量
グリーンピース　適量
トロメイク　適量
日向夏のジュレ
└日向夏の果汁、アガー　各適量
日向夏の皮のコンフィ
└日向夏の表皮、シロップ（薄めのもの）　各適量
シェーヴルチーズのクリーム
┌シェーヴルチーズ（今牧場チーズ工房の「茶臼岳」）、牛乳、
└　生クリーム　各適量
ノワゼット（ローストし、マンドリンスライサーでスライス
　したもの）、ミントの葉　各少量

1　コウイカの身は凍ったまま、繊維に沿って3mm幅に
　　切る。さっと塩水でゆで、氷水にとって締める。水気
　　をとり、オリーブ油、塩、大和当帰葉パウダーで和える。
2　グリーンピースは塩ゆでし、ミキサーに入れて少量（ミ
　　キサーがまわせる程度）のゆで汁とトロメイクを加え
　　て撹拌し、ピュレにする。
3　**日向夏のジュレ**：日向夏の果汁を鍋に入れて沸かし、
　　アガーを加えながら泡立て器で混ぜ合わせる。バット
　　に流し、常温で冷ます。粗熱がとれたらラップフィル
　　ムをかけ、冷蔵庫に入れる。
4　**日向夏の皮のコンフィ**：薄くむきとった日向夏の表皮
　　を2回ゆでこぼした後、薄いシロップで炊く。
5　**シェーヴルチーズのクリーム**：シェーヴルチーズに牛
　　乳、生クリームを加えて混ぜ合わせる。
6　1を器に盛り、2のピュレ、小さなセルクル型で抜い
　　た3の日向夏のジュレ、5のクリーム、極細切りにし
　　た4の日向夏の皮のコンフィを添え、ノワゼット、ミ
　　ントの葉を散らす。

ウドのグリエとイノシシ肉のブーレット、
味噌風味のベアルネーズソース

形状を活かして盛り付けたウドに、
地元のイノシシのブーレットを添えた。
野山の風景が目に浮かぶような一皿。

材料（1人分）
ウド　1/2本
フォン・ド・ヴォライユ（p.373参照）　適量
オリーブ油　少量
イノシシ肉のブーレット
┌ イノシシ肉（「八溝ししまる」p.313参照。バラ肉と肩肉の
│　　粗挽き）　25g
│ 塩、黒コショウ　各適量
└ フォワグラのパルフェ（p.141参照）　少量
味噌風味のベアルネーズソース
┌ フォン・ド・ヴォライユ（p.373参照）　適量
│ 味噌　少量
│ オランデーズソース（p.54参照）　適量
└ 春菊（ブランシールしてみじん切り）　適量
田ゼリ　適量

1　**イノシシ肉のブーレット**：イノシシの粗挽き肉に塩、
　　黒コショウを加えて混ぜ、フォワグラのパルフェを少
　　量加えて更に練り混ぜる。形を丸く整えて、オーブン
　　で火が通るまで焼く。
2　ウドは皮をむいて鍋に入れ、浸る程度のフォン・ド・
　　ヴォライユを加えて煮る。ほぼ火が通ったら、水気を
　　とり、オリーブ油を薄くひいた鉄板で表面を焼く。
3　**味噌風味のベアルネーズソース**：少量の味噌にフォン・
　　ド・ヴォライユを加えて温めながらのばす。
4　オランデーズソースに3と春菊を加え、味を調える。
5　2のウドと1を器に盛り、4のソースを流す。田ゼリを
　　散らす。

春香うど

ウドのピクルス、
プレミアムヤシオマスのリエットと伊達鶏のリエット
Pickles de Udo, rillettes de truite, rillettes de volaille

ウドのピクルス、
プレミアムヤシオマスのリエットと伊達鶏のリエット

ウドの食感と風味を活かしたピクルスを、大胆に使って盛り付けた。
2種類のリエットの合間にかじったり、リエットをつけながら食べていただく。

材料(作りやすい量)
ヤシオマスのリエット
┌ ヤシオマスのコンフィ(p.120参照) 250g
│ コンソメ(鶏。p.120参照。軽めのものがよい) 30g
│ A
│ ┌ エシャロット(みじん切り) 20g
│ │ ラディッシュ(みじん切り) 12g
│ │ ディル(ちぎる) 適量
│ └ シブレット(みじん切り) 適量
│ 姫キュウリ 20g
│ E.V.オリーブ油 20g
│ 塩 少量
└ ピクルス液(ウドのピクルス液を使用) 5g
伊達鶏のリエット
┌ 鶏の手羽(手羽元・手羽先) 10本
│ フォン・ド・ヴォライユ(p.373参照) 適量
│ 香味野菜(玉ネギ、ニンジン、セロリなど) 適量
│ ローリエ 1枚
│ B(目安)
│ ┌ ケッパー(酢漬け。みじん切り) 6g
│ │ コルニション(みじん切り) 3本分
│ │ 黒オリーブ(種を抜き、みじん切り) 約3個分
│ │ エシャロット(みじん切り) 12g
│ └ イタリアンパセリ(みじん切り) 適量
│ 塩 少量
└ 黒コショウ 適量
ウドのピクルス
└ ウド、ピクルス液(p.133参照) 各適量

1 **ヤシオマスのリエット**:ヤシオマスのコンフィを、フードプロセッサーに入れて軽く撹拌し、コンソメを加える。

2 1をボウルに移し、Aを加えてよく混ぜる。

3 姫キュウリはみじん切りにし、軽く塩をして、少し水分をとった後2に加えて混ぜる。更にE.V.オリーブ油を加えて混ぜ、ピクルス液で味を調える。

4 **伊達鶏のリエット**:鶏手羽とフォン・ド・ヴォライユを鍋に入れて火にかける。アクをとり除き、香味野菜とローリエを入れ、手羽によく火が入りやわらかくなるまで煮る。

5 火が入ったら手羽をとり出して皮と骨をはずし、肉をほぐす。煮汁は漉して鍋に戻し、煮詰める。

6 5の煮汁とほぐした肉を合わせ、フードプロセッサーで撹拌する。

7 6をボウルに移し、Bを加えてよく混ぜ、塩、黒コショウで味を調える。

8 **ウドのピクルス**:皮をむいてさっとゆでたウドを、ピクルス液に漬けて2〜3日おく(ゆでずに漬ける場合は、塩を少量ふって半日ほどおいた後、3日以上漬ける)。

9 3と7のリエットをそれぞれ器に盛り、8のウドのピクルスを添える。

栃木県は、全国有数のウドの産地。

栽培ウドには「山ウド」と「軟白ウド」がある。ビニールハウス内の伏せ込み床に伏せ込んで芽をのばし、先端だけを光にあてて緑化するのが山ウドで、県北部の大田原市や那須町が主産地。この地域で作られるウドは、「春香うど」の名で流通している。

栽培ウドはそれほどクセもなく、一般の野菜と同じような使い方ができる。薄くスライスしてサラダにしたり、そのままピクルスにしたり…。新しい使い方を考えるのが、楽しみな野菜のひとつである。

「春香うど」の生産者である阿久津さん。ウドの栽培は、まず根株を大きく育て、それを掘り起こして伏せ込み床に並べ、土をかぶせ、もみ殻などを入れながら芽をのばしていく。

筍のロースト、鶏胸肉と白レバーのポワレ
Pousses de bambou rôties,
suprême de volaille et foies de volaille poêlées

伊達鶏と筍のタルタル

Tartare de volaille et pousses de bambou

旬を味わう

　今やファストフード店をはじめ、食品が売られているところではどこでも、「旬」が重要なマーケット戦略になっている。しかしそれは、あくまでも"売る"ための一手法。目先がかわり店頭が活気づき、楽しく買い物ができるという点では大切なことであるが、そればかりが季節を感じる手段とあっては、生きていくうえで大切ななにかを見落としてしまう気がしてならない。

　たとえば東京では、食はその土地に根ざしたものであるということを実感するのは難しい。そのうえで、身近な旬を日々の食卓にとり入れていくことは更に容易ではない。だからこそ都会に暮らす人々は、地方でその土地の旬の産物を口にしたとき、そこに大きな価値を見出すのだろう。

　"旬を味わう"とは、なんと贅沢で豊かなことなのか。

筍のロースト、鶏胸肉と白レバーのポワレ

旬のタケノコを大胆に使って季節を表現。
断面の美しさは、この素材ならでは。

材料（2〜3人分）
鶏胸肉　1枚
鶏白レバー　1〜2枚
タケノコ（小）　1個
オリーブ油、塩　各適量
ソース
┌ オランデーズソース（p.54参照）　適量
└ グラス・ド・ヴィヤンド（鶏。p.373参照）　少量
山椒の実のピクルス（塩漬けの山椒の実を塩抜きし、ピクルス
　　液〈p.133参照〉に漬けたもの）　少量

1　鶏胸肉と白レバーは2〜3等分に切り、塩をふる。オ
　　リーブ油をひいたフライパンで、それぞれポワレする。
2　タケノコは皮付きのまま120〜130℃のオーブンに入
　　れ、火が通るまで焼く。
3　**ソース**：オランデーズソースに少量のグラス・ド・ヴ
　　ィヤンド（軽く湯煎にして溶かしておく）を加え、軽
　　く温めながら合わせる。
4　2のタケノコを縦半分に切り、1とともに器に盛る。3
　　のソースをかけ、山椒の実のピクルスを添える。

伊達鶏と筍のタルタル

軽く火を入れた鶏肉に、タケノコの食感を加え、
レモンや山椒でアクセントを加えている。

材料（作りやすい量）
鶏胸肉（鮮度のよいもの）　1枚
タケノコ（ゆでたもの。小角切り）　適量
フォン・ド.ヴォライユ（p.373参照）　少量
塩　適量
レモン（またはユズ）果汁　少量
レモン（またはユズ）の表皮　少量
山椒の実のピクルス（塩漬けの山椒の実を塩抜きし、ピクルス
　　液〈p.133参照〉に漬けたもの）　少量
・細いタケノコの皮

1　鶏胸肉は皮をとって全体に塩を少量ふり、グリルで表
　　面をさっと焼く。
2　1を包丁でよくたたく。タケノコを加えて混ぜる。
3　2にフォン・ド・ヴォライユを少量加えて練り混ぜ、
　　レモン果汁と塩で味を調える。
4　3を細いタケノコの皮の内側にきっちりと詰めて器に
　　盛り、レモンの表皮を削って散らす。山椒の実のピク
　　ルスを添える。

ホワイトアスパラガスと筍のグラタン
Gratin d'asperges blanches et pousses de bambou

「若山農場」の竹林

ホワイトアスパラガスと筍のグラタン

おいしいタケノコを産する竹林をイメージし、
筒切りにした竹を器として使用した。

材料

タケノコ　適量

ホワイトアスパラガス　適量

新ジャガイモ　適量

ソラ豆　適量

菜の花　適量

塩　適量

グラス・ド・ヴィヤンド（鶏。p.373参照）　適量

オランデーズソース（p.54参照）　適量

生クリーム　少量

塩　少量

・青竹の筒（節の部分が底になるように、筒切りしたもの）

1　タケノコはゆでて皮をむく。ホワイトアスパラガスは皮を
　　むき、むいた皮と塩を加えた湯でゆでる。新ジャガイモは
　　皮付きのまま蒸して皮をむく。それぞれ食べやすい大きさ
　　に切ってボウルに入れ、グラス・ド・ヴィヤンドを加えて
　　からめる。

2　ソラ豆はゆでて薄皮をむく。菜の花はさっとブランシール
　　する。

3　オランデーズソースに生クリームを加え、塩で味を調える。

4　1と2の野菜を温めて、竹筒に詰める。3のソースをたっぷ
　　り注ぎ、焼き色がつくまでサラマンドルで焼く。

　タケノコは日本らしい素材のひとつ。料亭などでは
姿で使うことも多く、どうしても小ぶりなものの評価
が高くなるが、本当においしいのは大きくて太いタケ
ノコなのだ。そのおいしさを、うまく伝えられればと
思う。

　宇都宮市内におよそ24haほどの農園を有し、親子
三代にわたり80数年間、無農薬・有機栽培にこだわっ
た竹と栗の栽培を続けている「若山農場」。タケノコや
栗の直販のほか、タケノコ刈りや栗拾い体験も行なっ
ている。また、植栽としての竹の販売も手掛け、現在
東京都内の竹の植栽の多くをこの農場の竹が占めると
いう。

　タケノコも他の農産物と同様に、やわらかくおいし
いものは、やわらかい土から産する。山から掘り出す
タケノコとの違いは、土の違いでもあるのだ。ただし、
竹林は畑のように耕すことができないため、さまざま
な工夫や労力が必要で、「若山農場」の若山さんは、こ
の土作りにもっとも力を入れている。

　まず、地中の根を混ませないために、役目を終えた
竹を間引き、代わりに新しい竹をのばす。こうして毎
年1/6ずつの竹を入れ替えることで、生き生きとした
竹林ができ上がる。間引いた竹は細かく砕き、降り積
もった竹の葉の上からまく。これが1年の間に自然の
腐葉土となり、おいしいタケノコを育てる土のベッド
ができ上がる。

　タケノコは鮮度も重要。掘り出すタイミングを見極
め、運搬方法にも工夫をすることで、より新鮮な状態
で販売することが可能になったという。

　このタケノコのおいしさを、より多くの地元の人た
ちにも味わってもらいたいと考える若山さんは、地元
の小中学校に朝掘りのタケノコを届け、子どもたちに
食べてもらうという活動も長く続けている。

間引く竹は、毎年1万5000本にもなる。手入れの行き届いた竹林は美しく、ここが映画などのロケ地として人気があるのもうなづける。

牛ほほ肉のラグー、筍と葉玉ネギのソテー
Ragoût de joue de bœuf, pousses de bambou
et oignons neuvaux sautés

筍とフォワグラのポワレ、
五穀米のリゾット、マデラソース
Pousses de bambou et foie gras poêlés,
risotto, sauce madère

牛ほほ肉のラグー、筍と葉玉ネギのソテー

濃厚な牛ほほ肉の煮込みに、
旬のタケノコと葉玉ネギで季節感を添えた。

材料 (作りやすい量)
牛ほほ肉のラグー
┌ 牛ほほ肉 (塊)　10kg
│ A
│ ┌ 塩　牛肉の重量の0.8%
│ └ トレハロース　牛肉の重量の0.1%
│ オリーブ油　適量
│ B
│ ┌ 赤ワイン　4kg
│ │ 玉ネギ (小角切り)　800g
│ │ ニンジン (小角切り)　400g
│ └ セロリ (小角切り)　300g
└ ブールマニエ　適量
タケノコ (ゆでたもの)、葉玉ネギ、ベーコン (短冊切り)
　各適量
オリーブ油、バター、白ワイン、
　フォン・ド・ヴォライユ (p.373参照)、塩　各適量
タケノコのチュイル (右記参照)　少量
ハーブオイル (p.149参照)、燻製ヨーグルト (p.248参照)、
　ミーヨネット　各適量

1　**牛ほほ肉のラグー**：牛ほほ肉にAをまぶして1日おく。

2　1の肉を、オリーブ油をひいたフライパンで焼いた後、
　Bのマリネ液に漬けて1日おく。

3　2から肉とミルポワの野菜をとり出す。野菜はオリー
　ブ油をひいたフライパンでソテーする。残ったマリネ
　液は沸かし、アルコールを飛ばす。

4　3のマリネ液、肉、野菜を鍋に合わせ、肉がやわらか
　くなるまで弱火で煮込む。

5　4から肉をとり出し、粗熱をとる。煮汁は漉してから
　煮詰め、ブールマニエでつないでソースとする。

6　タケノコは一口大に切り、オリーブ油をひいたフライ
　パンでソテーしてとり出す。

7　葉玉ネギは薄切りにし、バターを溶かしたフライパン
　にベーコンとともに入れてソテーし、6のタケノコを
　加える。白ワインを入れてアルコールを飛ばし、フォ
　ン・ド・ヴォライユを加えて煮詰め、塩で味を調える。

8　5の肉をソースの中で温めて器に盛り、ソースをかけ、
　ミニョネットを散らす。7を添え、バーナーであぶっ
　たタケノコのチュイルをのせる。ハーブオイルと燻製
　ヨーグルトを添える。

○ **タケノコのチュイル**

タケノコの姫皮や切れ端を、水でやわらかくゆでて、ゆ
で汁ごとミキサーにかけてピュレにする。米粉を加えて
混ぜ合わせ、シルパットを敷いた天板にヘラで薄くのば
し、70℃のコンベクションオーブンで乾燥焼きする。

筍とフォワグラのポワレ、五穀米のリゾット、マデラソース

さまざまな味や食感の組み合わせ。
タケノコは大きめに切り、かみ切るおいしさも
楽しんでいただく。

材料 (1人分)
タケノコ (ゆでたもの)　適量
フォワグラ　1枚
オリーブ油、塩、薄力粉　各適量
五穀米のリゾット (五穀米を薄いフォン・ド・ヴォライユで
　煮て、軽く塩をしたもの)　適量
マデラソース (下記参照)　適量
シブレット (小口切りと花)、ビーツの新芽　各少量

1　タケノコは適当な大きさに切り、グリルで焼く。

2　フォワグラは塩をふり、薄力粉をつけて、オリーブ油
　をひいたフライパンでさっと焼く。

3　五穀米のリゾットをセルクル型に詰める。そのままオ
　リーブ油をひいたフライパンに入れ、下の面だけ焼く。

4　1、2、3を器に盛り、温めたマデラソースをかける。
　シブレットとその花、ビーツの新芽を散らす。

○ **マデラソース**

マデラ酒を煮詰め、ジュ・ド・トリュフ (p.74参照) とグ
ラス・ド・ヴィヤンド (鴨。p.373参照。鴨のガラでとっ
たもの) を加えて更に煮詰める。バターを少量加えてモン
テし、塩、コショウで味を調える。

[p.22の料理]

椎茸のカプチーノ、
椎茸とかんぴょうのパイ

材料（10〜16人分）
椎茸のカプチーノ
┌ キノコのフォン
│ ┌ マッシュルーム（薄切り）　300g
│ │ シイタケ（薄切り）　100g
│ │ ニンニク（薄皮付き。軽くつぶす）　小1粒
│ │ エシャロット（みじん切り）　大1個分
│ │ バター　40g
│ │ 白ワイン　150g
│ └ フォン・ド・ヴォライユ（p.373参照）　1.2kg
│ 生クリーム　適量
└ 塩、コショウ、レモン果汁　各適量
椎茸とかんぴょうのパイ
┌ パート・ブリゼ（右記参照）　適量
│ かんぴょうのキャラメリゼ（右記参照）　適量
│ シイタケ　適量
└ オリーブ油、バター、塩　各適量

1 **椎茸とかんぴょうのパイ**：パート・ブリゼを薄くのば
　し、楕円形に抜き、フォークの先で穴を開ける。

2 フライパンにごく少量のオリーブ油をひき、軸をとっ
　たシイタケを入れてさっと焼き、軽く塩をふる。粗熱
　がとれたら薄切りにする。

3 1にかんぴょうのキャラメリゼ（冷めたもの）を平らに
　のせ、2のシイタケをのせる。溶かしバターを刷毛で
　塗り、180℃のオーブンでパイ生地が焼けるまで焼く。

4 **椎茸のカプチーノ**：キノコのフォンをとる。鍋にバタ
　ー、ニンニク、エシャロットを入れて弱火にかけ、焦
　がさないように炒める。マッシュルームとシイタケを
　入れて炒め、白ワインを加える。フォン・ド・ヴォラ
　イユを注いで強火で熱し、蓋をして香りを逃さないよ
　うにし、キノコの味がよく出るまで弱火で30分ほど
　熱する。シノワでしっかり漉す（キノコの香りが弱い
　場合は、更に少し煮詰める）。

5 4のフォンと生クリームを2：1ほどの割合で合わせ、
　塩、コショウ、レモン果汁で味を調える。ハンドブレ
　ンダーで泡立て、器に注ぐ。3を添える。

○パート・ブリゼ

材料（作りやすい量）
薄力粉　500g
バター　250g
塩　2g
卵　4個
＊バターは小さめのキューブ状に切り、冷蔵庫で冷やしてお
く。薄力粉はふるっておく。

1 薄力粉、塩、バターをボウルに合わせて手でよくすり
　混ぜ、サラサラにする。

2 1の中央を空けてドーナツ状にし、中央の穴に卵を入
　れ、まわりの土手を崩しながらまとめる（練りすぎな
　いよう注意する）。

3 打ち粉（分量外）をした台にとり出し、半円状にまと
　めて、ラップフィルムで包む。冷蔵庫で保存する。

○かんぴょうのキャラメリゼ

材料（作りやすい量）
玉ネギ（薄切り）　100g
かんぴょう（乾燥）　30g
バター　適量
砂糖　計10g
塩、コショウ　各少量

1 玉ネギをバターで軽く色づくまで炒める。

2 かんぴょうは水に浸けて戻し、2cm長さに切り、水気
　を絞る。1に加えて更に炒める。

3 砂糖適量とほんの少量の塩を加えて炒め、更に1〜2
　回砂糖を少量ずつ加えながらキャラメリゼし、最後に
　コショウで味を調える。

「よしむら農園」

椎茸と伊達鶏のコンソメ、
フォワグラ添え
Consommé de volaille
et de shiitake au foie gras

椎茸と伊達鶏のコンソメ、
金目鯛添え
Consommé de volaille au shiitake
et kinmedai au four

椎茸と伊達鶏のコンソメ、フォワグラ添え

原木シイタケの濃い旨みを加えたコンソメに、
フォワグラのコクをプラス。

材料（作りやすい量）
シイタケのコンソメ
A
　　鶏の手羽（手羽元・手羽先）　300g
　　原木シイタケ（特大）　1個（約60g）
　　干し原木シイタケ　35g
　　長ネギ（みじん切り）　1本分
　　卵白　60g
　　塩　10g
　　黒コショウ　ミルで5回ほど挽く
　　ローリエ　1枚
　水　500（〜600）g
　コンソメ（鶏。p.120参照）　400g
大根（小角切り）　3個（1人分）
フォワグラ（冷凍）　適量
黒コショウ　適量

1 **シイタケのコンソメ**．鶏の手羽は骨を除いて挽き肉に
　する。生のシイタケは細かく切る。干しシイタケは水
　に1日ほど浸けて戻した後、細かく切る。Aの材料を
　すべて鍋に入れ、よくかき混ぜてから分量の水と鶏の
　コンソメを加えて強火にかけ、沸いたら火を弱め、通
　常のコンソメをとる要領で加熱する。鶏肉とシイタケ
　の味が充分に出たら、レードルですくってクッキング
　ペーパー（または布）で漉す。再び火にかけて味を調
　える。

2 大根の角切りをゆでて、器に入れる。

3 2に熱した1のコンソメを注ぎ、フォワグラを薄く削
　いで浮かべる。黒コショウをふる。

椎茸と伊達鶏のコンソメ、金目鯛添え

魚を合わせるなら、脂気や旨みの強いものを。

材料
シイタケのコンソメ（左記作り方1参照）　適量
金目鯛（一口大に切った身）　少量
原木シイタケ　少量
E.V.オリーブ油　少量

1 シイタケを小さな角切りにし、シイタケのコンソメと
　ともに鍋に入れて温める。

2 金目鯛を120〜140℃のオーブンで焼く。

3 2の金目鯛を器に入れ、1のコンソメを注ぐ。1のシイ
　タケも入れ、E.V.オリーブ油を少量たらす。

　　ヨーロッパにもおいしいキノコはいろいろあるが、
シイタケは日本らしい味や香りを与えてくれるキノコ
で、僕もよく使用する。特に、硬い木の皮を突き破っ
て出てくる原木シイタケの味の濃さや食感は独特で、
ソテーすると抜群においしい。肉やフォワグラに合わ
せても負けない強さがあり、フランス料理にもなじみ
やすい。また、大きくて肉厚のものばかりでなく、小
ぶりのものにもよさがある。しかし料理によっては菌
床栽培ものがむいている場合もあり、原木栽培がすべ
てというわけでもない。どんな使い方をすればそれぞ
れの持ち味が活かせるか。それを考えながら使い分け
ている。

　　「よしむら農園」の吉村さんご夫妻は、宇都宮市内の
数ヵ所で、原木シイタケの栽培を行なっている。ご主
人の潔さんは、もともと東京で営業職に就いていたが、
あるとき思い立ち、故郷の宇都宮で農業を志すことに。
参加した農業講習会でシイタケ栽培に出会い、可能性
を感じてこれに挑戦することにしたという。

吉村さんご夫妻。以前は雑木林だったこの場所も自ら切り開き、栽培に適した条件を整えた。

リ・ド・ヴォーと椎茸のパネ、オーブン焼き
Ris de veau et shiitake panés au four

ジャンボ椎茸のイノシシファルシ、ベシャメルモッツァレッラ
Shiitake farci au sanglier,
sauce béchamel au mozzarella

ジャンボ椎茸のファルシ
Shiitakes farcis

リ・ド・ヴォーと椎茸のパネ、オーブン焼き

一口サイズのシイタケを、
リ・ド・ヴォーと合わせてアミューズに。
小さなシイタケならでは使い方。

材料
シイタケ（小）　適量
リ・ド・ヴォー　適量
卵水（水＋卵黄を合わせた液）　適量
パン粉（目の細かいアミでふるったもの）　適量
クルミのパウダー（ローストしたクルミを、ミルで挽いたもの）
　適量
塩　適量
ソース
┌ A
│ ┌ 生ハム、キュウリ、イタリアンパセリ、エシャロット
│ └ 　各適量
│ 赤ワインヴィネガー、E.V.オリーブ油、塩、コショウ
└ 　各適量

1 パン粉にクルミのパウダーと少量の塩を合わせておく。

2 リ・ド・ヴォーはさっとゆでて水気をよく切り、食べやすい大きさに切る。

3 シイタケと2のリ・ド・ヴォーを、それぞれ卵水にくぐらせて1をつけ、200℃のオーブンで焼く。

4 ソース：Aをすべてみじん切りにする。赤ワインヴィネガーとE.V.オリーブ油を1：1の割合で合わせ、塩、コショウで味を調え、Aと混ぜ合わせる。

5 3を器に盛り、4のソースを添える。

ジャンボ椎茸のイノシシファルシ、ベシャメルモッツァレッラ

味が濃く、食感のしっかりしたシイタケは、
肉やチーズと合わせてもバランスがいい。

材料（1人分）
シイタケ（大）　1個
新玉ネギ（みじん切り）　15g
春菊（みじん切り）　適量
イノシシ肉（バラや肩ロースの端切れ肉でよい。粗挽きまたは
　粗切り）　100g
ニンニク（みじん切り）　少量
ベシャメルソース（ブールマニエと牛乳を鍋で温めながら
　合わせる）　適量
モッツァレッラ・チーズ　適量
生クリーム　少量
B
┌ セミハードチーズ（今牧場チーズ工房の「みのり」。
│ 　すりおろす）　適量
│ パン粉　適量
└ ＊チーズ4：パン粉1の割合で混ぜ合わせておく。
オリーブ油、塩、黒コショウ　各適量
イノシシの軽いジュ（仔羊のジュ〈p.55参照〉の仔羊の骨を
　イノシシの骨に替え、同様にとったもの）　少量

1 シイタケは軸を切り落として軽く塩をふり、鉄板（またはテフロン加工のフライパン）で焼く。

2 鍋にごく少量のオリーブ油をひき、新玉ネギを入れて色づかない程度に炒め、軽く塩をする。火を止めて、春菊のみじん切りを加えてさっと混ぜ合わせる。

3 フライパンにオリーブ油をひき、ニンニクとイノシシ肉を入れてさっと炒め、塩と黒コショウをふる。

4 ベシャメルソースに生クリーム、モッツァレッラ・チーズを加えて温める。塩、黒コショウで味を調える。

5 2と3を合わせ、1のシイタケのカサの内側にきっちり詰める。4をかけ、Bを適量ふり、180℃のオーブンで10分程度色づくまで焼く。

6 5を皿に盛り、温めたイノシシのジュをまわしかける。

ジャンボ椎茸のファルシ

シイタケの大きさを活かしてたっぷりと詰め物をした。
マスタードリーフでアクセントを加えている。

材料（2人分）
シイタケ（特大）　2個
牛粗挽き肉（「とちぎ和牛」もも肉）　100g
フォワグラのパルフェ（p.141参照）　適量
マスタードリーフ　2枚
五穀米のリゾット（右記参照）　適量
クレピネット　適量
オリーブ油、塩、コショウ　各適量
ソース・オリーブ・ヴィヤンド（右記参照）　適量
サラダ（ベビーリーフ、クルミなどを赤ワインヴィネガー
　　ドレッシング〈p.136参照〉で和える）　適量

1　鍋に湯を沸かしてオリーブ油を少量加え、マスタード
　　リーフを入れてさっとゆがき、水気を切ってみじん切
　　りにする。
2　シイタケはカサの表面にオリーブ油を塗り、内側に塩
　　をふり、カサの外側を下にして鉄板にのせ、内側から
　　うっすらと水分が出るまで焼く。
3　牛粗挽き肉に塩、コショウを少量加えて練り混ぜる。
　　フォワグラのパルフェを加えて更に練り混ぜる。
4　2のシイタケのカサの内側に五穀米のリゾットを詰
　　め、1のマスタードリーフを半量ずつのせ、3の牛肉
　　を半量ずつ詰める。クレピネットで全体を包む。
5　180℃のオーブンで8分ほど焼く。
6　皿にのせ、ソース・オリーブ・ヴィヤンドをかける。
　　別皿でサラダを添える。

○ **五穀米のリゾット**

五穀米を薄いフォン・ド・ヴォライユで煮て、少量の生
クリーム、パルミジャーノ・レッジャーノ・チーズ（す
りおろし）を加え、塩、コショウで味を調える。

○ **ソース・オリーブ・ヴィヤンド**

材料（作りやすい量）
コンソメ（鶏。p.120参照）　30g
グラス・ド・ヴィヤンド（鶏。p.373参照）　8g
E.V.オリーブ油　15g
塩、コショウ　各適量

コンソメを半量ほどに煮詰め、グラス・ド・ヴィヤンド
と合わせる。少し冷めたらE.V.オリーブ油と合わせ、塩、
コショウで味を調える。

トマトのジュレと新玉ネギのエスプーマ
Espuma d'oignons nouveaux, gelée de tomates, granité de tomates

栃木の春野菜、トマトのジュレ
Salade printanière de "Tochigi",
gelée de tomates

トマトのジュレと新玉ネギのエスプーマ

自然な甘みがおいしい新玉ネギのエスプーマに、
トマトのジュレと冷たいトマトのパウダーを
合わせながら、味わいの変化を楽しんでいただく。
春のコースのスタートにぴったりな一品。

材料
新玉ネギのエスプーマ
┌ 新玉ネギ　適量
│ 牛乳　適量
│ 生クリーム（乳脂肪分45%）　適量
│ 塩　適量
└ エスプーマコールド　適量
トマトのジュレ
┌ トマトのコンソメ（下記参照）　適量
└ 板ゼラチン（水に浸けて戻す）　適量
トマトパウダー（トマトのコンソメ〈下記参照〉を液体窒素で
　パウダー状にする）　適量

1　**新玉ネギのエスプーマ**：新玉ネギは皮をむいて薄切り
　にし、サーモミックスに入れて94℃でやわらかくな
　るまで加熱し、ピュレにする。冷ましておく。

2　1のピュレに牛乳、生クリーム、塩を加えて混ぜ合わ
　せてエスプーマコールドを加え、エスプーマ用のサイ
　フォンに入れ、ガスを充填しておく。

3　**トマトのジュレ**：トマトのコンソメを温めて、水気を
　とったゼラチンを入れて溶かし、冷蔵庫で冷やし固め
　る。

4　2のエスプーマを器に絞り入れ、3のトマトのジュレ
　とトマトパウダーを添える。

○ トマトのコンソメ

ざく切りにしたトマト（丸福農園の「福来茜」）をミキサー
に入れ、塩を少量加えて攪拌する。さらしを敷いたシノ
ワにあけ、1日かけてゆっくり漉して液をとる。

栃木の春野菜、トマトのジュレ

那珂川の稚アユに、春の野菜や新芽、花、
ヤギ乳などを合わせて季節を表現した。

材料
春の野菜（グリーンアスパラガス、葉玉ネギなど）　適量
春の新芽（ハコベ、エンドウ豆の新芽など）　適量
春の花（コリアンダーやシブレットなどのハーブの花、
　野菜の花、その他のエディブルフラワー各種）　適量
ヤギ乳のホエー、ヤギ乳、オリーブ油　各適量
トマトのジュレ（左記作り方3参照）　適量
ガスパチョのソース
└ トマト、シェリーヴィネガー、オリーブ油、塩　各適量
稚アユ、衣（p.365参照）、揚げ油　各適量
野菜の皮のパウダー（むいた野菜の皮を集め、200℃のオーブ
　ンに入れて炭化させ、ミルでパウダーにする）　少量

1　ヤギ乳のホエーに、ヤギ乳とオリーブ油を加えてミキ
　サーで攪拌し、乳化させる。

2　**ガスパチョのソース**：トマト、シェリーヴィネガー、
　オリーブ油を合わせてミキサーでよく攪拌し、塩で味
　を調える。

3　稚アユは衣をつけて、油で揚げる。

4　3の稚アユと春野菜、新芽を器に盛り合わせ、トマト
　のジュレ、2のガスパチョのソース、1を添える。春
　の花を散らし、野菜の皮のパウダーをふる。

身近な素材こそ

　ジャガイモ、キャベツ、白菜、大根、みかんやバナナ。こうした身近な素材を、僕は好んで使用する。日常的な食材も、手を加えることで、レストランのテーブルに違和感なく溶け込ませることができるのだ。必要なのは、食材に対する平等な敬意、おいしく食べてもらいたいという思い、そして料理する人間の引き出しの数。身近な素材使いにこそ、料理人の内なるものが表われる。

　お客様は、いつも目にしている食材の変化に驚き、そこに作り手の存在を感じとる。作り手と食べ手の双方にとり、それは胸躍る魅力的な体験である。

「丸福農園」

ガスパチョのグラニテ
Granité de gazpacho

　鹿沼市の「丸福農園」は、この地で40年以上続くトマト専門農家。フルーツトマトやさまざまな色のミニトマト、加熱調理むきのサンマルツァーノなど、異なるタイプのトマトを多種類栽培している。トマトのできには、土のほか日照、気温、水などが大きく影響する。刻々と変化するトマトをよく観察し、その表情を見ながら必要な手を加えていくという。

　生ではもちろん、ソルベやグラニテにしたり、加熱して味を凝縮させたり、透明なエキスをとってジュレにしたりと、素材の味がストレートに反映される使い方が多いトマト。おいしいものを選ぶところから、料理ははじまっている。

パプリカのスフレグラッセ、キュウリとトマトのグラニテ
Soufflé glacé de paprika, granité de concombre et tomate

ガスパチョのグラニテ

ガスパチョの素材を合わせてグラニテに。
さっぱりとして、口直しにぴったりな一品。
厳選したトマトで作りたい。

材料（作りやすい量）
トマト（おいしいもの）　160g
玉ネギ　100g
パプリカ（赤、緑など）　80g
キュウリ　80g
セロリ　30g
ニンニク　3g
水　150g（目安）
赤ワインヴィネガー　30g
E.V.オリーブ油、レモン果汁、塩、黒コショウ　各少量
トマトのジュレ（p.106参照）　適量
バジル　少量

1　トマト、玉ネギ、パプリカ、キュウリ、セロリはざ
　　く切りにする。すべてを合わせてニンニクも加え、
　　E.V.オリーブ油と塩をふる。

2　1をミキサーに入れて攪拌する。分量の水、赤ワイン
　　ヴィネガーを加えながらミキサーをまわし、レモン果
　　汁と塩、黒コショウで味を調える。

3　2をバットに流し、冷凍庫で凍らせる。

4　輪切りのトマト（分量外）を器に敷き、3をフォークで
　　崩してのせ、トマトのジュレとバジルを添える。

パプリカのスフレグラッセ、
キュウリとトマトのグラニテ

こちらはキュウリとグリーントマトで作るグラニテ。
下に敷いたのは、甘くないパプリカのスフレグラッセ。

材料（作りやすい量）
パプリカのスフレグラッセ
┌ 黄パプリカ　130g（皮をむいた後の重さ）
│ パプリカのジュ（ローストして出たジュ）　20g
│ 生クリーム　50g
│ 卵白　1/2個分
└ 塩　適量
キュウリとトマトのグラニテ
┌ キュウリ　120g
│ グリーントマト　120g
│ 赤パプリカ（みじん切り）　少量
│ 玉ネギ（みじん切り）　少量
└ 白ワインヴィネガー、塩、白コショウ　各適量
トマトのジュレ（p.106参照）　適量
ナスタチウム　少量

1　**パプリカのスフレグラッセ**：黄パプリカはアルミ箔で
　　包み、140℃のオーブンで30分ほどローストして皮を
　　むき、切り分けて種をとり除く。ローストで出たジュ
　　は漉して、半量に煮詰めておく。

2　1のパプリカを、1のジュとともにミキサーで攪拌し、
　　ピュレにする。

3　生クリームを五〜六分立てにして2と合わせる。卵白
　　もメレンゲ状に泡立て、適量加えて合わせる。塩で味
　　を調える。

4　3を丸いセルクル型に入れて、冷凍庫で凍らせる。

5　**キュウリとトマトのグラニテ**：キュウリとグリーント
　　マトと水100ccほどを合わせて、ミキサーにかける。

6　5に赤パプリカと玉ネギを加えて混ぜ、白ワインヴィ
　　ネガー、塩、白コショウで味を調える。バットに流し、
　　冷凍庫で凍らせる。

7　4のスフレグラッセを器に盛り、6をフォークで崩し
　　てのせ、トマトのジュレ、ナスタチウムを添える。

春 / デザート

よもぎのアイスクリームとキンカンのコンポート

Glace aux feuilles d'armoise, compote de koum-quat

自生のヨモギを摘んで、アイスクリームに。
春らしい心地よいえぐみを残すのがポイント。

[A] よもぎのアイスクリーム

材料 (作りやすい量)
ヨモギ (よく洗い、黒い部分や硬い茎をとり除いたもの)
　100g
牛乳　600g
シロップ (グラニュー糖1：水1)　120g
トレモリン　20g
生クリーム (乳脂肪分35%)　50g
プロクレマ (安定剤)　25g

1　牛乳を鍋に入れて火にかけ、沸騰直前まで温まったらヨモギを入れ、再び沸騰してから1分ほど煮て火を通す。
2　1からヨモギだけをとり出し、鍋の牛乳を適量加えてミルサーでよく攪拌する。
3　2を裏漉す。
4　3と漉した後の残りカス20g、残りの1の牛乳、他の材料をすべて合わせてハンドブレンダーでよく混ぜ、ボウルに入れ、氷水にあてて冷やす。
5　4をパコジェットのビーカーに入れ、冷凍する。使用時にパコジェットにかける。

[B] キンカンのコンポート

材料 (作りやすい量)
キンカン　300g
水　300g
グラニュー糖　150g
ヴァニラのサヤ (中の種をとり出して使用した後、よく洗って乾燥させたもの)　1/2本
レモンスライス　1枚

1　キンカンは横半分に切り、ヘタと種をとり除く。
2　キンカン以外の材料を鍋に入れ、沸騰させる。
3　2に1のキンカンを入れ、再沸騰後2〜3分煮て火を止める。そのまま冷ます。

[C] よもぎのクランブル

材料 (作りやすい量)
バター　160g
薄力粉　200g
アーモンドプードル　200g
三温糖　200g
ヨモギのパウダー (ヨモギを乾燥させて、ミルでパウダーにしたもの)　適量
塩、シナモンパウダー　各ひとつまみ

1　粉類は合わせてふるう。バターはキューブ状にカットする。すべての材料はあらかじめ冷蔵庫で冷やしておく。
2　ボウルにすべての材料を入れ、手 (またはロボクープ) でそぼろ状になるまですり混ぜる。冷蔵庫で1時間ほどやすませる。
3　天板に2の生地を均一に広げ、170℃のオーブンで7〜8分焼く。

[D] よもぎのチップ

ヨモギのピュレに粉糖や米粉を混ぜ、シルパットを敷いた天板にヘラで薄くのばし、コンベクションオーブンで乾燥焼きしたもの。

盛り付け

皿に[C]を敷き、[A]を抜いて盛り付け、[D]をあしらう。[B]を添え、まわりに砕いた[C]を散らす。

春 / 魚介

鯛のポワレ、グリーンソース
Dorade poêlée, sauce verte

桜鯛と燻製椎茸のヴァプール、クレーム・ド・シャンピニヨン

Filet de dorade rose pochée
et shiitake fumé,
crème de champignons

行者ニンニクをまとったヒラメ、新ジャガイモ、アサリ、グリーンピース添え

Trubot en robe d'ail des ours,
pomme de terre,
palourde, petits-pois

鯛のコンソメ

Consommé de dorade

鯛のポワレ、グリーンソース

添えるだけで、皿が春めくグリーンのソース。
旬の緑の野菜で作るとよい。
ここでは甘みのあるスナップエンドウを使った。

材料（1人分）
鯛（切り身）　1切れ
ラルド（イベリコ豚ベジョータのもの）　少量
新ジャガイモ（小）　1個
スナップエンドウ　適量
ハマグリのジュ（蒸し汁）　適量
生ハムのフォン（p.120参照）　適量
E.V.オリーブ油（緑オリーブのもの）　適量
塩、コショウ、薄力粉、オリーブ油　各適量
スナップエンドウの花と新芽　各少量

1　鯛は塩をふり、皮面に薄力粉をはたき、オリーブ油
　　をひいたフライパンに皮目から入れてポワレする。
2　新ジャガイモは皮付きのまま蒸して皮をとり、半分
　　に割る。
3　スナップエンドウは塩ゆでし、豆をとり出す。サヤ
　　はミキサーで攪拌してピュレにする。
4　3のピュレを一部残し、残りを鍋に入れ、温めなが
　　らハマグリのジュ、生ハムのフォン、E.V.オリーブ
　　油を加えて合わせ、塩、コショウで味を調えてソー
　　スとする。
5　1の鯛にラルドをのせ、サラマンドルで軽く焼いて
　　香りを出す。
6　4のソースを皿に敷き、5を盛り付ける。残しておい
　　た3のピュレと豆、2の新ジャガイモ、スナップエ
　　ンドウの花と新芽を添え、E.V.オリーブ油を少量か
　　ける。

桜鯛と燻製椎茸のヴァプール、
クレーム・ド・シャンピニヨン

それぞれの素材の持ち味を引き出す調理をし、
アラン・シャペル氏のキノコのスープを
ソースのように使ってまとめた。

材料（1人分）
桜鯛（切り身。皮をとる）　1切れ
燻製シイタケ（シイタケをグリエした後、冷燻したもの）　1枚
ウド　適量
塩　適量
クレーム・ド・シャンピニヨン（p.236参照）　適量

1　桜鯛は塩をふり、蒸す。
2　ウドはグリルで焼き、塩をふる。
3　燻製シイタケを薄切りにし、1の桜鯛の上に並べる。
　　全体をラップフィルムで包んで再び蒸した後、器に盛
　　る。
4　クレーム・ド・シャンピニヨン（泡立てる前のもの）を
　　少し煮詰め、ハンドブレンダーで泡立てて3の桜鯛に
　　かける。2のウドを添える。

行者ニンニクをまとったヒラメ、新ジャガイモ、アサリ、グリーンピース添え

繊細なヒラメの身を旬の行者ニンニクで包み、
春の香りをまとわせる。

材料（1人分）
ヒラメ（切り身）　1切れ
行者ニンニク（ゆでる）　2〜3本
新ジャガイモ　1/2個
グリーンピース（ゆでて薄皮を除いたもの）　適量
アサリ（蒸して殻からとり出した身）　適量
チョリソー（薄切り）　適量
緑オリーブ（種を抜き、粗みじん切り）　少量
ノコギリ草　少量
塩、オリーブ油　各適量
ソース・ヴァン・ブラン（作りやすい量）
┌ノイリー酒　70cc
│白ワイン　50cc
│エシャロット（みじん切り）　12g
│マッシュルーム（みじん切り）　40g
│バター　8g＋25g
│フュメ・ド・ポワソン（p.305参照。ヒラメのアラで
│　とったもの）　120g
│生クリーム　40g
└塩、コショウ　各適量
ピストゥ（イタリアンパセリ、アンチョビ、ごく少量のニンニク、
　パルミジャーノ・レッジャーノ・チーズ〈すりおろし〉、太白ゴマ油、
　塩を合わせてミキサーで撹拌する）　適量

1　ヒラメに軽く塩をふる。ゆでた行者ニンニクでヒラメを包み、更にラップフィルムで包み、蒸す。
2　新ジャガイモを皮付きのまま蒸して半分に切り、切り口をオリーブ油をひいたフライパンで焼く。グリーンピース、アサリ、チョリソー、オリーブを合わせてオリーブ油で和え、ジャガイモの切り口にのせる。
3　**ソース・ヴァン・ブラン**：鍋にバター8gとエシャロット、マッシュルームを入れてスュエする。ノイリー酒と白ワインを加えて熱し、更にフュメ・ド・ポワソンを加えて煮詰める。生クリーム、バター25gを加えて混ぜ合わせ、塩、コショウで味を調える。
4　1を食べやすい大きさに切って器に盛り、2を添えてノコギリ草をのせる。まわりに3のソースを流し、ピストゥをかける。

鯛のコンソメ

奈良県との縁ができて使うようになった
三輪素麺。上質のコンソメをかけることで、
フレンチの要素を加えた。
熱々のコンソメを注ぐのがポイント。

材料（1人分）
鯛のコンソメ
┌コンソメ（鶏。p.120参照）　適量
│鯛のアラ（脂や血合いなどをきれいに掃除したもの）
│　適量
│長ネギ（白い部分。みじん切り）　適量
│セリの茎　少量
└卵白　少量
鯛（刺身用。薄切り）　2枚
三輪素麺　少量
セリの葉　2〜3枚

1　**鯛のコンソメ**：ボウルにすべての材料を入れて混ぜ合わせ、ラップフィルムで密閉し、スチームコンベクションオーブンのスチームモード（88℃）で1時間ほど加熱する（状態を見ながら）。味を確認し、レードルですくってクッキングペーパー（または布）で漉す。鍋に入れて火にかけ、味を調える。
2　素麺をゆでて、氷水にとって冷やす。
3　水気を切った2の素麺を温めたクープ皿に盛り、鯛の身をのせ、セリの葉を添える。1のコンソメを熱く熱して注ぐ。

プレミアムヤシオマスのティエド、キュウリのソース
Truite de "Yashio" tiède, sauce concombre aux olives verts

プレミアムヤシオマスのショーフロワ
Chaud-froid de truite de "Yashio"

プレミアムヤシオマスのティエド、キュウリのソース

油の中でゆっくりと火入れすることで、この魚の持ち味が引き出され、
ティエド（tièdeなま温かい）の状態で供することで、それが最大限に活かされる。
大根おろし風にすりおろしたキュウリで作るさっぱりとしたソースには、
生ハムのフォンで旨みを少し加えている。

材料（作りやすい量）
ヤシオマスのコンフィ
- ヤシオマス（三枚におろした身）　半身
- 塩、オリーブ油　各適量

キュウリのソース（1人分）
- A
  - キュウリ（すりおろし）　60g
  - 玉ネギ（すりおろし）　10〜20g
  - シイタケ（焼いてみじん切り）　小1枚分
  - 緑オリーブ（種を抜き、みじん切り）　2個分
  - E.V.オリーブ油　20〜30g
  - 白ワインヴィネガー　15g
  - コンソメ（鶏。右記参照）　20g
- 生ハムのフォン（下記参照）　適量
- 塩、コショウ　各適量

フェンネル　少量

1　**ヤシオマスのコンフィ**：ヤシオマスは、余分な脂や腹骨、皮をとり除き、軽く塩をまぶしてラップフィルムで覆って冷蔵庫に1日おく。

2　1の小骨を抜いて、出た水分をふきとり、1人分の切り身にして真空用袋にオリーブ油とともに入れ、40〜42℃のウォーターバス（またはスチームコンベクションオーブンのスチームモード）で、芯温42℃になるよう加熱する。

3　**キュウリのソース**：Aを混ぜ合わせる。塩、コショウで味を調え、更に生ハムのフォンで味と濃度を調整する。

4　皿に3のキュウリのソースを敷き、表面の油をふきとった2のヤシオマスを盛る。フェンネルをあしらう。

○生ハムのフォン

適量の生ハムの骨を1〜2回ゆでこぼした後、生ハムの切れ端やスジなどと合わせて鍋に入れ、水を加えて2〜3時間ほど煮る。充分に旨みが出たら漉す。

○コンソメ（鶏）［コンソメ・ド・ヴォライユ］

材料（作りやすい量）
鶏もも肉　3.4kg（下処理前4kg）
塩　20g
A
- ポワロー（5mm角切り）　270g
- 玉ネギ（5mm角切り）　400g
- ニンジン（5mm角切り）　270g
- セロリ（5mm角切り）　70g
- トマト（軽くつぶす）　130g
B
- 白粒コショウ　30粒
- ニンニク（小）　1粒
- ローリエ　2枚
- 卵白　480g

フォン・ド・ヴォライユ（p.373参照）　10kg
水　3kg

1　鶏もも肉は皮をとり除き、ロボクープにかけて、粗挽きにする。

2　鍋の内側を一度水でぬらして水を捨て、Aの野菜とBを入れ、よく混ぜ合わせる。

3　1に塩を加えて混ぜ、2の鍋に入れてなじませる。

4　3にフォン・ド・ヴォライユを1/3量ほど加えて一度なじませてから、残りを加え、分量の水も加える。

5　4を強火にかけて、スパテラで静かにゆっくりと混ぜ、熱くなったら混ぜるのをやめる。

6　表面に材料が浮き上がり、沸騰直前になったら火を弱め、レードルで中央に穴を開ける。

7　液面がポコポコとする程度の火加減で2時間半ほど加熱し、味を確認して火を止める。

8　液体をレードルで静かにすくってクッキングペーパー（または布）で漉す。再び鍋に入れて沸騰させ、浮いた脂をとり除き、味を調える。

プレミアムヤシオマスのショーフロワ

僕たちのレストランにとって重要な素材であるヤシオマスを使い、
印象に残る料理を作りたいと元シェフが考えたもの。オレンジ色のヤシオマスの身を
グリーンのソースで覆い隠し、ナイフを入れたときのインパクトをねらった。
ショーフロワ自体はフランスの古典料理で、アラン・シャペル氏が好んで使った手法でもある。

材料（作りやすい量）
ヤシオマスのコンフィ
┌ ヤシオマス（三枚におろした身）　半身
└ 塩、トレハロース、カソナード、オリーブ油　各適量
ショーフロワベース
┌ 青菜のピュレ（小松菜、ホウレン草、春菊など季節の青菜を
│　　適量ずつゆでて、合わせてミキサーにかけた後裏漉す）
│　　適量
│ フォン・ド・ヴォライユ（p.373参照）　適量
│ 味噌　ごく少量
│ 生クリーム　適量
│ 板ゼラチン（水に浸けて戻す）　適量
└ 塩　適量
付け合わせ
┌ A
│ ┌ グリーンアスパラガス、ソラ豆、グリーンピース、
│ └　芽キャベツ、ロマネスコ、カリフラワーなど　各適量
│ 塩　適量
│ エシャロットのヴィネグレット
│ ┌ 赤ワインヴィネガー　適量
│ │ E.V.オリーブ油　適量
│ │ エシャロット（みじん切り）　適量
│ │ 塩　適量
│ └ ＊混ぜ合わせる。
└ 豆苗、ウルイ（細切り）　各適量
スイートアリッサムの花、ミモザの花、シトロンキャヴィア、
　青菜のピュレ（上記参照）、ジャガイモのチュイル（メークイ
　ンを薄切りにして花型で抜き、天板にのせてオリーブ油を
　少量かけ、170℃のオーブンで焼く）　各少量
大和当帰葉パウダー（市販）　少量
＊野菜は季節のものでよい。

1 **ヤシオマスのコンフィ**：ヤシオマスは、余分な脂や腹
骨をとり除き、塩、トレハロース、カソナードを合わ
せたもの（または塩だけでもよい）をまぶし、ラップ
フィルムで覆って冷蔵庫に1日おく。

2 1の小骨を抜き、出た水分をふきとる。オリーブ油と
ともに真空用袋に入れて真空にし、40〜42℃のウォ
ーターバス（またはスチームコンベクションオーブン
のスチームモード）で、芯温42℃になるよう加熱する。

3 2の皮をとり、表面の油をよくふきとり、ラップフィ
ルムで包んで冷やす。冷えたら冷凍する（保存する場
合）。

4 **ショーフロワベース**：温めたフォン・ド・ヴォライユ
をボウルに入れ、味噌、生クリーム、青菜のピュレ、
戻したゼラチン、塩を加えて混ぜ合わせ、味を調える。
氷水にあて、固まる手前まで冷やしておく。

5 Aの野菜は塩ゆでし、大きいものは食べやすく切り、
合わせてエシャロットのヴィネグレットで和える。

6 3のヤシオマスを凍ったまま1人分（30g）に切り出し、
網をのせたバットの上に断面を上にしておき、半解凍
にする。

7 6に4をかけ、冷蔵庫に5分ほどおいて冷やし固める。
再度4をかけて冷蔵庫へ。これを2〜3回繰り返す。

8 7を器に盛る。上の面のところどころに青菜のピュレ
を絞り、そこにスイートアリッサムの花、ミモザの花、
シトロンキャヴィア、ジャガイモのチュイルを貼り付
けるようにしてのせ、大和当帰葉パウダーをふる。5
の野菜を添え、ウルイと豆苗をあしらう。

軽いトリュフ風味のフランとプレミアムヤシオマス
Flan aux truffes, consommé de truite de "Yashio"

ヤシオマス

軽いトリュフ風味のフランとプレミアムヤシオマス

トリュフの香りを加えたフランの上に、ヤシオマスのコンソメを注ぎ、
アクセントに小さく切ったヤシオマスのコンフィを添えた。

材料
ヤシオマスのコンソメ

┌ A
│ ┌ ヤシオマスのアラ（頭、中骨）　適量
│ │ 長ネギ（5mm角切り）、玉ネギ（5mm角切り）、
│ │ 　ニンジン（5mm角切り）、レモンスライス、
│ │ 　生姜（みじん切り）　各適量
│ │ 塩、コショウ、ローリエ　各適量
│ └ 卵白　少量
│ フォン・ド・ヴォライユ（p.373参照。水で2倍に薄めたもの）
│ 　適量
│ コンソメ（鶏。p.120参照）
└ 　適量（フォン・ド・ヴォライユと同量）

トリュフ風味のフラン（作りやすい量）

┌ 全卵　2個
│ 卵黄　2個
│ 牛乳　400g
│ ジュ・ド・トリュフ（p.74参照）　適量
└ 塩、コショウ　各適量

ヤシオマスのコンフィ（p.120参照）　適量

※本書中のヤシオマスはすべて「プレミアムヤシオマス」を使
用している。このヤシオマスは冬場の寒さが厳しい環境で2〜
3年かけてじっくり育てられ、そのうちの一定期間は特別に仕
立てたエサで飼育される。そのため脂肪に融点の低いオレイン
酸を多く含み、他のサーモン類にはない特別なおいしさをも
つ。オレイン酸の含有量や大きさなど、7項目の基準をクリア
したもののみが、プレミアムヤシオマスを名乗ることができる。

1　**ヤシオマスのコンソメ**：ヤシオマスのアラは、色がつ
　かない程度に焼く。軽く燻製にした後（燻製にするこ
　とでくさみが抑えられる）、細かく切る。

2　Aをすべて鍋に入れてよく混ぜ、フォン・ド・ヴォラ
　イユとコンソメ（鶏）を冷たいまま加えて混ぜた後、強
　火にかけ、沸いたらアクをとる。火を弱め、通常のコ
　ンソメをとる要領でゆっくり加熱する。

3　旨みが出たら、火を止める。レードルで静かにすくっ
　てクッキングペーパー（または布）で漉す。再び鍋に
　入れて火にかけ、味を調える。

4　**トリュフ風味のフラン**：材料を混ぜ合わせて漉す（ジ
　ュ・ド・トリュフは使うトリュフにより香りの強さが
　異なるので、バランスは好みで調整する）。器に30g
　ずつ注いでラップフィルムをかけ、スチームコンベク
　ションオーブンのスチームモード（80℃）で火を入れ
　る。

5　4のフランの上に角切りにしたヤシオマスのコンフィ
　をのせ、温めた3のコンソメを注ぐ。

ヤシオマスのスフレ、笹の香り p.126

温かい魚のスフレは、最近あまり見掛けなくなった
料理のひとつだが、今食べてもやはりおいしい。
ここではヤシオマスの養殖場のそばで見つけた
笹の葉を使い、香りを添えた。

材料
ヤシオマスの身（皮や小骨を除いたもの）　適量
パナード（p.54参照）　適量
生クリーム　適量
塩　適量
卵白　適量
クレソンのソース（下記参照）　適量
・笹の葉

1　ヤシオマスの身と少量の塩を合わせてロボクープにか
　　ける。パナードを適量加えて再びロボクープをまわし、
　　生クリームを加えて更にまわす。
2　卵白を泡立てて、やわらかく立つくらいのメレンゲを
　　作る。
3　1をボウルに入れ、2を加えてさっくり合わせる。
4　小鍋に笹の葉を敷き、3を入れる。
5　天板に布巾を敷き、4を並べて湯をはり、コンベクシ
　　ョンオーブン（180℃）で、ふんわりと生地が上がり火
　　が通るまで蒸し焼く。
6　盛り付け（参考）：スフレをとり出して器に盛り、ク
　　レソンのソースをかける。

○ **クレソンのソース**

1　クレソンを熱湯にくぐらせて冷水に放ち、水気を切っ
　　て、ミキサーでピュレ状にする。
2　白ワイン、ノイリー酒、長ネギ（「新里ねぎ」）のみじ
　　ん切りを鍋に合わせて火にかける。1/4量程度まで煮
　　詰めたら生クリームを少量加え、バターでモンテして
　　漉す。1のクレソンのピュレを加えて塩で味を調える。

プレミアムヤシオマスのコンフィと 新玉ネギ p.127

やわらかいヤシオマスの身に、パン粉や焼いた皮で
食感を加え、甘みのある新玉ネギを添えた。

材料（1人分）
ヤシオマスのコンフィ（p.120参照。切り身）　1切れ
ヤシオマスの皮　少量
新玉ネギ　1個（作りやすい量）
かぶれ菜　適量
パン・ド・カンパーニュのパン粉（パン・ド・カンパーニュを
　細かくすりおろす）　適量
パルミジャーノ・レッジャーノ・チーズ（すりおろし）　適量
バター　適量
黒コショウのヴィネガー漬け（黒粒コショウを水、酢、塩を
　合わせた液とともに真空用袋に入れて真空にする）　少量
グラス・ド・ヴィヤンド（鶏。p.373参照）　適量
フォン・ド・ヴォライユ（p.373参照）　適量
E.V.オリーブ油、オリーブ油、塩、コショウ　各適量

1　新玉ネギは皮をむき、塩をする。少量のフォン・ド・
　　ヴォライユとともに真空用袋に入れて真空にし、ス
　　チームコンベクションオーブンのスチームモードで火を
　　入れる。
2　パン・ド・カンパーニュのパン粉とパルミジャーノ・
　　レッジャーノ・チーズを合わせる。
3　焦がしバターを少量作り、ヤシオマスのコンフィの表
　　面に薄く塗り、2をきっちりとのせ、サラマンドルで
　　焼く。
4　ヤシオマスの皮は2cm幅程度に切り、フライパンで
　　せんべいのようにパリッと焼く。
5　かぶれ菜は洗い、水がついた状態で、オリーブ油をひ
　　いたフライパンに入れて炒め、軽く塩をふる。
6　グラス・ド・ヴィヤンドを温め、E.V.オリーブ油と合
　　わせて塩、コショウで味を調え、ソースとする。
7　皿に5のかぶれ菜を敷き、3を盛り、4の皮をのせる。
　　食べやすい大きさに切った1の新玉ネギを添え、6の
　　ソースをまわしかけ、黒コショウのヴィネガー漬けを
　　散らす。

125

ヤシオマスのスフレ、笹の香り p.125
Soufflé de truite de "Yashio",
pafumé au feuille de bamboo

プレミアムヤシオマスのコンフィと新玉ネギ p.125

Truite de "Yashio" confite,
oignon nouveau

ヤシオマスのファルシ、フィノッキオのポワレ

Truite de "Yashio" farcie,
mini fenouil poêlé

ヤシオマスのファルシ、フィノッキオのポワレ

ヤシオマスは、繊細な仕立て方をすることが多いが、
ここでは筒切りの身に、ヤシオマスを加えたムースを詰めた。
こんなダイナミックな使い方もおもしろい。

材料（1人分）
ヤシオマス（筒切り）　1切れ
ヤシオマスのムース
┌ ヤシオマスの身（皮や小骨を除いたもの）　適量
│ 塩　少量
└ 生クリーム　適量（ヤシオマスの重量の80％）
ソース（数字は割合の目安）
┌ コンソメ（鶏。p.120参照）　10
│ フォン・ド・ヴォライユ（p.373参照）　2
│ グラス・ド・ヴィヤンド（鶏。p.373参照）　1
│ 赤ワインヴィネガー　1
│ E.V.オリーブ油　6
└ 塩　適量
フィノッキオ（小）　適量
オリーブ油、塩　各適量
長ネギのパウダー（長ネギをそのまま180℃のオーブンに入れて
　炭化させ、ミルでパウダーにしたもの）、ミニョネット　各適量
チーズトースト（薄切りにしたバゲットに、セミハードチーズを
　のせてトーストしたもの）　適量

1　**ヤシオマスのムース**：ヤシオマスの身と少量の塩を合わせ
　てロボクープにかける。ボウルにあけて氷水にあて、生ク
　リームを少量ずつ加えながら混ぜ合わせる。味を調える。

2　**ソース**：コンソメを鍋に入れて温め、フォン・ド・ヴォラ
　イユ、グラス・ド・ヴィヤンドを加えて温めながら合わせ
　る。火からおろし、赤ワインヴィネガー、E.V.オリーブ油
　を加え、塩で味を調える。

3　筒切りにしたヤシオマスの骨をとり除き、空いた部分に**1**
　のヤシオマスのムースを詰める。外側にタコ糸を一周巻い
　てしばり、形を整えてコンベクションオーブン（120℃）で
　加熱する。

4　フィノッキオを縦に薄切りにし、オリーブ油をひいたフラ
　イパンで焼き、塩をする。

5　器に**3**を盛り、**4**を添える。**2**のソースをかけ、長ネギのパ
　ウダーとミニョネットを散らし、チーズトーストを添える。

　ヤシオマスは、栃木県が力を入れて生産・販売を行なっている素材のひとつ。僕も早い段階から、市場調査や普及のお手伝いをさせていただいている。

　水産物はどうしても、天然もののほうが高く評価される傾向にあるが、養殖だからこそできるおいしさもある。使う人、食べる人が納得し、生産者も利益を上げられるための特徴作りが、農業試験場に求められる技術開発である。水産試験場で開発されたこの魚にも、研究員の方々の、そんな思いが込められている。

　「（有）大滝」は、栃木県日光市の土呂部で、厳しく豊かな自然を源とした清流を利用して40年間、川魚の養殖と加工販売を行なっている。もとは温泉地の焼き魚食材としての養殖が主軸だったが、養殖家の山越さんは、新しい顧客を想定した新しい商品として、このヤシオマスの養殖にとり組み、生産に成功。プレミアムヤシオマスの認証を受けて、「大滝日光サーモン」のブランド名で販売している。

　当初は、料亭などの和食店が主な販売先で、フランス料理店は頭になかったという山越さんだが、僕たちのレストランで新しい料理に出会い、この魚の新たな可能性を感じてくれたという。

春 / 肉

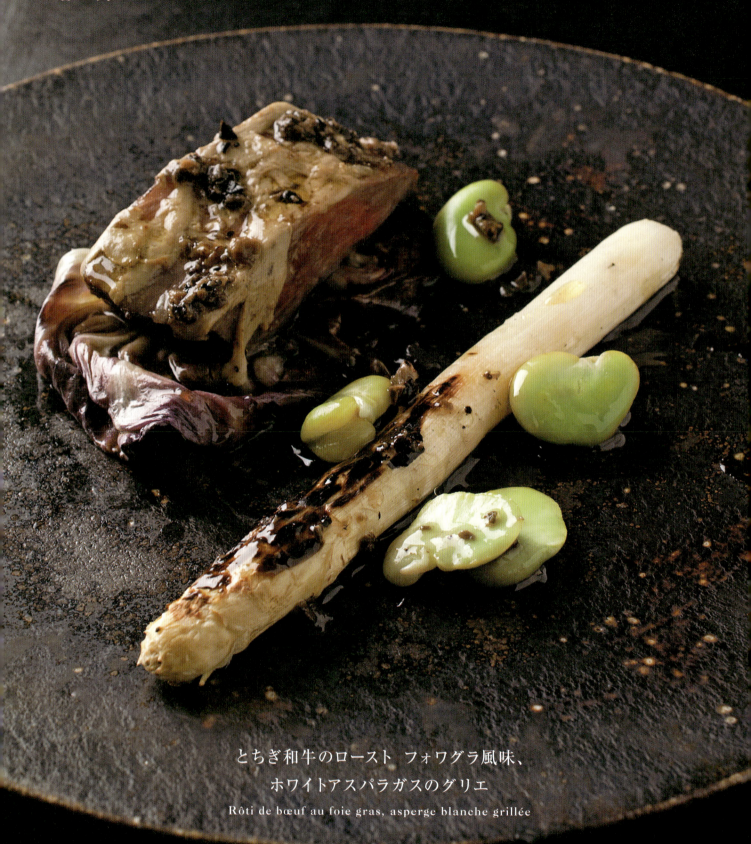

とちぎ和牛のロースト フォワグラ風味、
ホワイトアスパラガスのグリエ
Rôti de bœuf au foie gras, asperge blanche grillée

ウサギのバロティーヌ、フキのピクルス
Ballotine de lapin, pickles de fukis

とちぎ和牛のロースト フォワグラ風味、
ホワイトアスパラガスのグリエ

フォワグラやトリュフ風味のヴィネグレットで、
牛肉の味わいに変化をつけている。
旬の野菜を大胆に使い、季節感を表現した。

材料（1人分）
牛もも肉（「とちぎ和牛」） 1切れ（焼くときは2〜3人分の塊）
ホワイトアスパラガス　1本
トレヴィス　1〜2枚
ソラ豆　4粒
フォワグラ（冷凍）　適量
オリーブ油　適量
塩、コショウ　各適量
トリュフのヴィネグレット（p.74参照）　適量

1　牛肉に塩をふり、オリーブ油をひいたフライパンで表面を焼いて焼き色
　　をつけた後、オーブンで火を入れる。オーブンからとり出し、やすませ
　　ておく。
2　トレヴィスは、オリーブ油をひいたフライパンでさっと炒めて水を少量
　　ふり、軽く塩をふる。
3　ホワイトアスパラガスは皮をむき、むいた皮とともに塩ゆでし、グリル
　　で焼いて塩をふる。ソラ豆はサヤのまま軽くゆで、サヤからとり出して
　　グリルで焼き、薄皮をとる。
4　1の肉を1人分に切り、上に冷凍のフォワグラを薄く削ってのせ、サラ
　　マンドルで軽く焼く。
5　2、3、4を器に盛り、トリュフのヴィネグレットをまわしかける。

ウサギのバロティーヌ、フキのピクルス

ウサギに詰め物をして作るバロティーヌ。
食べやすく、コースの前菜や立食パーティーの一品としても使いやすい。
春から初夏の季節なら、こんなふうにフキのピクルスを添えても。

材料（作りやすい量）
ウサギ肉（背肉）　1羽分
A
┌ 塩　ウサギ肉の重量の1%
│ トレハロース　ウサギ肉の重量の0.1%
│ コニャック　適量
└ 白ワイン　適量
ファルス
┌ 豚肩肉　1kg
│ 豚のど肉　500g
│ 鶏胸肉　1kg
│ 鶏レバー　500g
│ ニンニク（みじん切り）　30g
│ エシャロット（みじん切り）　150g
│ 卵　3個
│ ピスタチオ　適量
│ オリーブ油　適量
│ B
│ ┌ ポルト酒　80g
│ │ コニャック　40g
│ │ キャトルエピス　5g
│ └ 塩、コショウ　各適量
フキのピクルス
└ フキ、塩、ピクルス液（右記参照）　各適量

1　ウサギ肉は1枚開きにし、Aの塩とトレハロースをまぶして少しもみ込み、コニャックと白ワインを加えて1日マリネする。

2　**ファルス**：豚肩肉、豚のど肉、鶏胸肉はすべて5cm角に切り、Bのマリネ液で1日マリネしておく。鶏レバーは別に、Bと同じマリネ液（分量外）で同様にマリネする。

3　オリーブ油をひいたフライパンで2の鶏レバーをソテーし、ニンニクとエシャロットを加えてさっと和え、冷ましておく。

4　2の肉類と3を合わせて粗挽きにし、卵とピスタチオを加えて混ぜる。

5　1の肉で4のファルスを巻いて円筒形にし、タコ糸でしばり、ラップフィルムで巻いて、更にアルミ箔で巻く。真空用袋に入れて真空にし、70℃のウォーターバスで、芯温63℃になるまで火入れする。袋のまま冷やし、冷蔵庫に3〜4日入れておく。

6　**フキのピクルス**：フキは板ずりをして塩ゆでし、冷水にとって皮をむく。ピクルス液に漬けておく。

7　5を切り分けて器に盛り、6のフキのピクルスを添える。

○**ピクルス液**

材料（作りやすい量）
酢　300g
水　1200g
塩　70g
コショウ　適量
ニンニク（薄皮をむいて縦半分に切る）　1〜2粒分
赤唐辛子　1〜2本
ローリエ　1枚
ディル　適量
＊酢は好みのものを使うとよい。

ディル以外の材料を鍋に合わせて一度沸騰させ、冷めてからディルを入れる。

伊達鶏ささみのティエドと春野菜
Suprême de volaille tiède aux légumes printaniers

伊達鶏胸肉のポワレ、
オマールの香り
Suprême de volaille poêlé,
sauce son jus au homard

夏 / 野菜

「渡邊農園」

伊達鶏ささみのティエドと春野菜

やさしい味わいの春野菜をたっぷり使い、
低温でやわらかく火を入れたささみを合わせて
サラダ仕立てに。

材料（1人分）
鶏ささみ　1本
塩、フォン・ド・ヴォライユ（p.373参照。軽いもの）　各少量
グリーンピース、ソラ豆、スナップエンドウ、ロマネスコ、
　　キュウリ、新玉ネギ、ラディッシュ、アンディーヴ、
　　マーシュ　各適量
アンチョビ　1枚
赤ワインヴィネガードレッシング（下記参照）　適量

1　鶏ささみに軽く塩をふり、少量のフォン・ド・ヴォラ
　　イユとともに真空用袋に入れて真空にする。スチーム
　　コンベクションオーブンのスチームモード（70℃）で、
　　芯温54℃になるまで火を入れる。袋のままおいて自
　　然に粗熱をとる。
2　グリーンピース、ソラ豆、スナップエンドウ、ロマネ
　　スコは塩を加えた湯でゆでて、冷水にとる。キュウリ
　　は丸くくり抜く。新玉ネギは皮をむいて薄切りにする。
　　ラディッシュ、アンディーヴ、マーシュは食べやすい
　　大きさにする。
3　皿に1のささみ、2の野菜を盛り付け、アンチョビを
　　添える。赤ワインヴィネガードレッシングをまわしか
　　ける。

○赤ワインヴィネガードレッシング
赤ワインヴィネガーとE.V.オリーブ油を1：1の割合で合
わせ、塩、コショウで味を調える。

伊達鶏胸肉のポワレ、オマールの香り

鶏胸肉と野菜はシンプルに焼き、
鶏のジュにオマールのフォンを加えたソースで、
味と香りを加えている。

材料
鶏胸肉　適量
黄ニンジン、紫ニンジン、ジャガイモ、葉玉ネギ、長ネギ、
　　シイタケ、ナメコ　各適量
ジュ・ド・ヴォライユ（p.373参照）、
　　フォン・ド・オマール（p.361参照）　各適量
塩、コショウ、オリーブ油　各適量
フルール・ド・セル　適量

1　鶏胸肉は両面に塩を少量ふる。オリーブ油をひいたフ
　　ライパンに皮面から入れて焼く。
2　黄ニンジン、紫ニンジンは軽くゆで、ジャガイモは皮
　　付きのまま蒸して、それぞれ食べやすい大きさに切る。
　　葉玉ネギは縦半分に切り、長ネギは輪切りにする。
3　2の野菜とキノコ類を、少量のオリーブ油をひいたフ
　　ライパンで焼き、軽く塩をふる。
4　ジュ・ド・ヴォライユとフォン・ド・オマールを合わ
　　せて少し煮詰め、オリーブ油を合わせ、塩、コショウ
　　で味を調える。
5　食べやすい大きさに切った1の鶏肉と3の野菜とキノ
　　コを器に盛り、4のソースをかける。フルール・ド・
　　セルを添える。

合わせる

「料理は素材の顔を見てから」
僕がアラン・シャペル氏から受け継いだことの、ひとつである。ルセットではなく、素材に合わせて一皿を作り上げる。そして合わせる対象は素材だけではなく、季節やその日の天候、食べるお客様。それらすべてに"合わせる"ことが、「料理を作る」ことなのだと、シャペル氏の姿勢から教わった。

物事の多くは、誰かに決めてもらったほうが楽なのだ。誰かが整えた道に沿って歩くことはそう難しくはない。料理にしても、料理書に載っているルセットに忠実に作れば、失敗はないだろう。

しかしそうしてでき上がった料理には、何かが足りない。

ズッキーニ・ゼファー、
帆立と毛蟹のムース、トマトのクーリ
Courgettes zephyr farcies,
mousse aux Saint-Jacques et crabs, coulis de tomate

ナスとフォワグラのファルシ、
バルサミコソース

Aubergine farci au foie gras,
sauce balsamique

米ナスと牛肉、フォワグラのポワレ、
生姜とネギのフリット

Bœuf au foie gras poêlé
sur lit d'aubergine,
gingembre et poireaux frits

ズッキーニ・ゼファー、
帆立と毛蟹のムース、トマトのクーリ

ゼファーは黄色と緑色のツートンカラーが美しいズッキーニ。
花に詰め物をし、赤いトマトのソースを合わせて華やかな一皿に。

材料（1人分）
ズッキーニ・ゼファー（花付き）　2本
ホタテ貝柱　適量
生クリーム　適量（ホタテ＋カニの身の重量の90％）
毛ガニの身（ゆでて殻からとり出したもの）　適量
塩、コショウ　各適量
トマトのクーリ
┌　トマトホール（缶詰）　適量
│　赤パプリカのピュレ　適量
│　塩、コショウ、カイエンヌペッパー　各適量
└　E.V.オリーブ油　適量
黒オリーブのパウダー（種を抜いた黒オリーブを、コンベクションオーブン
　〈70℃〉で乾燥させ、ミルでパウダーにしたもの）　適量
岩塩　適量
シブレットの花　適量

1　よく冷えたホタテ貝柱をロボクープにかけてなめらかにし、ボウルに移
　　し、氷水にあてる。生クリームを少量ずつ加えながら合わせていく。最
　　後に毛ガニの身を加えて混ぜ合わせ、塩、コショウで味を調える。

2　ズッキーニの花の中を掃除し、1のムースを詰める。花部分はラップフ
　　ィルムで包み、スチームコンベクションオーブンのスチームモード（85
　　℃）で蒸す。

3　**トマトのクーリ**：鍋にトマトホールを入れて熱し、よく火を入れる。赤
　　パプリカのピュレを加えて混ぜ、裏漉して塩、コショウ、カイエンヌペッ
　　パーで味を調え、E.V.オリーブ油と混ぜ合わせる。

4　皿に3のクーリを敷き、2を盛り付ける。岩塩、黒オリーブのパウダー、
　　シブレットの花を散らす。

ナスとフォワグラのファルシ、
バルサミコソース

ナスを切り分けると、中にフォワグラが。
という楽しいしかけ。
煮詰めたバルサミコ酢のソースが、ナスによく合う。

材料(1〜2人分)
ナス　1本
フォワグラのパルフェ(下記参照)　30〜40g
ミニトマト(赤、黄、緑、オレンジなど各色)　適量
塩、オリーブ油、バルサミコ酢(煮詰めたもの)　各適量
揚げ油　適量

1　ナスは竹串などでいくつか穴を開けて素揚げし、皮を
　　むく。
2　ミニトマトはオリーブ油をかけて塩をふり、170℃の
　　オーブンで皮がむけるまで焼く。皮と種を除き、小さ
　　めのセルクル型に詰める。
3　1の粗熱がとれたら縦に1ヵ所切り込みを入れて種を
　　とり除く。フォワグラのパルフェをきっちり詰め、ラ
　　ップフィルムで包んで形を整え、冷蔵庫で冷やす。
4　3を器に盛り、型からとり出した2のトマトを添える。
　　煮詰めたバルサミコ酢をナスにかける。

○フォワグラのパルフェ

材料(作りやすい量)
フォワグラ(フレッシュ)　150g
生クリーム　120g
牛乳　120g
卵黄　3個
塩、コショウ　各適量

1　フォワグラは血合いなどをとり除いて掃除した後、常
　　温、または少し温かいところにおいておく(冷えてい
　　ると分離しやすい)。
2　ミキサーに1と生クリーム、牛乳、卵黄(すべて常温
　　に戻したもの)を入れて軽く塩、コショウをし、撹拌
　　する。
3　2をシノワで漉し、塩、コショウで味を調える。
4　3を容器に入れ、ラップフィルムをかけて、スチーム
　　コンベクションオーブンのスチームモード(85℃)で
　　20分程度蒸す。冷やしておく。

米ナスと牛肉、フォワグラのポワレ、
生姜とネギのフリット

素揚げした米ナスを、フォワグラや牛肉の
旨みと合わせて食べていただく。

材料(1人分)
米ナス(輪切り)　1/4個
フォワグラ　30g
牛もも肉(「とちぎ和牛」)　50g
シシトウ　1個
生姜　適量
長ネギ　適量
セルバチコ　適量
バルサミコ酢　適量
E.V.オリーブ油　適量
揚げ油　適量
薄力粉、塩、コショウ、オリーブ油　各適量
ミニョネット　適量

1　輪切りにした米ナスを素揚げし、皮をとる。
2　生姜と長ネギはせん切りにし、合わせて素揚げする。
　　シシトウは皮に串で穴を開け、素揚げする。
3　フォワグラに塩をし、薄く薄力粉をつける。オリーブ
　　油をひいたフライパンでポワレする。
4　牛肉に塩をし、オリーブ油をひいたフライパンでポワ
　　レする。
5　バルサミコ酢とE.V.オリーブ油を1：2の割合で合わ
　　せ、塩、コショウで味を調える。
6　1の米ナス、4の牛肉、3のフォワグラを重ねて器に盛
　　り、5をまわしかける。2の生姜と長ネギをのせ、シ
　　シトウとセルバチコを添える。ミニョネットを散らす。

畑市場（はるいちば）の山﨑さん。24歳で脱サラをして沖縄県の八重山諸島にある波照間島へ移住。2年後に地元である宇都宮市に帰郷し、農家として第一歩を踏み出した。
ホワイトコーンやアーティチョークなど、レストランむきの野菜を多種類栽培している。

トウモロコシと枝豆、カッテージチーズのサラダ
Salade de maïs, édamamé, fromage cottage

アーティチョークとパンチェッタの軽い煮込み
Artichauts et pancetta à la barigoule

トウモロコシと枝豆、カッテージチーズのサラダ

ホワイトコーンは皮が薄く、糖度が高く
生で食べてもおいしい。ここではその美しい
真珠のような色を引き立てる、枝豆のグリーンと
ブルーベリーの青紫色を合わせた。

材料
カッテージチーズ（作りやすい量）
　　牛乳　1ℓ
　　ヨーグルト（プレーン）　400g
枝豆　適量
ホワイトコーン　適量
エシャロット（みじん切り）　適量
ブルーベリー　適量
レモンヴィネガー　適量
E.V.オリーブ油　適量
豆苗　適量
ビオラの花　適量
エストラゴン　適量
塩　適量

1　**カッテージチーズ**：牛乳を鍋に入れて中火にかけ、沸
　　騰する手前まで温度を上げたらヨーグルトを加える。
　　分離してきたら火を止めて軽く混ぜる。丁寧に布漉し
　　する。
2　枝豆はゆでて、サヤからとり出し薄皮を除く。ホワイ
　　トコーンは生とゆでたものを用意し、どちらも軸から
　　粒をはずしておく。
3　2の枝豆とホワイトコーン、エシャロット、ブルーベ
　　リーをレモンヴィネガーとE.V.オリーブ油で和え、塩
　　で味を調える。
4　3を器に盛り、1のカッテージチーズ、豆苗、ビオラ
　　の花、エストラゴンを添える。

アーティチョークとパンチェッタの軽い煮込み

日本人にはまだなじみの薄い野菜だが、
栽培にチャレンジする生産者の方も出はじめている。
ワインやヴィネガーを使った軽い煮込みは定番。

材料（作りやすい量）
アーティチョーク　3〜4個
レモン　適量
ニンニク（薄皮付き）　1粒
パンチェッタ（棒状に切る）　適量
オリーブ油　適量
白ワインヴィネガー　適量
白ワイン　適量
塩、コショウ、コリアンダーシード　各適量

1　アーティチョークは下処理をし、断面にレモンの切り
　　口をこすりつける。底の部分（ボトム）を一口大に切る。
2　フライパンに軽くつぶしたニンニクとオリーブ油を入
　　れて熱し、1のアーティチョークとパンチェッタを入
　　れてソテーする。
3　2に白ワインヴィネガーを加えて酸味を飛ばし、白ワ
　　インと塩、コショウ、コリアンダーシードを加えて少
　　し煮て、味を調える。
4　1〜2日ほど冷蔵庫に入れておき、味を落ち着かせる。

素材を活かす、ということ

「素材を活かす」とは、ひらたくいえば、"そのまま"を超えて更においしく食せる調理をするということなのだが、その「活かし方」に作り手の個性が表われる。技術のみならず、目指す料理への道筋などにも、人となりがにじみ出る。作り手の生まれ育った土地や、暮らす場所の気候風土も映し出されるだろう。食べ手は、その個性に共感したり、あるいは励まされたり。また、穏やかな気持ちになったり、高揚感を覚えることもあるかもしれない。それが作り手の思いと重なったとき、本当の意味で、素材は「活かされた」といえるのではないだろうか。

インゲンと新生姜のサラダ、タイムの花

Salade de haricots verts
et de gingembre nouveau
aux fleurs de thym

レタスとイカのミルフィユ仕立て、オリーブソース

Millefeuille de calamar et laitue,
sauce aux olives verts

帆立と夏野菜のラグー p.152
Noix de Saint-Jacques poêlées
et ragoût de légumes d'été

旅

　旅が好きである。

　ヨーロッパではあえて地方を目的地に選び、その地の人々が集まる場所へ行き、その土地の料理を食べ、ワインを飲む。見知らぬ土地であってもやがて親しみを覚え、その土地ならではのなにかが、自然に感じられるようになる。

　旅は、日常から非日常へと抜け出るひとつの方法でもある。なにも遠い外国へ行かなくてもよい。ふだん歩かない道をゆっくり歩いてみるのもいい。あるいは本を読み、違う世界に心をゆだねるのも旅といえるかもしれない。そしてまた、レストランで食事をすることも、旅といえるのではないだろうか。新しい味との出会いがあり、発見があり、驚きや高揚感がある。居ながらにして、ここではないどこかに行ける、これもひとつの旅のかたちである。

インゲンと新生姜のサラダ、タイムの花

畑市場の山﨑さんが作る、
旬のインゲンが抜群においしく、
このおいしさをシンプルに伝えたいと考えた。
インゲンのおいしさを引き立てるアクセントとして、
新生姜やタイムの花を添えている。

材料
インゲン　適量
シェリーヴィネガーのヴィネグレット（作りやすい量）
- 赤ワインヴィネガー　150g
- シェリーヴィネガー　100g
- E.V.オリーブ油　375g
- エシャロット（みじん切り）　75g
- 塩　適量
- ＊軽く混ぜ合わせる。
新生姜のピクルス
　（生のまま薄切りにした新生姜を、ピクルス液〈p.133参照〉
　とともに真空用袋に入れて真空にし、マリネする）　少量
トマトのコンソメ（p.106参照）　適量
ハーブオイル（下記参照）　適量
ラルド（細切り）、タイムの花、ノコギリ草　各少量
塩　適量

1　インゲンは塩ゆでし、縦半分に切る。
2　新生姜のピクルスを細切りにし、シェリーヴィネガー
　のヴィネグレットとともに1に加えて和える。
3　2を器に盛り、ラルド、タイムの花、ノコギリ草を添
　える。
4　トマトのコンソメにハーブオイルを加え、3に流す。

○ハーブオイル
季節のハーブ（ディル、パセリ、タイムなど数種）に、同
量の太白ゴマ油を加えてミキサーで攪拌する。
＊きれいな色を保つために、パセリは必須。

レタスとイカのミルフィユ仕立て、
オリーブソース

レタスの食感と相性のよいヒイカを組み合わせた、
さっぱりとした味わいのマリネ・サラダ。

材料（作りやすい量）
ヒイカ（刺身用）　適量
レタス（小）　1個
塩、レモンの表皮（すりおろし）、サラダ油　各少量
ソース
- ミニトマト（緑）　2個
- E.V.オリーブ油　適量
- 緑オリーブ（種を抜き、みじん切り）　3個分
- レモン果汁　少量
- レモンの表皮（すりおろし）　少量
- コンソメ（鶏。p.120参照）　少量
- 塩、コショウ　各適量

1　イカの胴は皮をむき、軽く塩をふり、レモンの表皮を
　少量ふる。
2　レタスはサラダ油を少量入れた湯でさっとブランシー
　ルし、冷水にとる。
3　2のレタスの水気をよくとり、大きいものから広げて
　1のイカを適量並べる。これを5～6回繰り返して重ね、
　ラップフィルムで丸く包む。冷蔵庫で冷やしておく。
4　イカゲソはバーナーであぶり、塩を少量ふる。
5　ソースを作る。ミニトマトは皮を湯むきして、小角切
　りにする。
6　E.V.オリーブ油に緑オリーブ、5のトマトを加え、レ
　モン果汁、レモンの表皮、コンソメを少量加えて合わ
　せ、塩、コショウで味を調える。
7　3を皿に盛り、6のソースをかける。4のイカゲソを添
　える。

トウモロコシのスープ、トマトのソルベ
Soupe froide de maïs et sorbet de tomate

ジャガイモとキュウリのスープ

Potage de pomme de terre
aux concombres

イベリコハム入りガスパチョ

Gaspacho au jambon cru Iberico

帆立と夏野菜のラグー　p.147

野菜は多種類を使うことで味が深まる。
温かいまま食べても、冷やして食べてもよい。

材料
ホタテ貝柱　適量
A
┌ ズッキーニ、トマト、こどもピーマン、インゲン、
│　ミニトマト（各色とり混ぜて）、セロリ、
└　玉ネギ（中心部分）　各適量
ニンニク（薄皮付き。軽くつぶす）、緑オリーブ、セルバチコ
　各適量
オリーブ油、塩、コショウ　各適量

1　Aの野菜は食べやすい大きさに切る。
2　ココット鍋にオリーブ油とニンニクを入れて火にかけ
　る。香りが出てきたら、1の野菜と緑オリーブ、少量
　の塩を入れる。
3　ホタテ貝柱は塩をふり、オリーブ油をひいたフライパ
　ンで、表面だけさっと焼く。
4　2の野菜にだいたい火が入ったところで3のホタテを
　加え、コショウをふる。野菜に火が通ったら、セルバ
　チコを加えてさっと合わせ、味を調える。

トウモロコシのスープ、トマトのソルベ

冷たいスープに冷たいソルベを浮かべた、
初夏の人気スープ。基本的な作り方は
30年以上かわっていないが、息子たちの
アレンジにより進化を続けている。元はここに
ピスタチオを散らし、ピスタチオオイルをたらす。
創はお客様の目の前でスープを注ぐスタイルに。

材料（作りやすい量）
トウモロコシのスープ
┌ トウモロコシ（蒸して軸からはずした実）　250g
│ 牛乳　500cc
│ 生クリーム　少量
│ 塩、コショウ　各適量
└ レモン果汁　少量
トマトのソルベ
└ トマト（完熟）、塩　各適量

1　**トウモロコシのスープ**：蒸したトウモロコシの実を、
　半分量の牛乳とともにミキサーにかける。充分に細か
　くなったら残りの牛乳を加え、更に攪拌する。
2　1をシノワで漉し、少量の生クリーム、塩、コショウ、
　レモン果汁で味を調える。冷蔵庫で冷やしておく。
3　**トマトのソルベ**：トマトは粗くつぶしてシノワで裏漉
　し、水で濃度を調整し（トマトの濃度が高すぎるとお
　いしくない）、塩で味を調える。パコジェットのビー
　カーに入れて冷凍しておく。使用時にパコジェットに
　かける。
4　2を器に流し入れ、3のソルベを浮かべる。
＊　ソルベにするトマトは、トマトらしい酸味と甘みのあるも
　のを選ぶ。
＊　ソルベを作るときはミキサーを使うと泡立ってしまうた
　め、目の細かいシノワで裏漉す。

ジャガイモとキュウリのスープ

ジャガイモの冷たいスープに、さっぱりとした
キュウリや玉ネギ、ヴィネガーの風味を合わせた。
白いスープに散らした香草が映える。

材料(作りやすい量)
ジャガイモのスープ
┌ ジャガイモ　2個(蒸して皮をむいて200g程度)
│ 白インゲン豆(ゆでたもの)　40g
│ 牛乳　100g
│ フォン・ド・ヴォライユ(p.373参照。薄いもの)　180g
└ 塩、コショウ　各適量
キュウリ(すりおろし)　60g
玉ネギ(すりおろし)　20g
白ワインヴィネガー　20g
E.V.オリーブ油　20g
塩、コショウ　各適量
A(トッピング)
┌ ナスタチウムの葉と花、ディル、フェンネルの葉、
└ 　生アーモンド(薄切り)　各適量

1　**ジャガイモのスープ**:蒸したジャガイモ、ゆでた白イ
　　ンゲン豆、牛乳、フォン・ド・ヴォライユを合わせて
　　ミキサーで攪拌し、シノワで漉す。塩、コショウで味
　　を調える(濃度が高すぎるようなら水でのばす)。冷
　　蔵庫で冷やしておく。
2　キュウリと玉ネギのすりおろしと白ワインヴィネガ
　　ー、E.V.オリーブ油を合わせて塩、コショウで味を調
　　える。
3　1を器に流し入れ、2を散らすように流す。Aを散らす。

イベリコハム入りガスパチョ

冷たいガスパチョは、夏にぴったりなスープ。
盛り付けしだいで、レストランらしい一品に。

材料(作りやすい量)
ガスパチョ
┌ A
│ ┌ トマト(赤、緑などをとり混ぜて)　計140g
│ │ 赤パプリカ　80g
│ │ キュウリ　80g
│ │ セロリ　30g
│ └ 玉ネギ　40g
│ 赤ワインヴィネガー　20g
│ オリーブ油　40g
│ フレッシュトマトジュース(無塩。市販)　200g
└ 塩、コショウ　各適量
B(トッピング)
┌ パプリカ(赤、黄)、ミニトマト(緑。薄い輪切り)、玉ネギ
│ 　(ゆでたものの中心部)、セロリの葉、生ハム(スペイン産
└ 　ハモンセラーノ。薄切り)　各適量
E.V.オリーブ油　適量
*トッピングの野菜は好みのものをとり合わせるとよい。生ハ
ムやオリーブ油はスペインのものがよい。

1　**ガスパチョ**:Aの野菜を小さめの角切りにし、赤ワイ
　　ンヴィネガー、オリーブ油、少量の塩でマリネする。
　　全体がなじんだらトマトジュースとともにミキサーで
　　攪拌する。
2　1をシノワで漉し、塩、コショウで味を調える。冷蔵
　　庫で冷やしておく。
3　Bのパプリカはアルミ箔で包み、140℃のオーブンで
　　火を入れる。皮をむき、適宜に切る。
4　2を器に流し入れ、3と残りのBを散らす。E.V.オリ
　　ーブ油をまわしかける。

夏 / 魚介

イワシと赤パプリカのテリーヌ
Terrine de sardines et poivrons rouges

グリーンピースとラングスティーヌ、酒粕のナージュ仕立て
Nage de langoutine et petits-pois à la lie de saké

海老のクネルとジロール茸、クレーム・ド・シャンピニヨン
Quenelle de crevettes et girolles, crème de champignons

イワシと赤パプリカのテリーヌ

『アラン・シャペル』に、イワシと赤パプリカ、トマトを合わせた前菜があった。
それがとてもおいしく、僕たちのレストランでも少し形をかえて作るように。

材料（テリーヌ型1本分）
赤パプリカ　3個
トマト（丸福農園の「福来茜」）　4個
イワシ　4尾
A（イワシの重量に対する％）
┌ 塩　0.8％
├ トレハロース　0.3％
├ 白コショウ　少量
└ 赤ワインヴィネガー　10％
緑オリーブ（種を抜いて、粗みじん切り）　30g
ジュレ（右記参照）　適量
パプリカのヴィネグレット
┌ パプリカのジュ（下記の作り方1参照）　40g
├ エシャロット（みじん切り）　100g
├ 赤ワインヴィネガー　200g
└ ＊混ぜ合わせる
付け合わせ
┌ インゲン、ジャガイモ、マイクロキュウリ、塩　各適量
│ B
│ ┌ パプリカパウダー、フレンチドレッシング（p.248参照）、
└ └ 　エルブ・ド・プロヴァンス、塩　各適量
発酵赤パプリカのピュレ（赤パプリカに3％の塩をして常温に
　　5〜6日おいた後、ミキサーにかけたもの）　少量
コリアンダーの花、ディル、セルフィーユ、タイム　各少量
パプリカパウダー　少量

1　赤パプリカは、160℃のオーブンで30分間ローストして皮をむく。ローストで出たジュは漉して、半量に煮詰めておく。

2　トマトはバーナーであぶって皮をむく。横4等分に切り、種をとり除く。

3　イワシは三枚におろし、Aの塩と白コショウ、トレハロースをまぶし、赤ワインヴィネガーを加えて半日おく。皮をむいた後、小骨をとり除く。

4　テリーヌ型にアルミ箔を敷き、更にラップフィルムを敷く。

5　1の赤パプリカ、2のトマト、3のイワシにジュレ（少し温めたもの）をからめながら、型に詰めていく。まず赤パプリカを4の型の底一面に敷き詰め、次にイワシを、皮面を下にして2列に敷き詰める。トマトを詰め、オリーブを散らし、再びイワシを、今度は皮面を上にして2列に敷き詰め、再びトマト、赤パプリカを順に詰める。上面にラップフィルムとアルミ箔をかぶせ、発泡スチロールの蓋で密閉し、軽い重石をのせてプレスする。冷蔵庫にしばらく入れて締める。

6　**付け合わせ**：インゲンは3％の塩を加えた湯でさっとゆで、食べやすい長さに切る。ジャガイモはゆでて裏漉し、Bを合わせて半球の型に詰め、型からとり出す。マイクロキュウリは薄い輪切りにする。

7　5のテリーヌを食べやすい厚さに切って皿に盛り、パプリカのヴィネグレットをかけ、6を添える。発酵赤パプリカのピュレを点状にして添え、コリアンダーの花、ディル、セルフィーユ、タイム、パプリカパウダーを散らす。

○ジュレ

材料（作りやすい量）
フュメ・ド・ポワソン（p.305参照）　500g
トマト（角切り）　20g
卵白　100g
板ゼラチン　総重量の5％（水に浸けて戻す）
塩　適量

フュメ・ド・ポワソンにトマトを入れて熱し、卵白を加えて澄ませる。液体をレードルですくってクッキングペーパーで漉し、鍋に戻す。水気を切ったゼラチンを加えて溶かし、塩で味を調えて漉す。冷蔵庫で冷やし固める。

グリーンピースとラングスティーヌ、
酒粕のナージュ仕立て

グリーンピースの甘みが、ラングスティーヌの
甘みとよく合い、酒粕の風味が両方のおいしさを
より引き立ててくれる。

材料（1人分）
ラングスティーヌ　1本
バター　適量
グリーンピース　適量
塩　適量
酒粕のソース（作りやすい量）
┌ カツオと昆布のだし　600g
│ 白味噌　60g
│ 酒粕（宇都宮酒造「四季桜」の大吟醸酒のもの）　60g
└ 薄口醤油　8g
フキノトウのタプナード
┌ フキノトウ（ゆでたもの）、緑オリーブ（種を抜く）、
│ 　パルミジャーノ・レッジャーノ・チーズ（すりおろし）、
└ 　アンチョビ、オリーブ油　各適量
生姜のムース
┌ 水　500g
│ 生姜（すりおろし）　2片分
└ レシチン　少量
エンドウ豆の新芽　少量

1　グリーンピースは塩ゆでする。
2　ラングスティーヌは殻をむき、多めのバターを入れた
　　フライパンに入れ、バターをかけながら火を入れる。
3　**酒粕のソース**：材料を合わせて熱する。
4　**フキノトウのタプナード**：材料をロボクープで混ぜ合
　　わせ、ペースト状にする。
5　**生姜のムース**：分量の水に、すりおろした生姜とレシ
　　チンを入れて漉し、ハンドブレンダーで泡立てる。
6　器に1と2を盛り、3を注ぐ。5のムース、エンドウ豆
　　の新芽、4のフキノトウのタプナードを添える。

海老のクネルとジロール茸、
クレーム・ド・シャンピニヨン

エビとホタテで作るやわらかなクネルに、泡立てた
クレーム・ド・シャンピニヨンをたっぷりかけて。

材料
クネル（作りやすい量）
┌ 車エビ（殻をむき、掃除する）　8本
│ ホタテ貝柱　2個
│ 生クリーム　エビ＋ホタテ貝柱の重量の80%
└ 塩、コショウ　各適量
ジロール茸　適量
ブール・フォンデュ（下記参照）　適量
クレーム・ド・シャンピニヨン（p.236参照）　適量
トリュフのヴィネグレット（p.74参照。ヴィネガー控えめが
　　よい）　適量
塩、コショウ　各適量
レモン果汁　少量

1　**クネル**：エビとホタテ貝柱を合わせてロボクープでな
　　めらかにし、ボウルに移し、氷水にあてる。生クリー
　　ムを少しずつ加えながら合わせ、塩、コショウで味を
　　調える。テーブルスプーンで形作り、スチームコンベ
　　クションオーブンのスチームモード（80℃）で蒸す。
2　ジロール茸はブール・フォンデュでゆっくり火を入れ、
　　塩、コショウ、ごく少量のレモン果汁で味を調える。
3　1、2を器に盛り、ハンドブレンダーで泡立てたクレ
　　ーム・ド・シャンピニヨンをかけ、トリュフのヴィネ
　　グレットを少量かける。

○**ブール・フォンデュ**（作りやすい量）
鍋に水100ccと適量の塩を入れて火にかけ、沸騰したら
バター80gを入れて、泡立て器で混ぜ合わせる。再び沸
騰したら火を止めて、レモン果汁を少量加える。

オマールの冷製クリームスープ
Soupe froide de homard à la crème

オマールのタルタルとトマトのロースト
サラダ仕立て
Tartare de homard aux tomates rôties
en salade

オマールのア・ラ・クレーム
Homard à la crème

オマールの冷製クリームスープ

クール・ブイヨンをベースにした、
さっぱりとしたクリームスープ。

材料（1人分）
オマール（丸ごとゆでて〈ゆで方はp.161参照〉殻からとり出し、
　食べやすい大きさに切った身）　30g程度
クール・ブイヨン（作りやすい量）＊使用量は100g
┌ ニンジン（2mm厚さの輪切り）　100g
│ 玉ネギ（厚めの輪切り）　100g
│ セロリ（4mm厚さの斜め切り）　60g
│ 白ワイン　240g
│ 白ワインヴィネガー　60g
│ ブーケ・ガルニ（小。長ネギの青い部分、パセリの茎、
│　ローリエ）　1束
│ 水　150g〜
│ 塩、白粒コショウ　各適量
│ ＊すべての材料を鍋に合わせて火にかけ、野菜の食感が残る
└　程度に加熱して、そのまま冷蔵庫で冷やしておく。
フォン・ド・オマール（p.361参照）　100g
生クリーム　100g
塩、コショウ　各適量
スナップエンドウ　適量

1　漉した冷たいクール・ブイヨン（野菜はとりおく）、フォン・ド・オマール、生クリームを100gずつ混ぜ合わせ、塩、コショウで味を調える。
2　スナップエンドウは塩ゆでし、冷水にとる。水気をとり、実をサヤからとり出す。
3　器にオマールの身をおき、2のスナップエンドウの実と、クール・ブイヨンに使用した野菜を添える。1を注ぐ。

オマールのタルタルとトマトのロースト
サラダ仕立て

火を入れて凝縮させたトマトの旨みで、
オマールを食べていただく。
オマールは火を入れすぎないように注意する。

材料（1人分）
オマール（テール）　1本
A
┌ バジル、スペアミント、イタリアンパセリ
│　（すべて葉をみじん切り）　各適量
└ 玉ネギ（みじん切り）　適量
トマト　1個
ミニトマト（黄）　2〜3個
塩、コショウ、オリーブ油、E.V.オリーブ油、
　白ワインヴィネガー　各適量

1　オマールはさっとゆでて（ほとんど生の状態でよい）、殻をはずす。身を縦半分に切り、片方は細かく切っておく。
2　1の細かく切ったオマールの身とAを合わせ、塩、コショウで味を調える。
3　トマトはくし形に切り、ミニトマトは半分に切る。オリーブ油と塩をかけて、160℃のオーブンで5分ほど焼く（焼くことで糖度が上がる）。皮を除き、塩、コショウ、白ワインヴィネガーで味を調えて冷ます。
4　3のトマトとミニトマト、2のタルタル、1の塊のオマールの身を器に盛り、熱したE.V.オリーブ油をかける。

オマールのア・ラ・クレーム

ソースをたっぷり添える料理も、
野菜の使い方しだいで新鮮な一皿になる。

材料（1人分）
オマール　1本
フォン・ド・オマール（p.361参照）　適量
バター　適量
生クリーム　適量
塩、コショウ、カイエンヌペッパー　各適量
（レモン果汁　少量）
エストラゴン　1本
∧
┌ グリーンアスパラガス、菜花、スナップエンドウ、グリーンピース、
│　玉ネギ（それぞれ塩を加えた湯でゆでておく）　各適量
└ ニンジン（グラッセにしたもの）　適量

1　オマールはたっぷりの湯で6〜7分ゆで、火を止めてそのまま
　　1〜2分おき、冷水にとる。殻から身をとり出す。

2　フォン・ド・オマールを鍋に入れ、1/3量ほどになるまで煮詰
　　める。生クリームを加えて熱し、少量のバターを加えてモンテ
　　する。塩、コショウ、カイエンヌペッパーで味を調え（場合に
　　より、レモン果汁を少量加える）、最後にエストラゴンを入れる。

3　器に2のソースをたっぷり入れ、1のオマールの身とAの野菜
　　を盛り付ける。

岩牡蠣、生海苔ソース
Huître aux algues crues

岩牡蠣、グリーントマトのヴィネグレットと
レモンのムース
Huître aux tomates vertes et au citron

岩牡蠣、レモンジュレ

Huître à la gelée de citron

岩牡蠣とウド、ヴィネガー風味

Huître et udo au vinaigre d'échalote

岩牡蠣

冬の真牡蠣もおいしいが、夏場の岩牡蠣もまた格別。
トッピングやソースを替えて楽しむ。

岩牡蠣、生海苔ソース

材料（1人分）
岩牡蠣（上の殻をはずし、スチームコンベクションオーブンの
　スチームモード〈60℃〉で10分ほど蒸し、冷ます）　1個
生海苔ソース
┌岩牡蠣の蒸し汁　適量
│生海苔　適量
└レモン果汁、塩、コショウ　各適量

1　**生海苔ソース**：牡蠣の蒸し汁を少し温めて生海苔を加
　え、レモン果汁、塩、コショウで味を調える。
2　1を牡蠣にかける。
＊　蒸し時間は牡蠣の大きさなどによってかわる（以下すべて
　同じ）。

岩牡蠣、レモンジュレ

材料（1人分）
岩牡蠣（上の殻をはずし、スチームコンベクションオーブンの
　スチームモード〈60℃〉で10分ほど蒸し、冷ます）　1個
レモンジュレ（作りやすい量）
┌レモン果汁　260g
│アガー　10g
└塩　適量
レモンの表皮　適量

1　**レモンジュレ**：レモン果汁を温めてアガーを溶かし、
　冷ます。塩で味を調え、冷蔵庫で冷やしておく。
2　牡蠣に1をかけ、すりおろしたレモンの表皮を散らす。

岩牡蠣、グリーントマトのヴィネグレットと
レモンのムース

材料（1人分）
岩牡蠣（上の殻をはずし、スチームコンベクションオーブンの
　スチームモード〈60℃〉で10分ほど蒸し、冷ます）　1個
グリーントマトのヴィネグレット
┌グリーントマト　3（割合）
│玉ネギ　1（割合）
│ディル　適量
│白ワインヴィネガー、岩牡蠣の蒸し汁、塩　各適量
└レモンの果肉　適量
レモン果汁、レシチン　各適量

1　**グリーントマトのヴィネグレット**：グリーントマト、
　玉ネギ、ディルをみじん切りにして合わせる。白ワイ
　ンヴィネガー、岩牡蠣の蒸し汁、塩で味を調える。ほ
　ぐしたレモンの果肉も加える。
2　牡蠣に1をかける。レモン果汁に水とレシチンを加え、
　ハンドブレンダーで泡立ててのせる。

岩牡蠣とウド、ヴィネガー風味

材料（1人分）
岩牡蠣（上の殻をはずし、スチームコンベクションオーブンの
　スチームモード〈60℃〉で10分ほど蒸し、冷ます）　1個
ウド　適量
エシャロット　適量
赤ワインヴィネガー、塩　各適量

1　ウドをピーラーで長くスライスする。
2　エシャロットをみじん切りにし、赤ワインヴィネガー
　と塩で味を調える。
3　牡蠣に2をかけ、1をのせる。

イワシのマリネとジャガイモのエクラゼ
Sardines marinées
en écrasées de pommes de terre

マグロのタルタル、
ウイキョウの香り
Tartare de thon au fenouil

カツオとナスのタルタル、
ビーツのヴィネグレットと梅のムース
Tartare de bonite et aubergine,
vinaigrette aux bettraves, umé émulsionné

イワシのマリネとジャガイモのエクラゼ

身近な素材の組み合わせだが、こんな盛り付けにすれば
パーティーにも使える。おいしく作るためのポイントは、
ジャガイモの温度とイワシの鮮度、ソースとのバランス。

材料 (作りやすい量)
イワシ　2尾
塩　適量
ジャガイモ (メークイン。皮付きのままゆでて、皮をむき、熱いうちに粗くつぶす)
　　2個分
長ネギ (白い部分。ゆでて粗めに刻む)　1/2本分
ラヴィゴット風ソース
┌ コルニションとケッパー (酢漬け。どちらもみじん切り)　計20g
│ 長ネギ (ゆでてみじん切り)　1/2本分
│ 赤玉ネギ (みじん切り)　12g
│ みょうがのピクルス (みょうがをピクルス液〈p.133参照〉に漬ける。みじん切り)
│　　8g
│ E.V.オリーブ油　15g
│ 赤ワインヴィネガー　12g
│ 塩、白コショウ　各適量
└ ＊すべての材料を混ぜ合わせて塩、白コショウで味を調える。
ブロッコリーのスプラウト、フェンネルの花　各適量

1　イワシは三枚におろして小骨をとり、軽く塩をふり、その後皮をむく。

2　長方形のセルクル型に、つぶしたジャガイモをきっちり敷き詰める。粗めに刻んだ長ネギを均等に散らす。

3　2の上に、1のイワシを、隙間を作らないように向きをかえながら敷き並べる。

4　3の上に、ラヴィゴット風ソースを塗り広げる。

5　4を皿にのせ、型をはずす。スプラウト、フェンネルの花を散らす。

マグロのタルタル、ウイキョウの香り

ご飯を野菜感覚で使い、相性のいい
マグロを合わせた。ハーブやその花を散らせば、
季節の香りと華やかさが加わる。

材料（直径9cmのセルクル型1個分）
ご飯（少し冷まして水分を飛ばしたもの）　適量
マグロ（赤身）　40g
ミニトマト（赤、黄、オレンジ、緑など各色とり混ぜて）　適量
エシャロット（みじん切り）　適量
オリーブ油　適量
赤ワインヴィネガー　適量
E.V.オリーブ油　適量（赤ワインヴィネガーと同量）
塩、コショウ　各適量
フェンネルの葉と花、スイートアリッサムの花、ディル
　各適量

1　オリーブ油をひいたフライパンにセルクル型をのせ、
　ご飯を1cmほどの厚さに敷き詰める。下の面を焼き
　つけたら、皿にのせて型をはずす。
2　マグロは5mm角程度に切り、ミニトマトはマグロよ
　りやや小さめの角切りにする。
3　1のご飯の上にエシャロットを散らし、2のマグロを
　のせ、ミニトマトを散らす。
4　赤ワインヴィネガーとE.V.オリーブ油を同量ずつ合
　わせ、塩、コショウで味を調える。
5　4を3の全体にまわしかける。フェンネルの葉と花、
　スイートアリッサムの花、ディルを散らす。

カツオとナスのタルタル、
ビーツのヴィネグレットと梅のムース

燻したカツオとビーツの土っぽい風味の相性がいい。
梅の風味が、全体のバランスをとってくれる。

材料
カツオのサク　適量
白ナス　適量
みょうが（みじん切り）　適量
赤味噌　適量
ビーツ　適量
花穂紫蘇　適量
アマランサス　適量
梅エキス（市販）、レシチン　各適量
ビーツドレッシング（下記参照）　適量
ビーツのパウダー（下記参照）　適量

1　カツオのサクをあぶり、食べやすい大きさに切る。
2　白ナスは網焼きにして皮をむき、包丁でたたく。みょ
　うがと赤味噌を加える。
3　ビーツは皮をむいて細長く切り、ビーツドレッシング
　で和える。
4　1、2、3、花穂紫蘇、アマランサスを重ねて器に盛り
　付ける。
5　梅エキスにミネラルウォーターを加えて味を調整し、
　レシチンを加え、ハンドブレンダーで泡立てて4に添
　える。ビーツドレッシングをまわりに流し、ビーツの
　パウダーをふる。

○ビーツドレッシング
ビーツをジューサーで絞ってとったジュースを少し煮詰
め、シェリーヴィネガー、オリーブ油、塩で味を調える。

○ビーツのパウダー
ビーツ（皮や切れ端など）を真空用袋に入れて真空にし、
スチームコンベクションオーブンのスチームモード（100
℃）でやわらかくなるまで火を入れる。袋のまま氷水に落
として冷まし、袋から出して70℃のオーブンで水分を飛
ばした後、ミルで粉末にする。

スズキのポワレ、ブールブランソース
Bar poêlé sur lit de laitue, sauce beurre blanc

イサキのポワレ、生海苔ソース
Isaki poêlé, sauce aux algues fraîches

アナゴと白インゲン豆、
鶏トサカのラグー
Ragoût de congre et haricots blancs,
crête de coq

スズキのポワレ、ブールブランソース

皮目をパリッと焼いた魚に、レタスとたっぷりのソース。
ソースはあえてパッセせず、野菜の食感を活かしている。

材料（1人分）
スズキ（切り身）　1切れ
レタス　1〜2枚
ソース
┌ 緑オリーブ（種を抜く）　3個
│ ミニトマト（緑。種を除く）　適量
│ セロリの葉　適量
│ エシャロット（みじん切り）　30g
│ 白ワイン　100g
└ バター、塩、コショウ　各適量
塩、薄力粉、オリーブ油、サラダ油　各適量

1 スズキは塩をふり、薄力粉をはたく。オリーブ油をひ
　いたフライパンに皮目から入れて焼き、皮をきっちり
　焼きつける。
2 レタスは、サラダ油を少量入れた湯でさっとブランシ
　ールする。
3 **ソース**：緑オリーブとミニトマトを、5mm角程度に
　切る。
4 白ワインとエシャロットを鍋に合わせて少し煮詰め、
　3とセロリの葉を加える。バターを加えてモンテし、
　塩、コショウで味を調える。
5 器に2のレタスを敷き、4のソースをかけ、1のスズキ
　をのせる。

イサキのポワレ、生海苔ソース

生海苔ソースには、レモングラスやこぶみかんの皮で、
少しエスニックな香りを加えている。

材料（1人分）
イサキ（切り身）　1切れ
生海苔ソース
┌ 生海苔　適量
│ あごだし　適量
│ 生姜　適量
│ こぶみかんの皮　適量
│ レモングラス　適量
└ バター、塩、コショウ　各適量
キュウリ　適量
オカヒジキ　適量
桜エビ　少量
ナスタチウム　少量
塩、薄力粉、オリーブ油、揚げ油　各適量

1 イサキは塩をふり、薄力粉をはたく。オリーブ油をひ
　いたフライパンに皮目から入れて焼き、皮をきっちり
　焼きつける。
2 **生海苔ソース**：あごだしに生姜、こぶみかんの皮、レ
　モングラスを入れて熱する。香りが出たら漉して鍋に
　戻し、バターを加えてモンテし、生海苔を加える。塩、
　コショウで味を調える。
3 キュウリは皮をむき、食べやすい大きさに切る。オリ
　ーブ油をひいたフライパンでさっと焼き、塩をふる。
4 オカヒジキ、桜エビはさっと素揚げする。
5 器に3のキュウリを敷いて2のソースを流し、1のイ
　サキを盛り付ける。4をのせ、ナスタチウムを添える。

アナゴと白インゲン豆、鶏トサカのラグー

脂がのったアナゴとゼラチン質の鶏のトサカ、
白インゲン豆の組み合わせを、野菜やハーブで軽く仕上げた。

材料

アナゴ　適量

鶏のトサカ　適量

白インゲン豆　適量

赤玉ネギ（「ルビーオニオン」薄い輪切り）　適量

塩、薄力粉、オリーブ油　各適量

ミルポワ（ニンジン、玉ネギ、セロリなど。すべて1cm角に
　切る）　適量

フォン・ド・ヴォライユ（p.373参照）　適量

アーティチョーク　適量

ジュ・ド・バリグール（作りやすい量）

┌ オリーブ油　30g

│ フィノッキオ（薄切り）　250g

│ 玉ネギ（薄切り）　100g

│ A

│ ┌ タイム　6本

│ │ フェンネルシード　5g

│ └ コリアンダーシード　5g

│ 白ワイン　250g

└ フォン・ド・ヴォライユ（p.373参照）　1ℓ

フキのピクルス（p.133参照）　適量

タイム　少量

1　アナゴは開いて塩をする。皮面に薄力粉をはたき、オリーブ油をひいたフライパンで焼く。

2　トサカは水で血抜きした後、フォン・ド・ヴォライユでやわらかく煮ておく。

3　白インゲン豆は水に一晩浸けて戻し、ミルポワを加えた水で煮ておく。

4　**ジュ・ド・バリグール**：鍋にオリーブ油を熱し、フィノッキオと玉ネギを焦がさないように炒める。白ワインでデグラッセしてAのスパイスを加え、フォン・ド・ヴォライユを加えて煮詰める。漉す。

5　アーティチョークは掃除し、底の部分を食べやすい大きさに切って、オリーブ油をひいたフライパンで焼く。4のジュ・ド・バリグールを適量加えて味を含ませ、最後に2のトサカと3の白インゲン豆、フキのピクルスを加える。

6　器に5と食べやすい大きさに切った1のアナゴを盛り付け、赤玉ネギとタイムを散らす。

ホヤのマリネとパッションフルーツ
Violet frais mariné aux fruits de la passion

ウナギのラケ、ポルトソース

Anguille laquée, sauce au Porte

ホヤのマリネとパッションフルーツ

宮城県とのつながりができて、初めて
そのおいしさを知り、使うようになったホヤ。
これは、栃木県真岡市の生産者豊田さんが作る、
珍しいパッションフルーツと合わせた一品。
レモンにも似たその香りや爽やかな風味が、
新鮮なホヤによく合う。

材料

ホヤ（宮城県産）　適量
A
┌ エシャロット（みじん切り）　適量
│ ニンニク（みじん切り）　適量
└ オリーブ油、塩　各適量
コリアンダーシード　少量
クミンシード　少量
トマトのジュレ（p.106参照）　適量
タピオカのピクルス（タピオカをゆでて、ピクルス液
　〈p.133参照〉に漬けたもの）　適量
パッションフルーツ（栃木県真岡産「黄金パッションフルーツ」）
　の種部分と果汁　適量
クルトン（薄切りの食パンを口金の上下を使ってリング状に
　抜き、オリーブ油を少量かけ、170℃のオーブンで焼く）
　少量
コリアンダーの花　少量
塩　適量

※黄金パッションフツール：栃木県真岡市の「亜熱帯農業開発
センター」の豊田さんが作るパッションフツール。大玉でレモ
ン色をした黄色種で、酸味が抑えられているのが特徴。

1　ホヤを掃除して塩水でゆで、氷水にとって冷やし、水
　気を切って食べやすい大きさに切る。
2　盛り付ける直前に、1をAでさっと和える。
3　2を器に盛り、コリアンダーシードとクミンシードを
　散らし、トマトのジュレをかける。タピオカのピクル
　ス、パッションフルーツの種の部分を散らしてのせ、
　クルトン、コリアンダーの花をあしらう。
4　液体窒素でパッションフルーツの果汁を凍らせて粉末
　にし、3に添える。

ウナギのラケ、ポルトソース

ウナギとポルトソースは定番の組み合わせ。
ここに玉ネギやフェンネル、山椒のピクルスを加える
ことにより、ウナギのおいしさをより引き立てた。

材料

ウナギ（開いたもの。林屋川魚店の養殖ウナギ）　適量
塩、ポルト酒、サラダ油　各適量
ポルトソース
┌ ポルト酒　適量
│ エシャロット（みじん切り）　適量
│ ウナギの骨（燻製にしたもの）　適量
│ 赤ワイン　適量
│ ジュ・ド・ヴォライユ（p.373参照）　適量
└ フェキュール　適量
赤玉ネギ（「ルビーオニオン」縦半分に切り、強火で熱した油で
　素揚げし、塩をする）　適量
山椒の実のピクルス（塩漬けの山椒の実を塩抜きし、ピクルス
　液〈p.133参照〉に漬けたもの）　少量
フェンネルの花　少量

1　ウナギに串を打ち、塩をふる。ポルト酒5：サラダ油
　1の割合で合わせたたれを表面に塗り、サラマンドル
　で皮目を焼く（途中でたれを塗りながら）。
2　**ポルトソース**：ポルト酒とエシャロットを鍋に合わせ
　て沸かし、燻製にしたウナギの骨を入れて煮詰める。
　赤ワインを加えて更に煮詰め、ジュ・ド・ヴォライユ
　を加え、フェキュールで軽くリエする。シノワで漉す。
3　2のソースを皿にひき、1のウナギを盛り付け、赤玉
　ネギ、山椒の実のピクルス、フェンネルの花を添える。

シェフのタクト

　レストランはオーケストラに似ている。
　オーケストラは、音の高低や音質が異なる、さまざまな楽器の組み合わせによって成り立つ。指揮者のふるタクト（指揮棒）に合わせ、ひとつの楽器では醸し出せないハーモニーが生まれ、それが人の心をゆさぶる音楽となる。
　レストランにおける指揮者はシェフ。訪れた人々に喜んでいただくための楽器（要素）は挙げればきりがない。快適な空間作り、サーヴィスマンのホスピタリティ、上質なワインと料理…。しかしそれだけで楽曲は完成しない。訪れたゲストがそれぞれのテーブルで奏でる音色がこれらと調和することで、レストランの音楽は完成する。
　そのためにタクトをふり続けることが、シェフの役目といえるだろう。

「林屋川魚店」の養鰻場

ウナギのグリエ、
みょうがのラヴィゴットソース
Anguille grillée,
sauce ravigote au gingembre myoga

ウナギの燻製、
キュウリとグリーントマトのピクルス
Anguille fumée,
pickles de concombres et tomates vertes

ウナギのグリエ、
みょうがのラヴィゴットソース

シンプルな塩焼きは、日本のウナギならではの調理法。
旬のモロッコインゲンをたっぷり添えて。

材料（1人分）
ウナギ（開いたもの。林屋川魚店の養殖ウナギ）　適量
モロッコインゲン　3本
生クルミ　適量
塩　適量
みょうがのラヴィゴットソース
┌ A
│┌ みょうがのピクルス
││　（みょうがをピクルス液〈p.133参照〉に漬ける）　1個
│├ 緑オリーブ（種を抜く）　2〜3個
│├ アサツキ（根元の部分）　1本
│├ 長ネギ（白い部分をゆでる）　適量
│├ エシャロット　少量
│├ ディル、セルフィーユ、ケッパー（酢漬け）、
│└　コルニション　各少量
├ コンソメ（鶏。p.120参照）　少量
├ バルサミコ酢、E.V.オリーブ油、ディジョンマスタード、塩、
└　コショウ　各適量

1　ウナギに串を打ち、塩をふり、皮目を上にしてサラマ
　　ンドルで焼く。

2　モロッコインゲンは塩を加えた湯でゆでて、冷水にと
　　る。

3　**みょうがのラヴィゴットソース**：Aはすべてみじん切
　　りにして合わせる。バルサミコ酢とE.V.オリーブ油
　　を同量ずつ加え、混ぜ合わせる。コンソメ、塩、コシ
　　ョウ、ディジョンマスタードで味を調える。

4　1のウナギと2のモロッコインゲンを器に盛り、3をか
　　け、砕いた生クルミを散らす。

ウナギの燻製、
キュウリとグリーントマトのピクルス

燻香をまとったウナギと、
青い野菜とのバランスがいい。

材料
ウナギ（開いて蒸したもの。林屋川魚店の養殖ウナギ）　適量
塩　適量
燻製ヨーグルト（p.248参照）　適量
キュウリのピクルス、ミニトマト（緑）のピクルス
　（それぞれピクルス液〈p.133〉に漬けたもの）　各適量
ディル、ナスタチウム、シブレットの花　各適量

1　ウナギは塩をふり、冷燻する。

2　キュウリのピクルスは、小さなくり抜き器で丸く抜く。
　　ミニトマトのピクルスは、縦半分に切る。

3　1のウナギの燻製を器に盛り、燻製ヨーグルトと2の
　　ピクルスを添える。ディル、ナスタチウム、シブレッ
　　トの花を散らす。

　　栃木県とウナギは、少し不思議な組み合わせだろうか。
　　たしかに、ウナギの養殖にはある高さの水温が必要で、
多くは宮崎県や鹿児島県など比較的温暖な地方で行なわれ
ている。寒冷な地では水を温める施設が必要なのだ。そし
て通常は水を温めるのに重油が使われるため、コストがか
かる。
　「林屋川魚店」の小林さんが、ウナギの養殖を手掛ける
きっかけになったのは、県北木材協同組合からの、木材乾
燥ボイラーの廃熱を利用した事業への参加の誘いだったと
いう。林業の盛んな栃木県では、間伐材が多く発生する。
これを建材業者が燃やし、その熱を建材工場で木材の乾燥
に利用。その後、その余剰熱を買い入れて、ウナギの養殖
や農産物の栽培に利用するという計画の一環だった。
　小林さんはその後、農業者の仲間とともに「那珂川町地
域資源活性化研究会」を立ち上げ、ウナギ養殖の実証実験
を経て、翌年には研究会メンバーで協同組合を設立。間伐
材の薪ボイラーを利用した本格的な養殖場を建設し、2015
年に、ここで育てた養殖ウナギの販売を開始した。

高い室温と湿度が保たれた養鰻場の中。エサやり以外は、すべてコンピューターで管理されている。

イカとウナギのテリーヌ
Terrine d'anguille et calamar

ウナギの温かいパイ

Chausson à l'anguille

ウナギのクリーム仕立て、
ケッパー風味

Anguille à la crème de câpre

イカとウナギのテリーヌ

クラシックなフランス料理であるセート風トマト煮込みや、
魚介と肉類を合わせるスペイン料理のイメージなどがミックスしてできたテリーヌ。
イカや鶏のトサカが、味わいや食感のアクセントになっている。

材料
テリーヌ
┌ ウナギ（開いたもの。林屋川魚店の養殖ウナギ）　適量
│ 鶏のトサカ　適量
│ イカ　適量
│ 玉ネギ（粗みじん切り）　適量
│ フィノッキオ（粗みじん切り）　適量
│ ベーコン（粗みじん切り）　適量
│ トマト（丸福農園のサンマルツァーノ）　適量
└ オリーブ油、塩、コショウ　各適量
シェーヴルチーズ（今牧場チーズ工房の「茶臼岳」）　適量
牛乳　適量
塩　適量
キュウリ、枝豆　各適量
アンチョビドレッシング
┌ 赤ワインヴィネガー　20g
│ E.V.オリーブ油　40g
│ ディジョンマスタード　10g
│ アンチョビ（みじん切り）　10g
│ 塩、コショウ　各適量
└ ＊混ぜ合わせる。
フェンネルの花　適量
ミニョネット　少量

1　**テリーヌ**：鶏のトサカは水に浸けて血抜きした後下ゆでし、細かく切る。イカは内臓を掃除して皮をむき、オリーブ油をひいたフライパンで焼いて細かく切る。

2　鍋にオリーブ油をひいて玉ネギ、フィノッキオ、ベーコンを入れて炒め、ざく切りにしたトマトを加えて煮込む。

3　2に1のトサカとイカを加える。

4　ウナギは塩、コショウをし、オリーブ油をひいたフライパンで皮面を焼く。

5　テリーヌ型にアルミ箔を敷き込み、3のトマト煮込みと4のウナギを層にして詰める。上面にアルミ箔をかぶせ、蓋をする。

6　5を180℃のオーブンで湯煎焼きする（1時間ほど）。オーブンからとり出して粗熱をとり、軽く重石をして冷蔵庫で1日やすませる。

7　シェーヴルチーズは牛乳でのばし、塩で味つける。

8　キュウリは棒状に切り、枝豆は塩ゆでしてサヤからとり出し、薄皮をむく。合わせてアンチョビドレッシングで和える。

9　器に7を敷き、6のテリーヌを適当な厚さに切って盛る。8を添え、フェンネルの花をのせる。テリーヌの上にミニョネットを少量散らす。

ウナギの温かいパイ

少し小さめに作ってソースを添えれば、
コースの一品としても使える。

材料（1個分）
ウナギの身（皮を除いたもの。林屋川魚店の養殖ウナギ）
　　120g
パナード（p.54参照）　60g
生クリーム　20〜40g
塩、白コショウ　各適量
ウナギの燻製（5mm角切り）　適量
折りパイ生地（p.71参照）　適量
ソース
┌ エシャロット（みじん切り）　1/2個分
│ みょうが（みじん切り）　少量
│ マッシュルーム（薄切り）　2個分
│ パンチェッタ（みじん切り）　少量
│ 白ワイン　適量
│ 生クリーム　少量
│ バター　20〜30g
└ 塩、白コショウ　各適量

1　生のウナギの身とパナードを合わせてロボクープで撹
　　拌する。
2　1に生クリームを加え塩、白コショウで味を調える。
　　ウナギの燻製を合わせる。
3　折りパイ生地を丸くのばし、中央に2をのせて半分に
　　折り、合わせ目をとじる。
4　200℃のオーブンで8分ほど焼く。
5　ソース：エシャロット、みょうが、マッシュルーム、
　　パンチェッタを鍋に入れ、浸る程度の白ワインを加え
　　て沸かし、少し煮詰める。シノワで漉す。鍋に戻して
　　生クリームを加え、バターを加えてモンテし、塩、白
　　コショウで味を調える。
6　4のパイを器に盛り、5のソースを流す。

ウナギのクリーム仕立て、ケッパー風味

ウナギにクリーム系のソースといった
意外性のある組み合わせ。白ワインや
ケッパーの酸味が加わることで、まとまりが出る。

材料（1人分）
ウナギ（開いたもの。林屋川魚店の養殖ウナギ）　75g
アンディーヴ（葉）　5枚
エシャロット（みじん切り）　少量
マッシュルーム（大。薄切り）　1個分
バター　適量
白ワイン　適量
フォン・ド・ヴォライユ（p.373参照）　適量（白ワインと同量）
生クリーム　適量
ケッパー（酢漬け）　5〜6粒
ディジョンマスタード、ディル（粗みじん切り）、パルミジャー
　　ノ・レッジャーノ・チーズ　各適量
塩、コショウ　各適量

1　ウナギに塩をふる。鍋にバター1カケ、ウナギ、エシャ
　　ロット、マッシュルームを入れて加熱する。白ワイ
　　ンとフォン・ド・ヴォライユを同量ずつ加え、クッキ
　　ングペーパーで落とし蓋をしてゆっくり煮る。
2　ウナギに火が入ったらとり出し、とり出した後の鍋に
　　生クリームを入れて少し煮詰め、ディジョンマスター
　　ド、ケッパーを入れ、バターを少量加えてモンテする。
　　ディルを加え、塩、コショウで味を調える。
3　別鍋に少量のバターとアンディーヴを入れてさっとソ
　　テーし、少量の水を加えて火を通し、塩をする。
4　3のアンディーヴと2のウナギを器に盛り付け、2のソ
　　ースをかける。パルミジャーノ・レッジャーノ・チー
　　ズをすりおろしてかける。
＊　ウナギの皮が気になるときは、火を入れた後にとり除く。

夏 / 肉

とちぎ和牛

とちぎ和牛スライスとトリュフ風味のポテトサラダ
Tranché fin de bœuf,
salade de pomme de terre aux truffes

とちぎ和牛スライスとトリュフ風味のポテトサラダ

サシの入った和牛のスライスを、効果的に使った一皿。
トリュフ風味のヴィネグレットが、
贅沢な風味を加える。

材料(1人分)
牛肉(「とちぎ和牛」しゃぶしゃぶ用)　1枚
ジャガイモ(「メークイン」)　大1個
赤玉ネギ(「ルビーオニオン」薄切り)　少量
トリュフのヴィネグレット(p.74参照)　適量
新ジャガイモ(「アンデスポテト」)　1個
イタリアンパセリ(粗みじん切り)　適量
ミニョネット　適量

1　ジャガイモ(メークイン)を蒸してから皮をむき、軽くつぶす。
　　トリュフのヴィネグレットで和え、耐熱皿に盛り付けて赤玉ネギをのせる。
2　1の上に牛肉を広げてのせ、サラマンドルで軽く熱して火を入れる。
3　新ジャガイモ(アンデスポテト)を皮付きのまま蒸して、半分に割り、2に添える。
4　トリュフのヴィネグレットをまわしかけ、イタリアンパセリとミニョネットを散らす。

　「とちぎ和牛」は、栃木県内の指定生産者によって飼育された黒毛和牛。サシの多い黒毛和牛は、使い方によっては重くなることもあるが、薄切り肉をたっぷりの野菜と合わせたり、ヴィネガーを使用したり、ポシェやヴァプールといった調理技法をとり入れたりすることで、持ち味を活かすことができる。
　牛肉は牛の品種や部位により、特性が異なる。それを見極め、それぞれに適した使い方をすることが重要である。

とちぎ和牛スライスと夏野菜のサラダ
Tranché fin de bœuf,
salade de légumes d'été

とちぎ和牛のポワレ、
サンマルツァーノトマトとアーティチョーク
Bœuf poêlé, tomate Saint-Martin
et artichaut à la vinaigrette

とちぎ和牛スライスと夏野菜のサラダ

肉の旨みを少し加えることで、野菜がよりおいしく食べられる。
野菜は味や食感の異なるものを組み合わせるとよい。

材料（1人分）
牛肉（「とちぎ和牛」しゃぶしゃぶ用）　1枚
夏野菜各種（それぞれの野菜に適した調理をする）
┌ ジャガイモ（男爵、インカのめざめ）、オクラ、ミニオクラ（緑）、ニラの芽、
│　　トウモロコシ、インゲン、モロッコインゲン…ゆでる、ブランシール
│　ズッキーニ、姫キュウリ、パプリカ（赤・黄）…焼く
│　ゼブラナス…揚げる
│　トマト（くし形切り）、ミニトマト（赤・黄）、ミニオクラ（赤）、ラディッシュ
└　　…生
緑オリーブ　適量
ヴィネグレットソース（下記参照）　適量
サラダハーブ（クレソン、カラシ菜など）　適量
塩、ミニョネット　各適量

1　夏野菜をそれぞれに適した方法で調理し、大きいものは食べやすい大き
　　さに切り、必要なものは塩をする。
2　1とオリーブを耐熱皿に盛り付け、ヴィネグレットソースをまわしかける。
3　牛肉を2の上に広げてのせ、サラマンドルで軽く熱する。
4　3にサラダハーブをのせ、ヴィネグレットソースをかける。塩とミニョ
　　ネットを添える。

○ヴィネグレットソース

材料（作りやすい量）
サラダ油（またはオリーブ油）　100cc
赤ワインヴィネガー　20〜25cc
ディジョンマスタード　10g
ニンニク（みじん切り）　少量
塩、コショウ　各少量

ボウルにディジョンマスタード、赤ワインヴィネガー、ニンニク、塩、コ
ショウを入れて軽く混ぜる。ボウルの端からサラダ油を少しずつ加えなが
ら、泡立て器で全体をよく混ぜ合わせる。

とちぎ和牛のポワレ、
サンマルツァーノトマトとアーティチョーク

少量のおいしい肉＋大ぶりの野菜の、新しいバランスで。

材料（1人分）
牛もも肉（「とちぎ和牛」）　適量
トマト（「サンマルツァーノ」）　1個
アーティチョーク（下処理をして、ゆでたもの）　1/3個程度
オリーブ油、塩、コショウ　各適量
バルサミコ酢　2（割合）
E.V.オリーブ油　1（割合）
カラシ菜　適量

1　牛肉に塩をふり、オリーブ油をひいたフライパンで焼く。

2　トマトはオリーブ油をかけ、150℃のオーブンで焼き、皮をむく。

3　アーティチョークは、オリーブ油をひいたフライパンで焼き、軽く塩、
　　コショウをふる。

4　バルサミコ酢2：E.V.オリーブ油1の割合で軽く合わせて塩、コショウ
　　で味を調え、ソースとする。

5　1の牛肉を一口大の角切りにし、2、3とともに器に盛り、4のソースを
　　かける。カラシ菜を添える。

仔羊のポワレとナスのテリーヌ
プロヴァンス風
Côtelette d'agneau poêlée, terrine d'aubergines
à la provençale

仔羊肩肉とジャガイモのココット焼き
Épaule d'agneau
et pomme de terre en cocotte

引き出し

　料理人は、広く多くの食体験を積んでほしい。フレンチの料理人だからといって、フランス料理ばかりではいけない。またハイグレードな料理ばかりでもいけない。旅先では、その土地の人々と食卓を囲み、料理や会話をともに楽しんでほしい。人や食材との出会いを大切にし、また、一見食とは関係ないような、季節の移ろいや風景にも目をとめてみてほしい。

　そうしたすべての積み重ねは血肉となり、食で人を幸せにするために必要な、自分だけの引き出しになる。

仔羊のポワレとナスのテリーヌ
プロヴァンス風

仔羊はシンプルに焼き、少し手の込んだ
ガルニチュールを添えた。南フランスのイメージで。

材料（1人分）
仔羊骨付きロース肉　1本
ナスのテリーヌ
┌ナス　1本
│仔羊バラ肉　適量
│ジャガイモ　1個
│ニンニク（みじん切り）　少量
│塩、コショウ、パルミジャーノ・レッジャーノ・チーズ
│（すりおろし）　各適量
└揚げ油　適量
ミニトマト（赤、黄など）　適量
仔羊のジュ（p.55参照）　適量
塩、コショウ、オリーブ油　各適量
E.V.オリーブ油　適量
セルバチコ　少量

1　**ナスのテリーヌ**：ナスは皮に竹串などでいくつか穴を開けて素
揚げし、しっかり火を入れる。皮をむき、粗めに刻んで塩をふる。

2　仔羊バラ肉を粗めにたたく。油をひかないテフロン加工のフラ
イパンに、ニンニクとともに入れて炒め、塩、コショウをする。

3　ジャガイモは皮付きのままゆでて、皮をむき、薄切りにする。

4　小さいテリーヌ型にラップフィルムを敷き込み、3のジャガイ
モ、1のナス、2の仔羊肉の順に2回重ねて詰め、ラップフィル
ムでしっかり包んで常温に少しおく。

5　4を型からはずし、表面にパルミジャーノ・レッジャーノ・チ
ーズを散らし、サラマンドルで焼く。

6　ミニトマトはオリーブ油をかけて塩をふり、160℃のオーブン
で皮がむけるまで焼く。皮を除き、小さめのセルクル型に重ね
て詰め、再び軽く加熱する。

7　仔羊骨付きロース肉に塩をふり、オリーブ油をひいたフライパ
ンで焼く。

8　7で出た仔羊の焼き汁に仔羊のジュとE.V.オリーブ油を少量加
え、塩、コショウで味を調えてソースとする。

9　7の仔羊肉、5のナスのテリーヌ、型からとり出した6のトマト
を器に盛る。テリーヌにはセルバチコをのせ、肉には8のソー
スをかける。

仔羊肩肉とジャガイモのココット焼き

素材をゆっくり焼きながら火を入れていく、
ココット焼きならではのおいしさを
楽しんでいただく。

材料（作りやすい量）
仔羊肩肉（塊）　400〜500g
ジャガイモ（メークイン）　10個
ニンニク（薄皮付き）　2〜3粒
塩、粗挽き黒コショウ　各適量
シイタケ（小）　5〜6個
エシャロット（小）　4〜5個
エストラゴン、イタリアンパセリ　各少量

1　仔羊肉は脂を除きすぎないように掃除し、全
体に塩をふる。

2　ジャガイモは皮付きのままゆで、6〜7割程
度火が入ったらとり出して、皮をむく。

3　ココット鍋に1の仔羊肉と皮付きのニンニ
ク、エシャロットを入れて、160〜170℃の
オーブンでゆっくり焼いていく。全体に焼き
色がついてきたら、2のジャガイモとシイタ
ケを入れ、転がしながらゆっくり火を入れて
いく。

4　肉とジャガイモに火が通ったら塩と粗挽き黒
コショウをふり、エストラゴンとイタリアン
パセリを散らす。

伊達鶏のヴィネガー風味
Cuisse de volaille au vinaigre

鶏胸肉のグリエ、
ケッパー風味のキュウリソース
Suprême de volaille grillé,
sauce concombre aux câpres

伊達鶏のヴィネガー風味

ソースは、フランスのリヨン地方などにもある伝統的な
ヴィネガー風味のソースをイメージ。そして鶏の骨付き胸肉（コッフル）は、
中に赤ワインヴィネガーを入れて低温調理している。ソースの煮込まれた
ヴィネガーの旨みと、肉にまとわせたフレッシュでシャープな
ヴィネガーの風味、両方のヴィネガーのおいしさが楽しめる。

材料（作りやすい量）
鶏もも肉　1枚
鶏骨付き胸肉（カブト。コッフル）　1羽分
松の実、エルブ・ド・プロヴァンス　各適量
赤ワインヴィネガー、塩、オリーブ油　各適量
ヴィネガーソース（作りやすい量）
┌ 鶏ガラ　2羽分
│ ニンニク（薄皮付きでつぶす）　適量
│ タイム、ローリエ　各適量
│ トマト（ざく切り）　適量
│ 赤ワインヴィネガー　適量
│ 白ワイン　適量
│ ジュ・ド・ヴォライユ（p.373参照）　適量
│ エストラゴン　適量
└ バター、オリーブ油、塩　各適量
付け合わせ
┌ コゴミ（ゆでて適当な長さに切り、オリーブ油でソテーする）
│ 　適量
│ ベーコン（拍子木に切り、ソテーする）　適量
│ プチヴェール（素揚げする）　適量
│ ジャガイモ（網目状にスライスし、素揚げする）　適量
│ ペンネ（ゆでて、ベシャメルソースをかけ、すりおろした
│ 　パルミジャーノ・レッジャーノ・チーズをかけて
└ 　グラティネする）　適量

1　**ヴィネガーソース**：鍋にオリーブ油をひいて、つぶしたニンニクを入れて炒める。香りが出たら鶏ガラを入れてよく炒め、タイム、ローリエ、トマトを加える。赤ワインヴィネガーでデグラッセし、白ワインを加えて煮詰める。ジュ・ド・ヴォライユ、エストラゴンを入れ、軽くアクをとった後、オーブンに入れて1時間30分ほど火を入れる。

2　1をシノワで漉して鍋に戻し、火にかけて熱し、バターと塩で味を調える。

3　鶏もも肉は骨をとり、皮付きのまま、厚さが均一になるように肉を開く。上にエルブ・ド・プロヴァンスをまぶして松の実を散らし、ロール状に成形してタコ糸でしばる。

4　3をラップフィルムでしっかり巻いて締め、更にアルミ箔で巻く。真空用袋に入れて真空にし、65℃のウォーターバスで火を入れる（芯温60℃）。

5　鶏骨付き胸肉（コッフル）の中に赤ワインヴィネガーを入れ、真空用袋に入れて真空にし、58℃のウォーターバスで火を入れる（芯温54℃）。

6　4をラップフィルムからとり出し、オリーブ油をひいたフライパンで表面を色よく焼く。5も袋からとり出し、オリーブ油をひいたフライパンで皮面を焼き、塩をする。

7　皿に2のソースを敷いて、食べやすい大きさに切った6のもも肉のロールと胸肉を盛り、コゴミのソテー、ベーコン、プチヴェールのフリット、ジャガイモのフリットをのせ、ペンネのグラティネを添える。

鶏胸肉のグリエ、
ケッパー風味のキュウリソース

ケッパーを加えた、さっぱりとした
キュウリのソースを添え、シェーヴルチーズの
ペーストや大根のピクルスでアクセントを加えた。

材料（作りやすい量）
鶏胸肉　1枚
塩　適量
キュウリのソース
┌ キュウリ　1/2本
│ 玉ネギ　15g
│ 黒オリーブ（種を抜き、みじん切り）　2個分
│ 白ワインヴィネガー　15g
│ E.V.オリーブ油　25g
└ 塩、白コショウ　各適量
シェーヴルチーズ（今牧場チーズ工房の「茶臼岳」）　適量
牛乳　少量
大根のピクルス（1cm角程度に切った大根を、ピクルス液
　〈p.133参照〉に漬ける）　少量
キュウリのピクルス（8mm角程度に切ったキュウリを、
　ピクルス液〈p.133参照〉に漬ける）　少量
ケッパー（酢漬け）　少量
ライムの表皮　少量

1　鶏胸肉は皮をとって塩をふり、真空用袋に入れて真空
　にし、湯煎で火入れした後、グリルパンでさっと焼く。
2　**キュウリのソース**：キュウリと玉ネギはすりおろし、
　黒オリーブ、白ワインヴィネガー、E.V.オリーブ油を
　加えて混ぜ合わせ、塩、白コショウで味を調える。
3　シェーヴルチーズを少量の牛乳でのばしてペースト状
　にし、少量の塩で味を調える。
4　1の鶏肉を適宜に切って器に盛り、2のキュウリのソー
　ス、3のチーズペースト、大根とキュウリのピクル
　スを添える。キュウリのソースにケッパーを散らし、
　チーズペーストにライムの表皮をすりおろしてかけ
　る。

［p.40の料理］
伊達鶏のバロティーヌ、ジロールのピラフ、
ソース・アルビュフェラ

材料（作りやすい量）
鶏もも肉　1枚
レバーペースト（下記参照）　適量
ジロールのピラフ
└ 米、ジロール茸、バター、塩　各適量
フォワグラのクリームソース
┌ フォン・ド・ヴォライユ（p.373参照。良質のもの）、グラス・
│ ド・ヴィヤンド（鶏。p.373参照）、生クリーム、フォワグ
│ ラのパルフェ（p.141参照）、レバーペースト（下記参照）、
└ バター、塩、コショウ　各適量
ニンジン（間引きしたもの。蒸したもの）　適量
トリュフ　適量
塩　適量

1　**ジロールのピラフ**：米1：水0.9の割合で合わせ、少
　量の塩を加えて炊く。バットに広げて冷ましておく。
2　ジロール茸をバターで炒め、塩で味を調えて1と合わ
　せる。
3　**フォワグラのクリームソース**：フォン・ド・ヴォライ
　ユを煮詰めて、グラス・ド・ヴィヤンドを足す。生ク
　リーム、フォワグラのパルフェ、少量のレバーペース
　ト、バターを加え、温めながら合わせる。シノワで漉
　して塩、コショウで味を調える。
4　鶏もも肉は骨と皮をとり除き、厚さが均一になるよう
　に肉を開く。上に軽く塩をふり、レバーペーストを塗
　り広げて巻き、円筒形にする。ラップフィルムでしっ
　かり巻いて締め、スチームコンベクションオーブンの
　スチームモード（70℃）で14分前後加熱し、火を通す。
5　皿に3のソースを敷き、2のピラフをセルクル型で抜
　いて盛る。1人分の大きさに切った4をのせ、蒸した
　ニンジンを添え、トリュフをスライスして散らす。

○**レバーペースト**
鶏レバーに塩をふり、フライパンで両面を焼き、コニャ
ックでデグラッセする。マデラ酒、ジュ・ド・トリュフ
（p.74参照）、少量のフォン・ド・ヴォライユ（p.373参照）
を加えて煮詰め、裏漉しする。

夏 / デザート

バジルのムースとヨーグルトソルベ
Mousse au basilic et sorbet au yaourt

バジルのムースとヨーグルトソルベ

自家菜園の採れたてのバジルで作ることで、より香りが立つ。

[A] バジルのムース

材料
バジルのムース（直径5cm半球体
　8個どりシリコン型使用）
┌ 牛乳　500g
│ バジルの葉　20g
│ レモンの表皮（すりおろしたもの）
│ 　1/2個分
│ 生クリーム（乳脂肪分35%）　200g
│ グラニュー糖　100g
│ 板ゼラチン　9g（氷水に浸けて戻す）
│ イタリアンメレンゲ
│ ┌ 卵白　70g
└ └ グラニュー糖　40g
青リンゴのソース
（直径3cm半球体シリコン型使用）
┌ 青リンゴのピュレ（市販）　適量
└ ライム果汁　適量
コーティング用ジュレ（作りやすい量）
┌ 水　500g
│ グラニュー糖　50g
│ ベジタブルゼラチン　30g
│ シャルトリューズ・ヴェール
│ 　（アルコールを飛ばしたもの）　少量
└

青リンゴのソース：

1　ライム果汁で味を調えた青リンゴ
　のピュレを、直径3cmの半球体の
　シリコン型に流し、冷凍する。

バジルのムース：

2　イタリアンメレンゲを作り、冷や
　しておく。

3　牛乳を鍋に入れて火にかけ、沸騰
　直前まで温まったらバジルの葉と
　レモンの表皮を入れて火を止め、
　蓋をして20分ほど蒸らして香り
　を移す。

4　3に水気を切ったゼラチンを加え
　てよく混ぜ、シノワで裏漉してボ
　ウルに移し、氷水にあてて、混ぜ
　ながらよく冷やす。

5　生クリームとグラニュー糖を合わ
　せてスタンドミキサーで攪拌し、
　七～八分立てにする。

6　4にとろみがついてきたら、2と
　5を加えてさっくりと混ぜ合わせ
　る。

組み立て：

7　6を絞り袋に入れ、直径5cmの半
　球体のシリコン型に半分ほどまで
　絞り出す。1の凍った青リンゴの
　ソースを真ん中に埋め込み、残り
　のムースを上から絞り、スパテラ
　で平らにすり切る。急速冷凍する。

仕上げ：

8　凍った7のムースの頂点に竹串を
　垂直に刺し、急速冷凍庫に入れて
　準備する。

9　コーティング用ジュレを作る。グ
　ラニュー糖とベジタブルゼラチン
　をよく混ぜ合わせる。

10　鍋に500gの湯を沸かし、9を一気
　に入れて、泡立て器でよく混ぜな
　がら溶かし込む。

11　10を75℃前後の温度にし、香りづ
　けのシャルトリューズを加える。
　竹串に刺した8のムースをここに
　2度くぐらせる。

12　竹串からムースを抜いてバットに
　並べ、竹串でできた穴の付近を軽
　くバーナーで熱してなじませ、穴
　をふさぐ。

13　冷蔵庫に入れて中身を解凍する。

[B] ヨーグルトのソルベ

材料（作りやすい量）
ヨーグルト（プレーン）　450g
トレモリン　90g
生クリーム（乳脂肪分35%）　40g
グラニュー糖　35g
レモン果汁　適量

1　ヨーグルトはなめらかにほぐして
　おく。

2　トレモリンと生クリームを合わせ
　て電子レンジで温めてなじませ、
　グラニュー糖を溶かし込む。

3　2の粗熱がとれたらヨーグルトに
　加えて混ぜ、レモン果汁で味を調
　えてパコジェットのビーカーに詰
　め、冷凍する。使用時にパコジェ
　ットにかける。

[C] シャルトリューズのグラニテ

材料（作りやすい量）
水　1500g
グラニュー糖　250g
レモンの表皮（すりおろしたもの）　1個分
ライムの表皮（すりおろしたもの）　1個分
レモン果汁　2個分
ライム果汁　1個分
シャルトリューズ・ヴェール
　（アルコールを飛ばしたもの）　60g
リモンチェッロ
　（アルコールを飛ばしたもの）　40g

1　分量の水とグラニュー糖、レモン
　の表皮、ライムの表皮を鍋に入れ
　て火にかけ、沸騰直前まで温めた
　ら火を止め、蓋をして15分ほど
　蒸らす。

2　1を漉してボウルに入れ、氷水に
　あてて冷やした後レモン果汁、ラ
　イム果汁、シャルトリューズ、リ
　モンチェッロで味を調える。

3 深めのバットなどに移して冷凍庫で凍らせ、フォークで削りグラニテにする。

[D] レモンとライムのジュレ

材料(作りやすい量)
水　1000g
レモンの表皮(ピーラーでむいたもの)
　　1個分
ライムの表皮(ピーラーでむいたもの)
　　1個分
レモン果汁　1個分
ライム果汁　1個分
グラニュー糖　200g
パールアガー　54g
リモンチェッロ(アルコールを飛ばしたもの)　30g

1 分量の水とレモンの表皮、ライムの表皮を鍋に入れて火にかける。沸いたら火を止めて蓋をし、15分ほどおいて香りを移す。
2 1を漉して鍋に戻し、レモン果汁、ライム果汁を入れて再び沸騰させ、あらかじめ合わせておいたグラニュー糖とパールアガーを一気に入れ、泡立て器でよく混ぜながら加熱し、1〜2分沸かす。
3 火を止めてリモンチェッロを加え、ボウルに移し、氷水にあててよく冷やす。
＊ 果汁とアルコールを、一度きちんと火入れしておかないと固まりにくい。

[E] アルギンシャルトリューズ

水、アルギン酸ナトリウム、グラニュー糖、シャルトリューズを合わせ、塩化カルシウム液に落として球状にする。

[F] ライムのクリーム

材料(作りやすい量)
全卵　1個
グラニュー糖　65g
ライムのピュレ(市販)　38g
ライムの表皮(すりおろしたもの)
　　1/2個分
バター　20g
ライム果汁　20g

1 卵とグラニュー糖は合わせてよく溶きほぐす。ライムのピュレ、ライムの表皮、バターを加え、湯煎にかける。
2 ときどき混ぜながら、20〜30分かけて火を通す。しっかりとろみがついたら湯煎からはずし、直火にかけて30秒ほど煮沸する(殺菌のため)。
3 ライム果汁を加えてよく混ぜ、裏漉してボウルに入れ、すぐに氷水にあててよく冷やす。

仕上げ・盛り付け:

1 メロンの果肉をメロンボーラーで丸く抜き、シロップとともに真空用袋に入れて真空にしておく。
2 解凍した[A]を器に盛り、[B]を添え、[C]をのせる。1のメロン、[D]、[E]、[F]を添え、バジルの新芽とフェンネルの花を散らす。

リ・オ・レ、
アンズのコンポート　p.207

子どものころから好きなアンズのシロップ煮を、フルーツと相性のいいリ・オ・レと合わせてデザートに。

材料(作りやすい量)
リ・オ・レ(p.328参照)　適量
アンズのコンポート(作りやすい量)
┌ アンズ(アプリコット。掃除したもの)
│　　4〜5個
│ 水　120g
│ グラニュー糖　60g
│ オレンジスライス　1枚
│ レモンスライス　1枚
│ ヴァニラのサヤ(中の種をとり出して
│　　使用した後、よく洗って乾燥させた
└　　もの)　適量
アンズのグラニテ(アンズのコンポートの汁を、グラニテにしたもの)　適量

1 **アンズのコンポート**：アンズは洗い、真空用袋に他の材料とともに入れて真空にする。スチームコンベクションオーブンのスチームモード(85℃)で20分ほど、やわらかくなるまで火を入れる(または蒸し器で蒸す)。

盛り付け:

器にリ・オ・レを敷いて、アンズのコンポートをのせ、アンズのグラニテを添える。

フルーツのコンソメとアイスクリーム
Consommé de fruit et glace

リ・オ・レ、アンズのコンポート p.205
Riz au lait, compte l'abricot

クレーム・ド・バナナと
ココナッツのソルベ
パッションフルーツのソース
Crème de banane et sorbet noix de coco,
sauce aux fruits de la passion

フルーツのコンソメとアイスクリーム

フルーツのエキスをゆっくりと抽出した"コンソメ"は、とても贅沢。
ここでは相性のいいアイスクリームを添えて、上質のデザートに。

とちおとめのコンソメ

材料
イチゴ(「とちおとめ」完熟)　適量
シロップ(グラニュー糖1：水1)　適量
トレハロース　適量
アスコルビン酸　少量

1　ヘタをとり掃除したイチゴを真空用袋に入れ、からまる程度のシロップ、トレハロース、アスコルビン酸を入れてよく混ぜる。

2　なるべく平らになるようにして真空にし、急速冷凍する。

3　完全に凍ったら常温で解凍し、袋のままスチームコンベクションオーブンのスチームモード(60℃)で1時間〜加熱する(イチゴが白くなってくる)。

4　ポットの上に、布巾を敷いたシノワを設置する。

5　3のイチゴから色が抜けているのを確認したら袋を開け、4にあけてラップフィルムで全体を覆い、冷蔵庫で半日〜1日かけてゆっくり漉して液体をとる(上から圧力をかけず、液体が自然にしたたり落ちるようにする)。

6　5のコンソメの味を確認し、必要であればシロップやレモン果汁(分量外)で味を調える。

○ライチのソルベ

材料(作りやすい量)
ライチのピュレ(市販)　1kg
ヨーグルト(プレーン)　100g
トレモリン　100g
生クリーム(乳脂肪分35％)　50g
牛乳　150g
プロクレマ(安定剤)　小さじ2

1　ライチのピュレ、トレモリン、生クリーム、牛乳を鍋に合わせて火にかける。沸騰直前まで温まったらプロクレマを加え、ハンドブレンダーでよく混ぜて乳化させる。

2　1をボウルに移し、氷で冷やしながら更にハンドブレンダーで攪拌する。冷えたらヨーグルトを加えてよく混ぜ、パコジェットのビーカーに入れて冷凍する。使用時にパコジェットにかける。

盛り付け：
とちおとめのコンソメを器に注ぎ、ライチのソルベを添えて、食用バラの花びらを散らす。

パイナップルのコンソメ

材料(作りやすい量)
パイナップル(完熟)　1個
水　250g
グラニュー糖　50g
カルダモン　10粒
クローブ　3粒

1　パイナップルは皮をむいて種などを掃除し、縦4等分に切る。硬い芯の部分もとり除く。

2　1と他のすべての材料を真空用袋に入れて真空にし、スチームコンベクションオーブンのスチームモード(100℃)で15分ほど加熱する。袋ごと氷水に入れて冷やした後、半日〜1日冷蔵庫に入れておく。

3　2の果肉と適量の汁を合わせて、ミキサーで攪拌する。

4　「とちおとめのコンソメ」(作り方4、5)同様に漉して汁をとる。2の残った汁で濃度と味を調整する。

○ココナッツとバナナのソルベ

材料(作りやすい量)
バナナの果肉(完熟)　250g
牛乳　200g
ココナッツミルク　300g
グラニュー糖　110g
レモン果汁　適量

1　牛乳とココナッツミルク、グラニュー糖を鍋に入れて火にかける。

2　バナナの皮をむいて1cm幅ほどの輪切りにし、250gを用意する。

3　1が沸騰直前まで温まったら2のバナナを入れ、火が入るまで煮る。

4　3をハンドブレンダーで攪拌してピュレ状にした後、ボウルに移し、氷水にあててよく冷やす。

5　レモン果汁で味を調え、パコジェットのビーカーに入れて冷凍する。使用時にパコジェットにかける。

盛り付け：
パイナップルのコンソメを器に注ぎ、ココナッツとバナナのソルベを添え、ローストココナッツを散らす。

メロンのコンソメ

材料
メロンの果肉　適量
シロップ(グラニュー糖1：水1)　適量
ライム果汁　適量

1　メロンの果肉をミキサーにかけ、「とちおとめのコンソメ」(作り方4、5)同様に漉して汁をとる。

2　1を真空用袋に入れて真空にして脱気し、シロップとライム果汁で味を調える。1時間〜冷蔵庫に入れて、落ち着かせる。

* 脱気することで色が鮮やかになり、
　舌触りもなめらかになる。

○バジルのミルクアイスクリーム

材料（作りやすい量）
牛乳　1500g
濃縮ミルク（タカナシ乳業）　1200g
トレモリン　270g
トレハロース　30g
レモンの表皮（ピーラーでむいたもの）
　1½個分
バジルの葉　40g

1　冷たい牛乳にトレモリンとトレハ
　　ロース、レモンの表皮を入れて火
　　にかけ、沸騰直前でレモンの表皮
　　をとり出す。
2　1にバジルの葉を入れてすぐに混
　　ぜ、バジルに火が完全に通るまで
　　1分ほど沸かす。パッセして、葉
　　と液体に分けておく。
3　ミルサーに2のバジルの葉と最低
　　量の液体を入れてまわす。きれい
　　な緑色が出て細かいピュレ状にな
　　ったら、残りの液体と合わせる。
4　再びパッセしてボウルに入れ、氷
　　水にあててすぐによく冷やし、濃
　　縮ミルクを加える。パコジェット
　　のビーカーに入れて冷凍する。使
　　用時にパコジェットにかける。

盛り付け：
メロンのコンソメを器に注ぎ、バジ
ルのミルクアイスクリームを添え、
バジルのやわらかい中心部分の葉や、
フェンネルの花を散らす。

クレーム・ド・バナナとココナッツのソルベ
パッションフルーツのソース

バナナを電子レンジで加熱するだけで、驚くほどおいしいクリームに。
素材のおいしさを引き出す方法は、ときにこんなにシンプルだったりする。

[A] バナナのペースト
（クレーム・ド・バナナ）

材料
バナナの果肉　適量
シロップ（グラニュー糖1：水1）、レモ
　ン果汁　各適量
生クリーム（乳脂肪分47％）　適量
シナモンパウダー、ロングペッパーパウ
　ダーなどのスパイス（好みで）　少量

1　バナナの果肉を電子レンジにか
　　けて火を入れ、つぶしてレモ
　　ン果汁とシロップで味を調え
　　る。
2　1を裏漉して生クリームを少しず
　　つ加え、ちょうどよい固さになる
　　までのばす（好みでスパイスを加
　　えてもよい）。

[B] ココナッツのソルベ

材料（パコジェットのビーカー1本分）
ココナッツのピュレ（冷凍。市販）
　500g
きび砂糖　60g
ミネラルウォーター　100g
塩　ひとつまみ

すべてを合わせてパコジェットのビ
ーカーに入れ、冷凍する。使用時に
パコジェットにかける。

[C] ココナッツスパイスクランブル

材料（作りやすい量）
バター　160g
アーモンドプードル　150g
薄力粉　150g
ココナッツファイン　100g
きび砂糖　200g
シナモンパウダー、五香紛、コショウ、
　塩　各適量

作り方は、p.113の「よもぎのクラン
ブル」参照。

[D] パッションフルーツのソース

パッションフルーツ（栃木県真岡産）
の果汁に適量のグラニュー糖を加え、
少しとろみがつく程度に煮詰める。

盛り付け：
器に[A]を塗り付けるように敷いて、
[C]を添え、[B]をのせる。[D]のソ
ースを散らす。

柑橘類のデザート　生姜とマスタードの香りで
Delice d'agrumes au gingembre et à la moutarde

キウイフルーツとパイナップルの
グラニテ

Granité kiwi et ananas

ブルーベリーの温かいパイ

Tartelettes aux myrtilles chaudes,
glace au lait

柑橘類のデザート　生姜とマスタードの香りで

酸味、苦み、辛みを組み込んで、奥行きのある一皿に。

[A] マンダリン風味のクレーム・シブースト

材料（直径4cm高さ2.5cmのセルクル型
　　　約20個分）
クレーム・パティシエール　100g
グランマニエ（アルコールを飛ばした
　　もの）　10g
マンダリンオレンジのピュレ（市販）
　　60g
オレンジの表皮　1個分
板ゼラチン　2.5g（氷水に浸けて戻す）
イタリアンメレンゲ
┌ 卵白　50g
│ グラニュー糖　70g
└ 水　15g

1　マンダリンオレンジのピュレは、鍋に入れて火にかけ、半量に煮詰める。

2　ボウルにクレーム・パティシエール、グランマニエ、1のピュレを入れてよく混ぜ、オレンジの表皮をゼスターですりおろして加える。ボウルを湯煎にかけて混ぜながら温め、温まったら水気を切ったゼラチンを加えてよく混ぜる。

3　イタリアンメレンゲを作り、きめを整えたら、温かいうちに2に2回に分けて加え、さっくり合わせる。

4　3を絞り袋に入れ、天板に並べたセルクル型に絞り、急速冷凍する。

[B] メープルのサブレ

材料（作りやすい量）
バター（ポマード状）　65g
塩　1g
メープルシロップ（アンバータイプ）
　　85g
アーモンドプードル　50g
薄力粉　65g
強力粉　65g

1　アーモンドプードルと薄力粉、強力粉は合わせてふるう。

2　ミキシングボウルにバターを入れ、スタンドミキサーにビーターをセットし、低速でまわしてなめらかにする。塩とメープルシロップを加えて混ぜ合わせる。

3　1を2に入れて低速でまわし、粉気がなくなったところで止める。

4　3の生地をとり出してまとめ、ラップフィルムでくるんで冷蔵庫で1時間ほどやすませる。

5　4の生地を数mm厚さにのばし、150℃のオーブンで15分ほど焼く。

6　冷めたらポリ袋に入れて麺棒などでたたき、細かいクラムにする。

[C] 柑橘類のマーマレードとチップ

材料（作りやすい量）
旬の柑橘類（カルチェにしたもの）
　　500g
グラニュー糖　24g
ペクチン　4g

1　旬の柑橘類をカルチェにし、出た果汁ごと鍋に入れて火にかけ、中火で煮詰めていく。

2　1が300gほどに煮詰まったら、あらかじめよく混ぜ合わせておいたグラニュー糖とペクチンを加え、泡立て器でよく混ぜながら中火で

1分ほど加熱し、火を止める。

3　2をハンドブレンダーで攪拌し、繊維をある程度なめらかにする。

4　3をボウルに移し、氷水にあてて急冷する。

5　そのままマーマレードとして使う分と、チップにする分を分ける。

6　天板に敷いたシルパットに薄くオイルスプレーをし、1mm厚さほどの型（円形に抜いたもの）をのせ、5のチップにする分をヘラで薄くのばし、型をはずす。コンベクションオーブン（85℃、湿度0%）で2時間ほど乾燥焼きする。温かいうちにヘラではがし、密閉容器にシリカゲルとともに入れて保存する。

[D] 生姜のアイスクリーム

材料（作りやすい量）
生姜（栃木県産。汚れをとり掃除した
　　もの）　60g
水　40g
きび砂糖　90g
水あめ　60g
牛乳　500g
卵黄　100g

1　生姜はすりおろす。分量の水、きび砂糖、水あめとともに鍋に入れて火にかけ、半量ほどになって粘りと艶が出てくるまで煮詰める。

2　1に牛乳を加え、再沸騰する直前まで温めたら、アングレーズの要領で卵黄と合わせて炊く。

3　裏漉してボウルに入れ、氷水にあててよく冷やした後、パコジェットのビーカーに入れて急速冷凍する。使用時にパコジェットにかける。

[E] レモンマスタード

材料（作りやすい量）
レモンカード
- レモン果汁　100g
- 卵　120g
- グラニュー糖　60g
- トレハロース　40g
- レモンの表皮　1個分
- バター　20g
- カンテンベース（p.328参照）　50g
- 板ゼラチン　2枚（氷水に浸けて戻す）

ディジョンマスタード　適量

1　**レモンカード**を作る。ゼラチン以外の材料をボウルに入れ、よく溶きほぐす。
2　1のボウルを湯煎にかけ、ときどき混ぜながらゆっくり火を入れていく。
3　20分ほどしてとろみがついたらいったん湯煎からはずし、直火にかける。ポコッと沸いてから1分ほど、底があたらないよう常に混ぜながら加熱する（殺菌のため）。
4　ゼラチンの水分をよく切り、3に加えて溶かす。熱いうちに裏漉し、氷水にあてて急冷する。冷蔵保存する（冷凍もできる）。
5　営業前に4にマスタードを加える。

盛り付け：

サワークリームを生クリームでのばしたソースで皿に線を描く。冷蔵庫で解凍した[A]に[B]をまぶし、描いた線の上に[C]のマーマレードとともにのせる。[A]の上に[C]のチップと[D]をのせ、[B]をふりかける。キンカンのコンポート（p.113参照）、[E]、季節の柑橘類の果肉、エディブルフラワー、オレンジのパウダー（p.265参照）を添える。

キウイフルーツとパイナップルのグラニテ

フルーツを使ったデザートをおいしく作るコツは、フルーツの食べごろを見極めること。

材料（作りやすい量）
キウイフルーツ　2個
パイナップル　適量
シロップ（グラニュー糖1：水1。冷ましたもの）　適量
ヨーグルトのエスプーマ（作りやすい量）
- ヨーグルト（プレーン）　225g
- グラニュー糖　54g
- レモン果汁　4.5g
- 生クリーム（乳脂肪分47%）　23g
- エスプーマコールド　15g

ミントの葉　適量

1　**ヨーグルトのエスプーマ**：材料を混ぜ合わせてエスプーマ用のサイフォンに入れ、ガスを充填し、冷蔵庫で冷やしておく。
2　皮をむいたキウイフルーツを、ミキサーで軽く撹拌し、シロップを加える。
3　皮をむいたパイナップルを小角切りにして2と混ぜ合わせ、バットに広げて冷凍庫で凍らせる。
4　3をフォークで崩して器に盛り、ヨーグルトのエスプーマを絞り、ミントを添える。

ブルーベリーの温かいパイ

季節のブルーベリーをたっぷり使って作る。熱々のパイと溶けかけのアイスクリームの組み合わせは、なんともおいしい。

材料
折りパイ生地（p.71参照）　適量
クレーム・ダマンド（下記参照）　適量
ブルーベリー　適量
ミルクアイスクリーム（p.277参照）　適量

1　折りパイ生地をのばし、直径9.5cmのセルクル型で抜き、型に敷き込む。内側にクレーム・ダマンドを均等に塗り、ブルーベリーをたっぷりのせる。
2　1を200℃のオーブンで25分ほど焼く。
3　焼きたてを器に盛り、ミルクアイスクリームを添える。

○ クレーム・ダマンド

材料（作りやすい量）
バター（溶かしバター）　100g
アーモンドプードル　100g
グラニュー糖　150g
全卵　68g

1　ボウルに卵を入れて泡立て器で溶きほぐし、グラニュー糖を加えて溶けるまで泡立て器でよく混ぜる。
2　1にアーモンドプードルを加えて軽く混ぜる。
3　ゴムベラに伝わせるようにして溶かしバターを2に加え、切るように混ぜる。

桃の瞬間コンポートとライチのソルベ
Compote de pêches à la minute, sorbet litchis

桃の瞬間コンポートとライチのソルベ

栃木県内でも桃を作る農家が何軒かある。ひとつの品種の桃が採れる期間は短く、
使える桃は週単位でかわるため、そのつどコンポートの調整が必要である。
また生のまま真空調理をして使うほうがよい場合もあり、その見極めが重要。

[A] 桃のコンポート

材料（作りやすい量）
桃　3個（約600g）
グラニュー糖　180g
水　320g
レモン果汁　40g
白ワイン（アルコールを飛ばしたもの）
　60g
（フランボワーズのピュレ　桃の品種に
　よって適量）

1　桃以外の材料を鍋に入れて火にか
　ける。
2　桃はよく洗って皮付きのまま半割
　りにする。できるだけ種のギリギ
　リのところに沿わせて包丁を入れ
　て種をとる（種はとりおく）。
3　1の液体が沸いたら2の桃と種を
　入れ、再び沸騰したら落とし蓋を
　し、5分ほど弱火で煮る（皮がは
　がれはじめるのが目安）。
4　熱いうちに、はがせる皮はピンセ
　ットなどではがし、皮も液体に入
　れたままボウルに入れ、ボウルご
　と氷水にあてて冷やす。
5　冷えたら落としラップをして冷蔵
　庫で半日～1日以上ねかせる。使
　用するときに切り分ける。
＊　味の薄い品種や皮が白い品種などの
　場合には、フランボワーズのピュレ
　を液体に適量加えて煮ると、風味が
　引き立ち色もきれいに出る。

[B] 桃のジュレ

材料（作りやすい量）
桃のコンポートの煮汁　500g
水　200g
パールアガー8　25g
グラニュー糖　15g

1　桃のコンポートの煮汁と分量の水
　を鍋に合わせて沸かす。
2　1に、あらかじめ合わせておいた
　グラニュー糖とパールアガーを一
　気に入れ、泡立て器でよく混ぜな
　がら1～2分加熱する。
3　ボウルに移し、氷水にあててよく
　冷やす。

[C] フロマージュブランのムース

材料（作りやすい量）＊1人分20gを使
　用
フロマージュブラン　180g
クリームチーズ　120g
粉糖　12g
生クリーム（乳脂肪分47%）　120g
イタリアンメレンゲ＊180gを使用
┌ 卵白　76g
│ グラニュー糖　120g
└ 水　40g

1　イタリアンメレンゲはあらかじめ
　作り、冷ましておく。生クリーム
　は九分立てにする。どちらも冷蔵
　庫で冷やしておく。
2　クリームチーズと粉糖をボウルで
　よくすり混ぜ、フロマージュブラ
　ンを加えて混ぜ合わせる。
3　1のイタリアンメレンゲと生クリ
　ームをさっくりと合わせ、2に3
　回に分けて加え、なるべく気泡を
　つぶさないように下からすくい上
　げるようにして混ぜ合わせる。
4　深いポットに、布巾を敷き込んだ
　ザルをかけ、3を流す。布巾でム
　ースを包むようにし、全体を覆う
　ようにラップフィルムをかけ、冷
　蔵庫において水切りする。1日経
　ったらタッパー容器に移し、落と
　しラップをして蓋をし、よく密閉
　して冷蔵保存する。使用するとき
　に、直径1cmほどの口金をつけた
　絞り袋に入れる。

[D] ライチのソルベ

p.208参照。

[E] フランボワーズのチップ

材料 (作りやすい量)
フランボワーズのピュレ (市販) 250g
水 125g
グラニュー糖 75g
ジェランガム (SOSA社) 30g

1 フランボワーズのピュレと分量の水を鍋に合わせて沸かす。
2 グラニュー糖とジェランガムを、ボウルでよく混ぜ合わせておく。
3 1が沸いたところに2を一気に加え、泡立て器で混ぜながら中火で1分ほど加熱し、火を止める。
4 3をハンドブレンダーでよく混ぜた後ボウルにあけ、氷水にあててよく冷やし固める。冷えたらタミでパッセする。
5 天板に敷いたシルパットにごく薄くオイルスプレーをし、ヘラで4のペーストを薄くのばす。
6 コンベクションオーブン (80℃、湿度0%、風力3) で数時間乾燥焼きする。温かいうちにヘラではがし、密閉容器にシリカゲルとともに入れて保存する。

[F] 大石プラムのソース

材料 (作りやすい量)
プラム (「大石早生」完熟) 500g
グラニュー糖 200g
レモン果汁 10g

1 プラムはよく洗って半割りにし、種のみとり除く。
2 すべての材料を鍋に合わせて火にかけ、2/3量ほどになるまで煮詰める。
3 2をミキサーにかけて裏漉し、冷やしてディスペンサーに入れる。

[G] ホワイトチョコレートの砂

湯煎で溶かしたホワイトチョコレートに、マルトセックを加えながら泡立て器で混ぜ合わせる。

盛り付け:
[A]～[G]をバランスよく器に盛り合わせる。エディブルフラワーを飾る。

　南国生まれのマンゴーは、国内でも多くは沖縄や九州など温かい地域で栽培されていて、そのイメージも強いのだが、実は栃木県でも栽培されている。これもウナギの養殖と同様に、木材を乾燥させるボイラーの余剰熱を利用して地域ブランドを作る目的で設立された、「那珂川町地域資源活性化協同組合」による試みのひとつである。

　那珂川町で材木店を営む鈴木さんも、そのメンバーのひとり。2013年からマンゴー栽培にとり組み、翌年には収穫に成功。でき上ったアーウィン種のマンゴーは、町名にちなんで「なかよしマンゴー」と名づけられた。濃厚な味と糖度の高さが特徴で、贈答用としても人気が高い。

エキゾチックフルーツのババ

Baba aux fruits exotiques

エキゾチックフルーツのババ

ババは本来酒をたっぷり使用したデザートだが、栃木県では車でご来店されるお客様も多いため、
アルコールはスポイトで別添えにし、調整できるようにしている。

[A]パータババ

材料(作りやすい量) ＊1個分20g

生クリーム(乳脂肪分35%) 32g

牛乳 62g

塩 3g

グラニュー糖 15g

ドライイースト 15g

強力粉 200g

卵(よく溶いておく) 100g

バター(溶かして40℃にする) 60g

ババ用シロップ(作りやすい量)

┌ パッションフルーツ(栃木県真岡産)の
  ピュレ(実の部分を裏漉してとった
  液体。または市販) 250g
  シロップ(グラニュー糖1:水1)
  100g
  水 100g
  ラム酒(アルコールをある程度飛ばし
  たもの) 適量
└ ＊混ぜ合わせる。

1 生クリームと牛乳を合わせて30℃に温め、塩、グラニュー糖、イーストを加えてよく混ぜる。

2 1にふるった強力粉を加えてよく混ぜ、溶いた卵を3/4量加え、まとまってきたら、残りの卵を加えてこねながらまとめていく。

3 2の生地をボウルに入れ、まわりに40℃の溶かしバターを流し、ぬれ布巾でボウルを覆い蓋をする。

4 3を27～28℃の場所に30分おいて発酵させる。その間にセルクル型に薄くオイルを塗り、シルパットを敷いた天板に並べる。

5 膨らんだ4の生地をゴムベラで強く混ぜる。生地を20gに分割し、丸く成形する。

6 セルクル型に5の生地を入れ、二次発酵させる。

7 生地がセルクル型の高さくらいに膨らんだら、200℃に温めたオーブンに入れて2分、175℃に落として8分焼成する。

8 焼き上がった生地の、底の部分とセルクル型からはみ出た部分を切り落とし、横半分に切る。

9 50℃の温かいババ用シロップに、8を並べて浸し、途中上下を反転させて均一に浸す。

[B]マンゴーの筒

材料(作りやすい量。4cm×16cm×厚さ1mmの抜き型と、直径4cmのセルクル型を使用)

マンゴーのピュレ(栃木県那珂川町産)
250g

水 125g

グラニュー糖 60g

ジェランガム(SOSA社) 2.5g

p.276の「和梨のディスク」の作り方1～4同様にして、上記の材料でマンゴーのペーストを作り、作り方5～6を参照して円形の抜き型の代わりに長方形の抜き型で形作り、乾燥焼きする。熱いうちにヘラではがし、直径4cmのセルクル型に巻き付けて円筒状にする。深い密閉容器にシリカゲルとともに入れて保存する。

[C]マンゴーのエスプーマ

材料(作りやすい量)

A

┌ マンゴー(栃木県那珂川町産)の
  ピュレ 380g
  パッションフルーツ(栃木県真岡産)
  果汁 30g
└ 生クリーム(乳脂肪分47%) 120g

卵黄 52g

グラニュー糖 54g

バター(ポマード状) 40g

板ゼラチン 4g(氷水に浸けて戻す)

エスプーマコールド 5～10g

1 Aを鍋に入れて火にかけ、沸騰直前まで温める。

2 卵黄とグラニュー糖をボウルに合わせてすり混ぜ、1を注ぎ、アングレーズを炊く要領で85℃まで加熱し、水気を切ったゼラチンを加える。

3 裏漉してボウルに入れ、氷水にあてて冷やす。

4 3が50℃ほどになったらバターを加え、ハンドブレンダーで攪拌してよく乳化させる。

5 冷蔵庫で冷やし、エスプーマコールドで固さを調節し、エスプーマ用のサイフォンに入れ、ガスを充填しておく。

[D]ジュレソース(別添え)

材料

ババを浸した後のシロップ、パッションフルーツの種部分、レモンとライムのジュレ(p.205参照) 各適量

混ぜ合わせる。

仕上げ・盛り付け：

[A]を[B]に入れて器に盛り、小角切りにしたマンゴーの果肉を入れ、[C]を絞る。ココナッツとバナナのソルベ(p.208参照)をのせ、削ったホワイトチョコレートをかける。[D]を別添えにする(お好みで、ジュレソースをかけていただく)。

＊ラム酒とシロップを合わせてスポイトに入れ、アルコールが飲めるお客様には、筒の中に注入する演出をする。

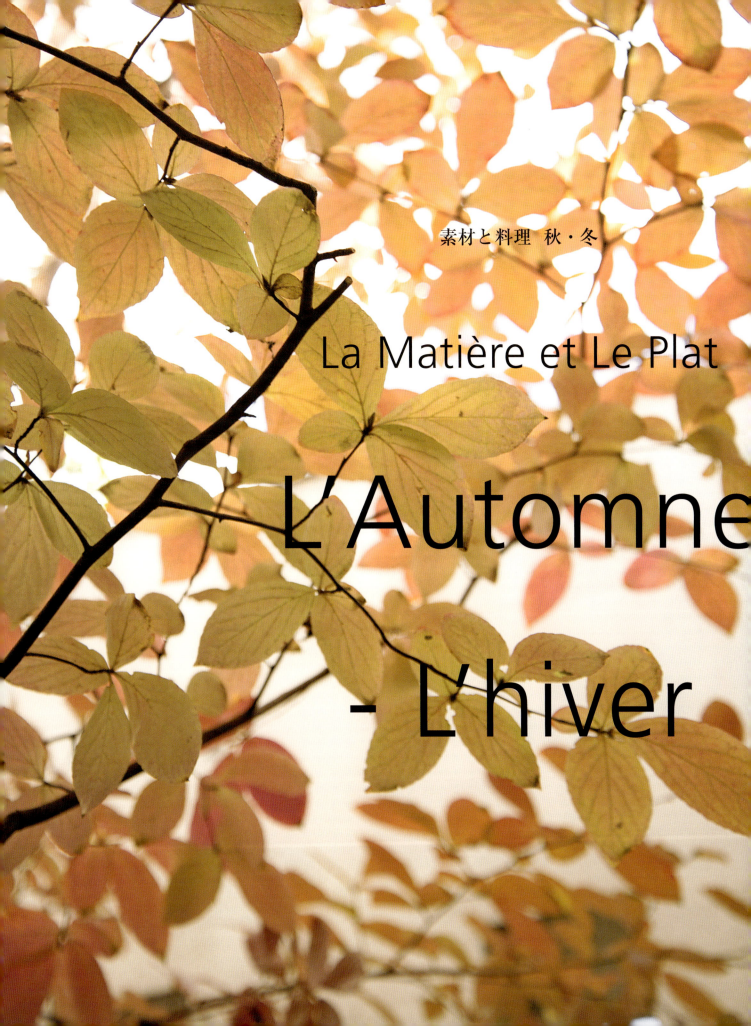

秋 / アミューズ

「今牧場チーズ工房」の熟成庫で、
熟成中のシェーヴルチーズ「茶臼岳」

落花生のタルト
今牧場のウオッシュチーズ"りんどう"
Tartelettes aux cacahouètes

赤ピーマンとナッツのムース、
ロメスコ風
Mousse de poivron rouge
et de noix à la romesco

　栃木県の最北端に位置する那須高原は、年間500万人が訪れる観光地でもある。「今牧場チーズ工房」は、この地で1947年から酪農業を営む今牧場の敷地内にある。社長である今耕一さんの長女ゆかりさんと、ご主人の高橋雄幸さんが立ち上げ、酪農家だからこそできる、ミルクにこだわったチーズ作りにとり組んでいる。
　「チーズを作るなら、ミルクは運ぶな」とは、二人が学んだ北海道「共働学舎」での教えだという。バキュームなどのエアーを使用せず、できるだけ自然の落差を利用してミルクを移動させることで、ミルクのダメージを最小限に抑える。搾乳室の隣に工房を作った理由もここにある。現在は牛乳製チーズのほか、日本ではまだ少ない山羊乳(シェーヴル)チーズも手掛ける。
　チーズは、フランス料理レストランにとって重要な素材。熱心な生産者が近くにいることに感謝したい。

落花生のタルト、
今牧場のウオッシュチーズ"りんどう"

大粒ピーナッツの「おおまさり」をペーストにし、
ブール・ノワゼットクリームや、今牧場チーズ工房の
ウオッシュチーズを合わせた一口アミューズ。

材料
タルト台（プレーン。p.71「朝採りグリーンピースのタルト」
　作り方1〜2参照）　適量
ピーナッツのペースト
┌ ピーナッツ（「おおまさり」殻付き）　適量
└ 牛乳、塩　各適量
ブール・ノワゼットクリーム
┌ バター　80g
│ Gクリーム（中沢乳業製コンパウンドホイップ
│ 　「ナイスホイップG」の本書中での呼び名）　300g
│ 生クリーム（乳脂肪分35%）　60g＋60g
└ 塩　3.3g
ウオッシュチーズ（今牧場チーズ工房の「りんどう」）　適量
黒コショウ、グロセル　各適量

1 **ピーナッツのペースト**：殻付きのピーナッツを、2%
　の塩を加えた湯でゆでて殻をむき、薄皮付きのままパ
　コジェットのビーカーに入れてヒタヒタの牛乳を注い
　で混ぜ、冷凍しておく。使用時にパコジェットにかけ
　る。

2 **ブール・ノワゼットクリーム**：フライパンにバターを
　入れて弱火にかけ、混ぜながらゆっくり焦がし、ブー
　ル・ノワゼットにする。少し冷やし、とろみがついて
　きたらGクリームと生クリーム60g、塩と合わせてス
　タンドミキサーで撹拌する。更に生クリーム60gを加
　えながら濃度を調整する。

3 1のピーナッツのペーストを絞り袋に入れてタルト台
　に絞り入れ、パレットナイフで平らにする。その上に、
　2のクリームを絞り袋に入れて絞る。ウオッシュチー
　ズをすりおろしてかけ、黒コショウとグロセルをふる。

赤ピーマンとナッツのムース、ロメスコ風

赤ピーマンにアーモンドなどを加えて作る、
スペイン料理の「ロメスコソース」がベース。
これをエスプーマにし、春巻きの皮の筒に詰めた。

材料
春巻きの皮　適量
赤ピーマンとナッツのムース
┌ 赤ピーマン　適量
│ アーモンド（スライス。ローストする）　適量
│ シェリーヴィネガー　適量
│ エスプーマコールド　適量
└ オリーブ油、塩　各適量
固ゆで卵の黄身　適量
生ハム（小さく切る）　適量
ノコギリ草（小さく切る）　適量
カイエンヌペッパー　適量

1 春巻きの皮を4cm幅に切る。金属のシリンダー（直径
　1.5cm）にクッキングシートを巻き付け、そこに春巻
　きの皮を巻いて貼り付け、170℃のオーブンできれい
　な焼き色がつくまで焼く。

2 **赤ピーマンとナッツのムース**：赤ピーマンはオリーブ
　油と塩をふり、170℃のオーブンでやわらかくなるま
　で焼く。種と皮をとり除き、ミキサーにかける。途中
　でアーモンド、シェリーヴィネガー、オリーブ油、塩
　を加えて撹拌し、最後にエスプーマコールドを加えて
　混ぜる。エスプーマ用のサイフォンに入れてガスを充
　填し、冷やしておく。

3 ゆで卵の黄身は、裏漉しておく。

4 1の中に2を絞り入れ、両端に3をつけて、器に盛る。
　生ハム（少量の2のムースで貼り付ける）とノコギリ草
　をのせ、カイエンヌペッパーをふる。

秋 / 野菜

ジャガイモとフォワグラのスープ
Soupe de pommes de terre au foie gras

ジャガイモのポタージュと
カチョカヴァッロのグラティネ
Potage de pomme de terre
et fromage caciocavallo gratiné

ポワローのポタージュと
マッシュポテト
Potage de poireaux et pommes purée

ジャガイモとフォワグラのスープ

季節が移り、気温の低い日が続くようになると、温かく濃厚なスープが恋しくなる。
これはフォワグラでコクを加えたリッチなジャガイモスープ。

材料（作りやすい量）
ジャガイモ（メークイン）　120g
フォワグラ　30g
コンソメ（鶏。p.120参照）　60g
フォン・ド・ヴォライユ（p.373参照）　30g
牛乳　60g
生クリーム　30g
塩、ミニョネット　各適量
そば粉のグリッシーニ（右記参照）　適量

1　ジャガイモを皮付きのまま蒸して皮をむき、マッシャーでよくつぶす。

2　テフロン加工のフライパンで、フォワグラを焼く。

3　1のジャガイモのピュレ、コンソメ、フォン・ド・ヴォライユを鍋に合わせて温め、牛乳と生クリームを加える。

4　2のフォワグラを脂ごと3に加え、ミキサーにかける。鍋に戻して熱し、塩を加え、濃度を調整し味を調える。

5　4を器に注ぎ、ミニョネットを散らす。そば粉のグリッシーニを添える。

○そば粉のグリッシーニ

材料（作りやすい量）
中力粉　70g
そば粉　30g
塩　2g
上白糖　3g
生イースト　3g
水　50g
オリーブ油　約10cc
打ち粉（中力粉）　適量

1　ボウルに打ち粉以外の材料をすべて入れ、生地にハリが出るまで手でこねる。

2　1がまとまってきたらボウルにラップフィルムをかけ、温かい場所に30分ほどおいて発酵させる。

3　作業台に打ち粉を少量ふり、2の生地を15gずつ分割して軽く丸め、10分ほどおいて発酵させる。

4　作業台に打ち粉を少量ふり、3を25cm長さの棒状にのばす。半分の長さに切り、オーブンシートを敷いた天板に並べる。200℃のオーブンで15分焼く。

ジャガイモのポタージュと
カチョカヴァッロのグラティネ

加熱することで持ち味が活きる
カチョカヴァッロ・チーズを、
ジャガイモのポタージュにのせてグラティネに。

材料 (作りやすい量)
ジャガイモ (メークイン。大) 3個
フォン・ド・ヴォライユ (p.373参照) 適量
生クリーム 80g
(牛乳 適量)
塩、黒コショウ 各少量
A
┌ 黒オリーブ (種を抜き、みじん切り) ひとつまみ
│ シイタケ (油をひかずにフライパンで焼き、みじん切り)
│ ひとつまみ
│ 生ハム (みじん切り) ひとつまみ
└ 春菊 (茎も葉もブランシールし、みじん切り) ひとつまみ
カチョカヴァッロ・チーズ (刻む) 適量 (50g程度)

1 ジャガイモは皮付きのまま蒸して皮をむき、ミキサーに入れ、ミキサーがまわせる最低量のフォン・ド・ヴォライユを加えて攪拌し、ピュレにする。

2 1を鍋に入れ、生クリームを加えて軽く温め (必要なら牛乳で濃度を調整する)、ごく少量の塩、コショウで味を調える。

3 ソースパンに2を注ぐ。混ぜ合わせたAを散らしてカチョカヴァッロ・チーズをのせ、サラマンドルでグラティネする。

ポワローのポタージュとマッシュポテト

ウオッシュチーズを加えて作るポワローのスープを、
マッシュポテトの上から注ぐ。
口の中で、スープが完成する。

材料 (作りやすい量)
ジャガイモ (メークイン) 1個
牛乳 適量
ヤシオマスの燻製 30g
ポワロー (ゆでたもの) 20g
牛乳製ウオッシュチーズ (今牧場チーズ工房の「りんどう」)
45g
生クリーム 40g
フォン・ド・ヴォライユ (p.373参照) 200g
コンソメ (鶏。p.120参照) 40g
塩、コショウ、白コショウ 適量

1 ジャガイモは皮付きのまま蒸す。皮をむいてつぶし、軽く熱した牛乳を加えてマッシュポテトにする。

2 ゆでたポワローは細かく刻む。ヤシオマスの燻製は小角切りにする。

3 チーズと生クリームを鍋に合わせて温め、フォン・ド・ヴォライユ、コンソメ、2のポワローを加え、適量の水で濃度を調整する。塩、コショウで味を調え、ヤシオマスの燻製を入れる。

4 器に1のマッシュポテトを少量盛り付け、3を注ぐ。白コショウを挽きかける。

田ゼリとジャガイモの温かいサラダ、
鶏レバーのヴィネグレットソース
Salade tiède de seri et pomme de terre,
sauce vinaigrette au foie de volaille

ありったけの焼き野菜
Mélis-mélos de légumes grillés

田ゼリとジャガイモの温かいサラダ、鶏レバーのヴィネグレットソース

根菜やキノコとよく合う白レバーのヴィネグレットを
合わせ、田ゼリのアクセントをきかせて。

材料
鶏白レバー　適量
ジャガイモ（小）　適量
玉ネギ　適量
シイタケ（小）　適量
栗（ゆでて鬼皮と渋皮をむいたもの）　適量
田ゼリ　適量
塩、サラダ油、オリーブ油　各適量
鶏レバーのヴィネグレットソース
┌ 鶏レバー　適量
│ 塩、サラダ油　各適量
└ ヴィネグレットソース（下記参照）　適量
トリュフのヴィネグレット（p.74参照）　適量

1　**鶏レバーのヴィネグレットソース**：掃除した鶏レバー
　　に塩をふり、サラダ油でポワレし、裏漉しする。ヴィ
　　ネグレットソースと合わせて好みの濃度にする。
2　鶏白レバーは食べやすい大きさに切り、塩をふる。サ
　　ラダ油をひいたフライパンで焼く。
3　ジャガイモは蒸して皮をむき、適当な大きさに割る。
　　玉ネギは食べやすい大きさにしてゆでる。シイタケと
　　栗はオリーブ油をひいたフライパンで焼き、軽く塩を
　　ふる。
4　2と3、田ゼリを器に盛り付ける。1のソースをまわし
　　かけ、更にトリュフのヴィネグレットを少量かける。

○**ヴィネグレットソース**

材料（作りやすい量）
サラダ油（またはE.V.オリーブ油）　90〜100g
赤ワインヴィネガー　20g
ディジョンマスタード　15g
塩、コショウ　各適量
＊エシャロットやニンニクのみじん切りを少量加えてもよい。

1　ボウルにサラダ油以外の材料を入れて、泡立て器で軽
　　く混ぜる。
2　ボウルの端から油を少しずつ加えながら、全体をよく
　　混ぜ合わせる。

ありったけの焼き野菜

さまざまな味、食感、色の野菜をシンプルに焼いて
盛り合わせた、野菜を楽しむ一皿。
季節ごとに、旬の野菜で作るとよい。

材料
サツマイモ（安納イモほか）、ジャガイモ、ゴボウ、シイタケ（小）、
　マイタケ、マッシュルーム、カブ、芽カブ、ミニトマト、
　イチジク（軽く塩をふる）、干し柿、紫大根（薄切り）、
　チリメンキャベツ、カリフラワー、インゲン、赤玉ネギ、
　ウド、むかご、長ネギ（「新里ねぎ」）、紫ニンジン、春菊
　各適量
サラダ油　適量
赤ワインヴィネガードレッシング（下記参照）　適量
ハーブ（好みのもの）、菊花、黒米（素揚げしたもの）　各適量

1　サツマイモ、ジャガイモ、ゴボウは、皮付きのまま軽
　　く下ゆでしておく。
2　すべての野菜、果物、キノコ類を食べやすい大きさに
　　切り、サラダ油をひいたフライパンでそれぞれ焼く。
3　2を器に盛り、赤ワインヴィネガードレッシングをま
　　わしかける。ハーブ、菊の花びら、黒米のフリットを
　　散らす。

○**赤ワインヴィネガードレッシング**

赤ワインヴィネガーとE.V.オリーブ油を1：1の割合で合
わせ、塩、コショウで味を調える。

料理人の原点

　宇都宮市内の百貨店に出店しているデリカショップで、30年以上売れ続けている、「大根とハムのサラダ」という人気サラダがある。幅広の短冊状に切った大根とロースハムを、フレンチドレッシングで和えたシンプルなサラダで、日本人にとって身近な食材を、どうおいしく食べてもらうかという発想から生まれた。ドレッシングもオリーブ油やワインヴィネガーを使わずに、一般的な植物油や酢で作っている。日常の食卓にすんなりとなじむおいしさが、長く愛されている理由ではないかと思う。

　そしてもうひとつのロングセラーが、お菓子の「マロンケーキ」。ジェノワーズなどの半端な切れ端を利用して作りはじめたもので、切れ端といえどもおいしいことにかわりのない生地が、簡単に捨てられてしまうことに疑問をもったところから生まれた。

　フランス料理だ、ガストロノミーだという前に、どんな食材でも、その持ち味を活かしておいしく食べてもらうのが料理人。そしてそのためのアイデアと技術があれば、破棄されてしまう食材や料理を減らすこともできる。そんな料理人としての大切な原点を、思い出させてくれる2つである。

温製ブリチーズと春菊
Brie de meaux chaud et shungiku

キノコのコンフィとジャガイモのピュレ

Champignons confits
et purée de pommes de terre

キノコのコンフィとジャガイモのピュレ、
キノコのムース添え

Champignons confits et purée de pommes de terre,
crème de champignons émulsionnée

牛ほほ肉のラグー、椎茸のコンフィ、
ゆべしの香り

Ragoût de joue de bœuf, shiitake confit
sauce vin rouge au "Yubéshi"

マイタケのコンフィ、フォワグラ、
伊達鶏のコンソメ

Maitakes confits et foie gras,
consommé de volaille chaud

温製ブリチーズと春菊

フランスの白カビチーズ、ブリ・ド・モーに、
ジャガイモと春菊を合わせた。温かいチーズと野菜の、
シンプルでおいしい組み合わせ。

材料（1人分）
ブリ・ド・モー　適量
ジャガイモ（メークイン）　1個
春菊　1〜2本
塩　適量
オリーブ油　適量
クルミ（ローストしたもの。刻む）　少量
岩塩　少量

1　ジャガイモは皮付きのまま蒸して皮をむき、半分に割
　　る。オリーブ油をかけて、焼き色が軽くつくまでサラ
　　マンドルで焼く。
2　春菊は洗い、水がついた状態で、オリーブ油をひいた
　　フライパンに入れてさっと炒め、軽く塩をふる。
3　耐熱皿にブリ・ド・モーをのせ、サラマンドルで熱し
　　て溶かす。
4　3に、1のジャガイモと2の春菊を盛り、クルミと岩塩
　　を添える。

キノコのコンフィとジャガイモのピュレ

いつもは脇役のキノコやジャガイモを主役にするのは、
上質のグラス・ド・ヴィヤンド。

材料
キノコ（シイタケ、マイタケなど）　適量
ジャガイモ（メークイン）　適量
牛乳　適量
バター　適量
春菊　適量
グラス・ド・ヴィヤンド（p.373参照）　適量
オリーブ油　適量
塩、コショウ、黒コショウ　各適量

1　キノコに塩をふり、65℃のオリーブ油に10分ほど入
　　れて火を入れる。大きめに切る。
2　ジャガイモは皮付きのまま蒸して皮をむき、ボウルに
　　入れてよくつぶす。

3　牛乳を軽く熱して2に加え、バターを加えて濃度を調
　　整しながら泡立て器で混ぜ、ピュレ状にする。塩、コ
　　ショウで味を調える。
4　オリーブ油を少量ひいたフライパンに、さっと洗って
　　塩をふった春菊を、水がついた状態で入れて炒める。
5　1、3、4を器に盛る。グラス・ド・ヴィヤンドに1の
　　コンフィの油を少量加えて温め、塩、黒コショウで味
　　を調えてかける。

キノコのコンフィとジャガイモのピュレ、
キノコのムース添え

こちらは、泡立てたクレーム・ド・シャンピニヨンを添
えたバリエーション。

上記の作り方1〜4までは同じ。器に盛り、ハンドブレ
ンダーで泡立てたクレーム・ド・シャンピニヨン（下記
参照）をかける。

○クレーム・ド・シャンピニヨン

材料（作りやすい量）
バター　200g
ニンニク（つぶす）　10g
エシャロット（薄切り）　350g
玉ネギ（薄切り）　250g
セロリ（薄切り）　160g
マッシュルーム（薄切り）　4kg
白ワイン　750g
フォン・ド・ヴォライユ（p.373参照）　4.5ℓ
生クリーム、牛乳　各適量

1　鍋にバターとニンニク、エシャロット、玉ネギ、セロ
　　リを入れてゆっくりスュエした後、マッシュルームを
　　入れてスュエする（焦がさないように注意する）。
2　1に白ワインを加えてアルコールを飛ばした後、フォ
　　ン・ド・ヴォライユを加え、蓋をして1時間ほど弱火
　　で加熱する。充分に味と香りが出たら、シノワでしっ
　　かり漉す。
3　使用時に2を必要量とり分けて、生クリームと牛乳を
　　加えて味を調え、ハンドブレンダーで泡立てる。
＊　充分に成長した、新鮮でおいしいマッシュルームで作る。

牛ほほ肉のラグー、椎茸のコンフィ、ゆべしの香り

牛肉の赤ワイン煮込みのソースに、奈良県十津川村の
ゆべしをピュレにして溶かし込み、風味を加えた。

材料（1人分）
シイタケ　1個
牛ほほ肉のラグー（p.94作り方1～4参照）　適量
ゆべし風味の赤ワインソース（作りやすい量）
┌ 赤ワインヴィネガー　120g
│ 蜂蜜　60g
│ 牛ほほ肉のラグーの煮汁（p.94作り方1～3参照）　2ℓ
│ 赤ワイン　1ℓ
│ ブールマニエ　適量
└ ゆべし（十津川ゆべし）　少量
マコモダケ　適量
オリーブ油、塩　各適量
シイタケのパウダー（下記参照）　少量

※十津川ゆべし：奈良県十津川村の特産品。くり抜いたユズの
中に味噌やそば粉、もち米などを詰めて蒸し、藁でくるんで干
して作る保存食で、ご飯やお茶漬けに合わせたり、酒の肴とし
て食べられている。

1　**ゆべし風味の赤ワインソース**：鍋に蜂蜜を入れて火に
　　かけ、キャラメリゼする。赤ワインヴィネガーを加え
　　て混ぜ、更に赤ワインを加えてよく煮詰める。牛ほほ
　　肉のラグーの煮汁を加えて味を調え、ブールマニエで
　　つなぐ。
2　ゆべしは薄切りにし、鍋に入れて水を適量加えて煮る。
　　ミキサーにかけて、ピュレにする。
3　1に2を加えて温めながら混ぜ合わせる。
4　シイタケは石づきをとり、少量のオリーブ油をひいた
　　フライパンに入れ、弱火で蒸し焼きにする。軽く塩を
　　ふる。
5　牛ほほ肉のラグーを細かくほぐし、4のシイタケのカ
　　サの内側に詰める。
6　マコモダケは薄い輪切りにし、軽くあぶる。
7　3のソースを皿に敷き、5を盛り付け、6をのせる。シ
　　イタケのパウダーをふる。

○ **シイタケのパウダー**
シイタケに刷毛で醤油を少量塗り、コンベクションオー
ブン（90℃）でパリパリになるまで乾燥させる。ミルでパ
ウダーにする。

マイタケのコンフィ、フォワグラ、伊達鶏のコンソメ

伊達鶏でとったおいしいコンソメを、
秋のイメージの素材と合わせた。
マイタケは、しっかりとした肉厚のものを使いたい。

材料
マイタケ（栃木県日光産）　適量
フォワグラ（薄切り）　適量
ギンナン　適量
コンソメ（鶏。p.120参照）　適量
オリーブ油　適量
揚げ油、塩、ミニョネット　各適量

1　マイタケに塩をふり、65℃のオリーブ油に10分ほど
　　入れて火を入れる。
2　1のマイタケの油を切り、大きめに裂いて、フライパ
　　ンで香ばしく焼き目をつける。
3　フォワグラはテフロン加工のフライパンでポワレし、
　　ギンナンは殻からとり出して素揚げし、薄皮をとる。
4　2と3を器に盛り、熱したコンソメを注ぎ入れる。塩
　　とミニョネットを添える。

仔羊のラグーと
ナスのシャルロット
Charlotte d'agneau aux aubergines

和栗のポタージュ
Potage de châtaignes Japonaises

仔羊のラグーとナスのシャルロット

相性のいい仔羊とナスを合わせ、
円筒形のシャルロット仕立てに。クラシックな
仕立てが、かえって新鮮に見える。

材料（作りやすい量）
ナス　10〜12本
オリーブ油、塩　各適量
仔羊のラグー
┌玉ネギのキャラメリゼ
│┌玉ネギ　2個
│└サラダ油、バター、グラニュー糖、塩　各適量
│仔羊肩肉（かぶりを含む）　2kg
│A
│┌ニンニク（薄皮付き）　2粒ほど
││玉ネギ（みじん切り）　少量
││トマト（完熟）　少量
││フォン・ド・ヴォライユ（p.373参照）　適量
││仔羊のジュ（p.55参照）　少量
│└タイム、ローリエ　各少量
└サラダ油、塩、黒コショウ　各適量
ジャガイモ（蒸したもの）　適量

1　ナスは縦6〜7枚ほどに切り分ける。オリーブ油をま
　　わしかけて天板に並べ、170℃のオーブンで火が通る
　　まで焼く。
2　**仔羊のラグー**：玉ネギのキャラメリゼを作る。玉ネギ
　　をみじん切りにし、サラダ油とバターで炒める。グラ
　　ニュー糖と塩を少量ふりながら、キャラメリゼする。
3　仔羊肉は全体に塩をふる。サラダ油をひいた鍋に入れ
　　て全体に焼き目をつけた後、Aを加え、肉がやわらか
　　くなるまで弱火で煮込む。肉はとり出して細かくほぐ
　　す。鍋に残ったソースはシノワで漉し、塩、黒コショ
　　ウで味を調える。
4　3の肉と適量のソース、2の玉ネギを混ぜ合わせる。
5　1のナスを、銅鍋の内側に放射状に貼り付ける。
6　5に4のラグーと残りの1のナスを交互に重ね入れる。
　　最後は鍋からはみ出たナスや残りのナスで蓋をするよ
　　うにする。鍋ごと160℃のオーブンに入れて焼く。
7　少しやすませた後、鍋からとり出して器に盛り、蒸し
　　たジャガイモと残った3のソースを添える。

和栗のポタージュ

おいしい栗とおいしいフォン、おいしい牛乳が揃えば、
間違いなくおいしくなるスープ。

材料（作りやすい量）
玉ネギ（みじん切り）　50g
セロリ（みじん切り）　40g
バター　60g
栗（蒸して鬼皮と渋皮をむいたもの）　500g
フォン・ド・ヴォライユ（p.373参照。軽いもの）　500g
牛乳　500g
生クリーム　60g
塩、コショウ　各適量
シイタケ（適宜に切り、バターでソテーしたもの）　適量
イタリアンパセリ（みじん切り）　適量

1　鍋にバターと玉ネギ、セロリを入れ、焦がさないよう
　　に炒める。火が入ったら、蒸した栗とフォン・ド・ヴ
　　ォライユを加え、やわらかくなるまで加熱する。
2　1をミキサーで撹拌して漉す。鍋に戻して温め、牛乳
　　を入れて生クリームを加え、塩、コショウで味を調え
　　る。
3　2をハンドブレンダーで泡立てて器に注ぎ、シイタケ
　　とイタリアンパセリを浮かべる。

鶏のクネル、クレーム・ド・マロン
Quenelle de suprême de volaille, crème de marrons

「宇都宮大学農学部附属農場」の栗の木

鶏のクネル、クレーム・ド・マロン

やわらかい鶏のささみのクネルに、栗の風味そのままの
クレームを泡立て、たっぷりかける。

材料(作りやすい量)
クネル
┌ 鶏ささみ　250g
├ 生クリーム　120g
├ フォン・ド・ヴォライユ(p.373参照)　約80g
└ 塩、コショウ　各適量
栗のクレーム(クレーム・ド・マロン)
┌ むき栗(生)　10個
├ 牛乳　90g
├ フォン・ド・ヴォライユ(p.373参照)　45g
└ 生クリーム　適量
栗のチップ
└ むき栗(生)、揚げ油　各適量
ラルド　1枚
蜂蜜(好みで)　少量

1 **クネル**：鶏ささみはスジなどを掃除し、ロボクープにかけてムース状にする。ボウルに入れて氷水にあて、生クリームを少しずつ加えながら、よく混ぜ合わせる。更にフォン・ド・ヴォライユを必要なだけ加えてよく混ぜ合わせ、塩、コショウで味を調える。デザートスプーンで形作り、スチームコンベクションオーブンのスチームモード(100℃)で7分ほど蒸して、火を入れる。

2 **栗のクレーム**：鍋にむき栗、牛乳、フォン・ド・ヴォライユを合わせて栗がやわらかくなるまで煮る。ミキサーで撹拌し、生クリームを加えて味を調整する。

3 **栗のチップ**：むき栗を薄くスライスし、パリッと素揚げする。

4 皿に1のクネルを盛り、ラルドをのせて、サラマンドルで軽く焼く。

5 2の栗のクレームをハンドブレンダーで泡立てて、4に注ぐ。3の栗のチップをのせ、好みで蜂蜜をかける。

宇都宮大学農学部の附属農場は、教育・研究の実践フィールドとしてとても恵まれた環境にあり、農場内の水田、畑、果樹園、放牧場などで、地域に適した作物の栽培、乳牛や肉牛の飼育などを行なっている。

ここで作られた栗や牛乳は、僕たちのレストランでも使わせていただいている。牛乳は脂肪分が高く、風味がいい。40本ほどある栗の木は全部で7品種。学生たちの実習に合わせ、収穫時期を少しずつずらして植えられている。

また、学長にお声掛けいただいた縁で、僕はここで年に3回ほど、講義と実習を担当している。大学の附属農場はもちろん学生の勉強や研究のための場であるのだが、これからはそこからもう少し踏み込んで、「食」とのつながりがもっと見えるようになればと思う。そんなことを考えながら、お話をさせていただいている。

農場内では乳牛も育て、搾乳実習が行なわれている。乳牛が放牧場をのんびりと歩き、その場に生えている牧草を食べるという、日本では珍しい光景が見られる。

秋 / 魚介

サンマの燻製と白菜の燻製ヨーグルト風味
Balaou du Japon fumé, chou chinois au yaourt

サンマと緑ナスのテリーヌ
Terrine de balaou du Japon
et aubergine verte

サバのコンソメ
Consommé de maquereau

サンマの燻製と白菜の燻製ヨーグルト風味

さっぱりとした白菜のサラダが、
軽く燻したサンマとよく合う。

材料(1人分)
サンマ(三枚におろした身) 1枚
白菜(芯の部分) 適量
フレンチドレッシング(下記参照) 適量
燻製ヨーグルト(下記参照) 適量
赤玉ネギ(「ルビーオニオン」薄い輪切り) 適量
赤玉ネギ(「ルビーオニオン」)のピクルス(赤玉ネギをゆでて、
　　ピクルス液〈p.133参照〉に2日以上漬ける) 少量
菊花 適量
春菊の葉 適量

1　サンマを冷燻にする。
2　白菜の芯の部分を縦に細切りにし、フレンチドレッシングと燻製ヨーグルトで和える。
3　1と2を器に盛る。サンマに輪切りの赤玉ネギ、赤玉ネギのピクルスをのせ、白菜に菊の花びらと春菊の葉を散らす。

○燻製ヨーグルト

ヨーグルト(プレーン)を、クッキングペーパーを敷いたザルに入れて1日おいて水切りした後、冷燻して塩で味を調える。

○フレンチドレッシング

材料(作りやすい量)
サラダ油 200cc
酢(好みのもの) 50cc
マスタード粉(好みのもの) 小さじ山盛り1
玉ネギ(すりおろし) 30g
ニンニク(すりおろし) 少量
塩 小さじ1(好みで)
コショウ 少量

ボウルにサラダ油以外の材料を入れて、泡立て器で混ぜ合わせる。ボウルの端からサラダ油を少しずつ加えながら、全体をよく混ぜ合わせる。

サンマと緑ナスのテリーヌ

ナスとサンマという王道の組み合わせに、
和梨のみずみずしい食感と爽やかな甘みを添えた。

材料(作りやすい量)
サンマ 1尾
緑ナス 1/2本(焼くときは1本で)
板ゼラチン(氷水に浸けて戻す) 1枚
ヨーグルトソース(クッキングペーパーを敷いたザルに1日
　　入れて水切りしたプレーンヨーグルトに塩、レモン果汁、
　　E.V.オリーブ油を加えて混ぜ合わせる) 適量
水ナスのピクルス(下記参照) 適量
マイクロキュウリ 適量
赤オクラ 適量
和梨(薄切り) 適量
花穂紫蘇 少量
緑カラシ菜 少量
クルミ(ローストしたもの) 少量

1　サンマは三枚におろし、冷燻する。
2　緑ナスは網焼きして皮をむき、縦半分に切り、クッキングペーパーで水分を軽くぬぐう。
3　2の緑ナスに水気をとったゼラチンを巻き付け、これを1の2枚のサンマで挟む。ラップフィルムで包んで形を整え、スチームコンベクションオーブンのスチームモード(55℃)で温めてゼラチンを溶かした後、冷蔵庫で冷やしておく。
4　3を食べやすい大きさに切り、ヨーグルトソースをひいた皿に盛り付ける。水ナスのピクルス、食べやすい大きさに切ったマイクロキュウリ、赤オクラ、和梨、花穂紫蘇、緑カラシ菜を添える。クルミを砕いて散らす。

○水ナスのピクルス

リンゴ酢300g、水1ℓ、塩70g、砂糖50g、赤唐辛子1本、ディル3本、オレンジ果汁300gを合わせて沸かし、ピクルス液とする(作りやすい量)。皮をむいて一口大に切った水ナスとともに真空用袋に入れて、真空にし、2分ほどおいてとり出す。

サバのコンソメ

シンプルなスープをインパクトのある盛り付けで。
大根は、サバの強さとバランスをとるために
添えている。

材料（1人分）
サバ（サクどりした刺身用の身に塩を少量ふり、冷燻し、
　食べやすい大きさに切ったもの）　1切れ
大根　適量
サバのコンソメ
┌ サバのアラ（60℃ほどの低温で火を入れ、小さく切った
│　もの）　適量
│ A
┌ ニンジン（5mm角切り）、玉ネギ（5mm角切り）、
│　長ネギ（5mm角切り）　各適量（同量ずつ）
└
│ ローリエ　適量
│ 卵白　適量
└ コンソメ（鶏。p.120参照）　適量

1　冷燻したサバを、スチームコンベクションオーブンの
　　スチームモード（38℃）で加熱する。
2　**サバのコンソメ**：鍋にサバのアラ、Aの野菜、ローリ
　　エ、卵白、適量の水を入れてよく混ぜる。鶏のコンソ
　　メを入れて混ぜた後、強火にかける。沸騰直前に火を
　　弱め、通常のコンソメと同様に、アクをとりながら味、
　　香りが出るまでゆっくり加熱する。レードルですくっ
　　てクッキングペーパー（または布）で漉す。
3　大根を、スライサーでごく薄くスライスして器に入れ、
　　その上に1のサバをのせ、2のコンソメを注ぐ。

スズキのポワレ ラルド風味、ヴィヤンドソース　p.250

淡白なスズキに、ラルドをピケして味と香りを加え、
肉系のソースを合わせた。

材料（1人分）
スズキ（肉厚の切り身）　1切れ
ラルド　適量
原木シイタケ（出はじめの小さいもの）　2〜3個
カブ　1/2個
コンソメ（鶏。p.120参照）　適量
グラス・ド・ヴィヤンド（鶏。p.373参照）　少量
E.V.オリーブ油　適量
塩、コショウ、オリーブ油、ミニョネット　各適量

1　スズキの身にピケ針でラルドを通す。軽く塩をふる。
2　フライパンにオリーブ油をひき、1を皮目から入れて
　　焼く。同じフライパンでシイタケも同時に焼く（ラル
　　ドから出た脂をからめながら）。
3　カブは皮付きのまま220℃のオーブンで焼く。
4　2のフライパンからスズキとシイタケをとり出し、フ
　　ライパンにコンソメと少量のグラス・ド・ヴィヤンド
　　を入れて、少し煮詰める。E.V.オリーブ油を適量加え、
　　塩、コショウで味を調えてソースとする。
5　4のスズキとシイタケ、3のカブを器に盛り、カブの
　　上にソテーしたラルドをのせる。4のソースをかけ、
　　ミニョネットをふる。

スズキのポワレ ラルド風味、ヴィヤンドソース p.249

Poêlé de bar lardé,
sauce viande aux olives

サワラと大和イモのクルート、酒粕風味の蟹のコンソメ

Scombre en croûte de igname du Japon,
consommé de crabe à la lie de saké

オマールのポシェ、栃木の野菜添え

Homard poché, légumes de racines rôtis

サワラと大和イモのクルート、
酒粕風味の蟹のコンソメ

大和イモ（ツクネイモ）のおいしさを活かしたいと、
考えた料理。大和イモのやわらかい食感と
ほのかな甘みが、蒸したサワラとよく合った。
粕汁のイメージで、酒粕を使ったソースを合わせて
全体をまとめている。

材料（1人分）
サワラ（切り身）　1切れ
A
- 塩　サワラの重量の0.9%
- トレハロース　サワラの重量の0.3%

大和イモ（ツクネイモ）　適量
コンソメ（鶏。p.120参照）　適量
ソース
- 昆布水（刻んだ利尻昆布を一晩水に浸けておいたもの）　適量
- カニのコンソメ（カニの殻を焼いて、水を加えて加熱し、味が出たら漉して煮詰める）　適量
- 酒粕、白味噌　各適量

澄ましバター　少量
カラシ菜、セロリのスプラウト、菊花、大和当帰葉パウダー（市販）　各少量

※ここで使用した大和イモは、奈良県在来のツクネイモの品種。黒皮げんこつ型で、粘りが強い。奈良県では伝統野菜のひとつに認定されている。

1　サワラは皮をとり、Aの塩とトレハロースをまぶしておく。
2　大和イモはすりおろし、鶏のコンソメを加えてのばす。
3　**ソース**：昆布水にカニのコンソメを加え、酒粕、白味噌で味を調える。
4　1のサワラの表面に澄ましバターを刷毛で塗り、密着するようにラップフィルムで包み、スチームコンベクションオーブンのスチームモード（65℃）で、芯温48℃まで熱する。
5　4のサワラをとり出し、上に2をのせ、サラマンドルで軽く焼く。
6　3のソースを器に流し、5を盛り付ける。カラシ菜、セロリのスプラウト、菊の花びらをのせ、大和当帰葉パウダーをふりかける。

オマールのポシェ、栃木の野菜添え

地元で採れたさまざまな野菜を、オマールと合わせ、
伊達鶏のコンソメをベースにしたクリアなソースで
シンプルに召し上がっていただく。
この時期の野菜は甘みが強いため、ソースの
ヴィネガーでバランスをとる。

材料（1人分）
オマール　1本
オリーブ油　適量
野菜
- 紫大根、紅くるり大根、姫ニンジン　各適量
- シイタケ　適量
- ウド　適量
- むかご　適量
- ゴボウ　適量

ソース（数字は割合）
- コンソメ（鶏。p.120参照）　10
- フォン・ド・ヴォライユ（p.373参照）　2
- グラス・ド・ヴィヤンド（鶏。p.373参照）　1
- E.V.オリーブ油　6
- 赤ワインヴィネガー　1
- 塩　適量

セルバチコ、ニンジンの葉（素揚げしたもの）　各少量

1　紫大根、紅くるり大根、姫ニンジン、ウド、シイタケは、オーブンで軽く焼く。むかご、ゴボウはゆでる。大きいものは食べやすい大きさに切っておく。
2　オマールは、沸騰した湯に6分入れてゆで、火を止めてそのまま5分ほどおいてから殻をむく。
3　**ソース**：コンソメを温め、フォン・ド・ヴォライユ、グラス・ド・ヴィヤンド、赤ワインヴィネガーを加えて温めながら合わせ、E.V.オリーブ油を加え、塩で味を調える。
4　2のオマールの身にオリーブ油を刷毛で塗り、サラマンドルで軽く焼く。1の野菜とともに器に盛り、3を注ぐ。セルバチコとニンジンの葉を散らす。

[p.21の料理]
伊達鶏白レバーのフラン、オマールのムースリーヌ

材料
白レバーのフラン（作りやすい量）＊1人分60gを使用
┌ 鶏白レバー（血合とスジをとったもの）　125g
│ 卵　2個（120g）
│ 牛乳　80g
│ 生クリーム　30g
│ モワル（牛の骨髄）　18g
│ ニンニク　少量
└ 塩、コショウ　各適量
オマールのムースリーヌ（4人分）
┌ オマールバター（右記参照）　15g
│ ジュ・ド・トリュフ（p.74参照）　適量
│ ベースのオマールソース（右記参照）　160g
│ コニャック　適量
│ 生クリーム　160g
│ オランデーズソース（p.54参照）　140〜160g
└ 塩、コショウ　各適量
オマールの身、塩、コショウ　各適量

1 **白レバーのフラン**を作る。鶏白レバーの血合いをと
　 り除き、ミキサーに入れ、卵、牛乳、生クリーム、
　 モワル、ニンニクを加え、軽く塩、コショウをして
　 攪拌する。

2 1をシノワで漉し、塩、コショウで味を調える。

3 器に2を流し入れ、スチームコンベクションオーブ
　 ンのスチームモード（85℃）で15分ほど（量による）
　 蒸す。

4 **オマールのムースリーヌ**を作る。鍋にオマールバタ
　 ーを入れて熱し、コニャックでデグラッセし、ジュ・
　 ド・トリュフとベースのオマールソースを加え、半
　 量以下になるまで煮詰める。

5 4に生クリームを加えて少し煮詰め、火からおろし
　 てオランデーズソースを加えて混ぜる。塩、コショ
　 ウで味を調える。

6 オマールの身は軽く塩、コショウをしてオーブンで
　 火を入れる。3の上にのせ、5のソースを注ぐ。

○ **オマールバター**

1 よくつぶしたオマールの殻を、適量のバターでよく炒
　 める。殻が色づいたら、溶かしバターをヒタヒタに加
　 えてオーブンに入れ、オマールの色、味、香りがバタ
　 ーに充分に移るまで火を入れる。

2 1に冷水を注ぎ、冷蔵庫に1日入れておく。

3 2の上に浮いて固まったバター分をとり、火にかけて
　 溶かす。シノワで漉し、更に布漉しする。

○ **ベースのオマールソース**

材料（作りやすい量）
オマールの殻（よくつぶしたもの）　2.5kg
玉ネギ（5mm角切り）　500g
ニンジン（5mm角切り）　250g
セロリ（5mm角切り）　100g
ニンニク（薄皮付き。軽くつぶす）　1粒
コニャック　30（〜40）g
トマトピュレ　200g
フォン・ド・ヴォライユ（p.373参照）　3.6kg
ブーケ・ガルニ（長ネギの青い部分、パセリの茎、セロリ、
　 ローリエ、タイム）　1束
バター　50g
サラダ油　少量

1 鍋にバターと少量のサラダ油を入れ、玉ネギ、ニンジ
　 ン、セロリ、ニンニクを炒める。オマールの殻を加え、
　 赤くなるまでよく炒める。

2 コニャックでデグラッセし、フランベした後、トマト
　 ピュレ、フォン・ド・ヴォライユ、適量の水、ブーケ・
　 ガルニを入れて加熱する。よくアクをとりながら、し
　 っかりと味を出す。

3 シノワで裏漉しする。

秋 / 肉

鹿のロースト、シェーヴルのラヴィオリ、
ニンジンのピュレ、胡椒風味のソース
Chevreuil rôti, ravioli de fromage chèvre,
purée de carottes, sauce poivrade

黒大根とフォワグラのポワレ
Foie gras poêlé
au radis noir caramelisé

豚肉のクレピネット、アサリ、
新生姜のムース
Crépinettes de porc, palourde,
mousse au gingembre

鹿のロースト、シェーヴルのラヴィオリ、
ニンジンのピュレ、コショウ風味のソース

鹿と相性がいいニンジンやカカオ、ナッツを合わせて一皿に。

材料（作りやすい量）
鹿ロース肉（オリーブ油とジュニエーヴルでマリネしたもの）
　適量
オリーブ油、バター　各適量
シェーヴルチーズのラヴィオリ
　生地
　　強力粉　500g
　　カカオパウダー　80g
　　卵　250g
　　塩　適量
　ファルス
　　シェーヴルチーズ（今牧場チーズ工房の「茶臼岳」）　100g
　　アーモンドダイス　20g
　　塩　適量
　　＊混ぜ合わせる。
紫ニンジンのグラッセ
　紫ニンジン、バター、オリーブ油、塩　各適量
ニンジンのピュレ
　ニンジン、バター、塩、トロメイク　各適量
ソース・ポワヴラード
　鹿のフォン（フォン・ド・ヴォライユ〈p.373参照〉の
　　鶏ガラを鹿の骨に替え、同様にとったもの）　850g
　ジュ・ド・ヴォライユ（p.373参照）　360g
　赤ワインヴィネガー　300g
　エシャロット（みじん切り）　150g
　ミニョネット　11g
　バター、フェキュール　各適量
炭のチュイル
　フォン・ド・ヴォライユ（p.373参照）、オリーブ油
　　各適量
　炭パウダー　適量
　強力粉　適量
ブール・フォンデュ（p.157参照）　適量
ハーブオイル（p.149参照）　適量
赤カタバミ、セロリの新芽、ニンジンの葉（素揚げしたもの）
　各適量
柑橘と生姜のパウダー（オレンジやレモンの皮と生姜の皮を、
　70℃のオーブンで乾燥させ、ミルサーでパウダーにした
　もの）　少量

1　**シェーヴルのラヴィオリ**：生地を作る。強力粉、カカオパウダー、塩を合わせてふるい、溶きほぐして漉した卵と混ぜ合わせる。ひとまとめにして真空用袋に入れて真空にし、1日おいてなじませる。

2　1の生地をのばして適当な大きさの四角に切り、ファルスを詰めて、成形する。

3　**紫ニンジンのグラッセ**：鍋に紫ニンジン、適量の水、バター、オリーブ油、塩を入れ一度沸かした後、弱火にする。紫ニンジンにある程度火が入ったらとり出し、煮汁を煮詰め、最後に紫ニンジンを戻してからめる。

4　**ニンジンのピュレ**：サーモミックスにニンジン、バター、塩を合わせて94℃で火入れし、やわらかくなったらトロメイクを加えてピュレにする。

5　**ソース・ポワヴラード**：鍋に赤ワインヴィネガー、エシャロット、ミニョネットを合わせて火にかけ、煮詰める。鹿のフォンとジュ・ド・ヴォライユを加えて充分に味が出るまで更に煮詰め、バターとフェキュールを加えてとろみをつける。

6　**炭のチュイル**：フォン・ド・ヴォライユと同量のオリーブ油を合わせ、炭パウダーと強力粉を少量ずつ加えて混ぜ合わせる。スプーンですくって熱したフライパンに入れて焼く（網状になる）。

7　鹿肉はオリーブ油とともに真空用袋に入れて真空にし、54℃のウォーターバスに入れて火を入れる。とり出してフライパンで表面を焼き、最後にバターを加え、ムース状のバターをからめて香りをつける。

8　器に4のニンジンのピュレ、5のソース・ポワヴラードを敷いて、1人分に切り分けた7の鹿肉、湯でゆでてブール・フォンデュをからめた2のラヴィオリ1個、3の紫ニンジンのグラッセを盛り付ける。少量のハーブオイルを散らし、ラヴィオリの上に6の炭のチュイルをのせ、赤カタバミ、セロリの新芽、ニンジンの葉をあしらう。柑橘と生姜の皮のパウダーを添える。

豚肉のクレピネット、アサリ、新生姜のムース

ゼラチン質がおいしい豚足で豚肉のファルスを包み、
アサリの旨みと新生姜の爽やかな風味を加えた。

材料

豚足　適量

豚のジュ(仔羊のジュ〈p.55参照〉の仔羊の骨を豚の骨に替え、
　同様にとったもの)　適量

ローリエ、タイム、ニンニク(粒のまま)　各適量

ファルス

　┌ 豚トロ　適量
　│ 豚もも肉　適量
　│ ニンニク(みじん切り)、エシャロット(みじん切り)
　│ 　各適量
　│ シメジ　適量
　│ 卵　適量
　└ オリーブ油、塩、コショウ、トレハロース　各適量

クレピネット　適量

アサリ　適量

葛粉　適量

生姜のムース

　└ 新生姜、塩、レシチン　各適量

E.V. オリーブ油　適量

1　豚足をタコ糸でしばり、豚のジュとともに鍋に入れて
　火にかけ、沸騰したらアクをとり、ローリエ、タイム、
　ニンニクを入れる。わずかに沸騰する火加減で、やわ
　らかくなるまで火を入れる。

2　1の豚足を煮汁からとり出し(煮汁はとりおく)、粗熱
　がとれたら皮がやぶれないよう注意してきれいに骨を
　とり除く。バットにおいて、平らにする。

3　**ファルス**:豚トロ、豚もも肉は塩、コショウ、トレハ
　ロースをまぶして1日おいた後、粗挽きにする。

4　ニンニクとエシャロットはオリーブ油でソテーする。
　シメジはオリーブ油でソテーした後、細かく切る。

5　3に4と卵を加えて混ぜ合わせる。

6　5を2の豚足の上にのせ、円筒形に巻いた後クレピネ
　ットで巻く。ラップフィルムで全体をしっかり巻いて締
　め、更にアルミ箔で巻く。真空用袋に入れて真空にし、
　70℃のウォーターバスでしっかり中まで火を入れる。

7　アサリを鍋に入れて水を加え、蓋をして火にかける。
　殻が開いたら身をとり出しておく。

8　2の豚足の煮汁と7のアサリの煮汁を合わせて温め、
　葛粉で軽くとろみをつける。

9　**新生姜のムース**:新生姜をすりおろし、適量の水とと
　もに鍋に入れて火にかける。沸騰したらすぐに漉して
　レシチンと塩を加え、ハンドブレンダーで泡立てる。

10　6をラップフィルムからとり出して、フライパンで表
　面に焼き色をつけ、食べやすい厚さに切る。

11　10と7のアサリの身を器に盛り、8をかけ、9を添える。
　E.V.オリーブ油をかける。

黒大根とフォワグラのポワレ

大根やカブ、ニンジンなどの根菜類は、
さまざまな色や形、大きさのものがあり楽しい。
上手に使いたい。

材料

フォワグラ　適量

黒大根　1本

栗(ゆでて鬼皮と渋皮をむいたもの)　1個

塩、砂糖　各適量

薄力粉、サラダ油、バター　各適量

マデラソース(下記参照)　適量

生クルミ(つぶして砕く)　適量

1　フォワグラは軽く塩をふり、薄力粉をつけて、サラダ
　油をひいたフライパンで焼く。

2　黒大根はさっとゆで、縦半分に切る。バターをひいた
　フライパンに入れて焼く。塩をふり、ひとつまみの砂
　糖を加えてキャラメリゼする。葉もさっとゆでておく。

3　栗もバターをひいたフライパンで焼き、軽く塩をふり、
　ひとつまみの砂糖でキャラメリゼする。

4　1、2、3を器に盛り、温めたマデラソースをかけ、ク
　ルミを散らす。

○**マデラソース**

マデラ酒を煮詰め、ジュ・ド・トリュフ(p.74参照)とグ
ラス・ド・ヴィヤンド(鶏。p.373参照)を加えて更に煮詰
める。バターを少量加えてモンテし、塩、コショウで味
を調える。

栗蜂蜜とほうじ茶でマリネした鴨のロースト、サヤインゲンと新ゴボウ

Mariné de canard au miel de châtaigne
et au thé japonais torréfié rôti,
mange-tout, racine de bardane nouvelle

鴨とフォワグラのロール仕立て、キノコのピクルス添え

Rouleau de canard au foie gras,
pickles de champignons

鴨胸肉のポワレ、
ヴィネガー風味の赤玉ネギのロースト
Filet de canard poêlé,
rôti d'oignon rouge au vinaigre

栗蜂蜜とほうじ茶でマリネした鴨のロースト、サヤインゲンと新ゴボウ

蜂蜜の甘みを加え、皮目をパリッと焼いた鴨に
野菜を加えたシンプルな皿。
マリネ液には、ほうじ茶で香りをつけている。

材料(作りやすい量)
鴨胸肉　1枚
塩　適量
A
- 栗の蜂蜜　40g
- 白ワイン　40g
- ほうじ茶(抽出液)　適量
新ゴボウ　適量
サヤインゲン　適量
ヴィネグレットソース(p.192参照)　適量
揚げ油　適量

1 鴨胸肉は、皮目に細かく格子状の切り目を入れる。塩を少量ふり、Aのマリネ液を全体にかけてよく和え、1日ほどマリネする。
2 1の鴨肉を、熱したフライパンに入れて皮面に焼き色をつけた後、160℃のオーブンに入れ、途中でマリネ液をかけてキャラメリゼしながら、ロゼに火を入れる。
3 新ゴボウはせん切りにし、素揚げする。
4 サヤインゲンは塩ゆでし、ヴィネグレットソースで和える。
5 食べやすい大きさに切った2の鴨肉、3のゴボウ、4のサヤインゲンを器に盛る。

鴨とフォワグラのロール仕立て、キノコのピクルス添え

キャラメリゼした玉ネギとキノコのピクルスで
味と食感にメリハリをつけ、
トーストにのせてカナッペ風に。

材料(作りやすい量)
鶏胸肉　1枚
塩　適量
フォワグラのパルフェ(p.141参照)　適量
玉ネギのキャラメリゼ(薄切りにした玉ネギをバターでソテーし、グラニュー糖と少量の塩を加えながらキャラメリゼしたもの)　適量
食パン(薄いスライス)　適量
ブナシメジ(「ブナピー」)のピクルス(ブナシメジをブランシールした後、ピクルス液〈p.133参照〉に漬けたもの)　適量

1 鴨胸肉は全体に塩をふり、フライパンで表面だけ焼いた後、真空用袋に入れて真空にし、60℃前後の湯煎で火を入れる。
2 1の皮をとり除き、幅広の面を薄くスライスする。
3 スライス面にフォワグラのパルフェを塗り、何枚か重ねてラップフィルムを使ってロール状に成形する。ラップフィルムでしっかり巻いて締め、冷蔵庫に入れておく。
4 食パンをトーストし、3の直径に合わせて丸く抜く。
5 4のパンの上に玉ネギのキャラメリゼをのせ、3を輪切りにしてのせる。ブナシメジのピクルスを添える。

鴨胸肉のポワレ、ヴィネガー風味の赤玉ネギのロースト

畑市場の山﨑さんが作る赤玉ネギ（トロペア・ロッサ・ルンガ）が
とてもおいしく、さまざまな料理に使わせてもらっている。
ここではヴィネガーの風味を加えてローストしたものを、
シンプルな鴨のポワレに添えた。

材料（1人分）
鴨胸肉　1/2枚（ポワレするときは1枚で）
赤玉ネギ（トロペア・ロッサ・ルンガ）　1個
塩　適量
A
┌ シェリーヴィネガー　50g
│ オリーブ油　20g
│ 塩　適量
└ 砂糖　6〜8g
アマランサス　適量

1　鴨肉は塩をふり、テフロン加工のフライパンでポワレする。

2　赤玉ネギは皮をむき、Aのマリネ液とともに真空用袋に入れて真空にし、
　　90℃のウォーターバスである程度火を入れる。袋からとり出し、170℃
　　のオーブンで表面を焼く。

3　1の鴨肉を半分に切り、1枚ずつはがした2の赤玉ネギとともに器に盛る。
　　鴨の焼き汁を温めて塩で味を調えソースとし、まわしかける。アマラン
　　サスを散らす。

秋 / デザート

佐野産イチジクと洋梨、スペキュロスのアイスクリーム
Cylindre de figues et poires aux épices,
glace aux spéculoos

イチジクのオレンジ風味コンポート、
蜂蜜のアイスクリーム、白ワインジュレ
Compote de figues à l'orange,
glace au miel, gelée de vin blanc

佐野産イチジクと洋梨、スペキュロスのアイスクリーム

栃木県でも県南を中心にイチジクの生産者がいる。日本のイチジクはみずみずしく、そのままでも
おいしいので、生でデザートにしたいと考えたもの。層になっているが一体感のある仕上がり。

[A] 洋梨の筒

材料（作りやすい量。4cm×16cm×厚
　さ1mmの抜き型と、直径4cmのセル
　クル型を使用）
洋梨のピュレ（冷凍）　250g
水　125g
グラニュー糖　75g
ジェランガム（SOSA社）　3g

p.276の「和梨のディスク」の作り方1
〜4同様にして、上記の材料で洋梨
のペーストを作り、作り方5〜6を
参照して、円形の抜き型の代わりに
長方形の抜き型で形作り、乾燥焼き
する。熱いうちにヘラではがし、直
径4cmのセルクル型に巻き付けて、
円筒形にする。深い密閉容器に、シ
リカゲルとともに入れて保存する。

[B] 佐野産イチジク 蜂蜜マリネ

材料
イチジク（栃木県佐野産）　適量
蜂蜜ジュレ（伊那食品製。なければ蜂蜜）
　適量

1　イチジクを皮ごと5〜6mmの厚
　さの輪切りにし、直径4cmのセル
　クル型で丸く抜く。
2　1を1人分につき2枚用意し、表面
　のきれいなほうをいちばん上のパー
　ツとして、蜂蜜ジュレを塗って
　おく。

[C] イチジクと洋梨のコンポートのジュレ

材料（37.5cm×27.5cmの薄バット1枚
　分。直径4cmの円形60個分）
イチジク（成形した後に出るクズ皮も）
　180g
セミドライイチジク　80g

洋梨のコンポート　260g
赤ワイン　260g
洋梨のコンポートの煮汁　260g
グラニュー糖　100g
パールアガー8　20g
レモン果汁　30g

1　イチジク、セミドライイチジク、
　洋梨のコンポートは小さく切り、
　赤ワインと洋梨のコンポートの
　煮汁とともに鍋に入れて火にかけ
　る。沸騰したら弱めの中火にし、
　20分ほど加熱して煮詰める。
2　1をハンドブレンダーでピュレ状
　にする。レモン果汁と水を加えて
　1ℓにする。
3　再び鍋を火にかけ、沸騰したら、
　あらかじめ合わせておいたグラ
　ニュー糖とアガーを泡立て器でよく
　混ぜながら加える。更に混ぜなが
　ら30秒ほど火にかけて沸かした
　後、バットに一気に流して平ら
　にならし（高さ5〜6mmになる）、
　そのまま冷ます。
4　冷めたらラップフィルムをかけて
　冷蔵庫でよく冷やす。冷えたら直
　径4cmのセルクル型で抜く。

[D] パンペルデュ

材料
ブリオッシュ（7〜8mm厚さにスライス
　し、乾燥させたもの）　適量
フラン生地（作りやすい量）
┌ 全卵　90g
│ ヴェルジョワーズ（フランスの砂糖）
│　40g
│ グラニュー糖　40g
│ メープルシロップ　10g
└ 牛乳　380g
バター　適量

1　フラン生地を作る。鍋で牛乳を温
　める。その他の材料は、ボウルに
　合わせてよくすり混ぜておく。
2　1の牛乳が沸騰直前になったら、1
　のボウルに少しずつ加えながらよ
　く混ぜる。裏漉してボウルに入れ、
　氷水にあててよく冷やす。
3　バットにブリオッシュを平らに並
　べ、2をまんべんなくまわしかけ
　て少しおき、浸み込んだら裏返し、
　同様に2をかけて吸わせる。
4　フライパンにバターを熱し、泡立
　ってきたら、余分な液を切った3
　をのせ、両面とも香ばしく焼く。
5　4をバットにおき、粗熱がとれた
　ら冷蔵庫で締め、直径4cmのセル
　クル型で抜き、高さを揃える。

[E] フロマージュブランのムース

p.216参照。

[F] ブルーチーズクリーム

ブルーチーズとクレーム・パティシ
エールを、適量ずつ混ぜ合わせる。

[G] スペキュロスのクランブル

材料（作りやすい量）
バター　160g
薄力粉　200g
アーモンドプードル　200g
ヴェルジョワーズ（フランスの砂糖）
　200g
スペキュロスミックススパイス
　（p.265参照）　5g

作り方は、p.113の「よもぎのクラン
ブル」参照。

イチジクのオレンジ風味コンポート、
蜂蜜のアイスクリーム、
白ワインジュレ

○スペキュロスミックススパイス

材料（作りやすい量）
シナモンパウダー　12g
ナツメグパウダー　2.5g
ジンジャーパウダー　3g
クローブパウダー　2g
カルダモン　2g
アニス　2g
黒コショウ　1.5g

合わせてミルで粉砕し、シリカゲルとともに密閉容器で保存する。

[H] スペキュロスのアイスクリーム

材料（作りやすい量）
卵黄　110g
カソナード　60g
スペキュロスミックススパイス
　（上記参照）　8g
牛乳　500g
生クリーム（乳脂肪分35%）　100g
蜂蜜　70g

1　鍋で牛乳を温める。
2　ボウルに卵黄を入れ、カソナードとミックススパイスを加えてよくすり混ぜる。アングレーズを炊く要領で、1と合わせて炊く。
3　2を冷やし、生クリームと蜂蜜を加えてよく混ぜる。
4　パコジェットのビーカーに移し、急速冷凍する。使用時にパコジェットにかける。

仕上げ・盛り付け：

営業前に [A] の中に [D]、[F]、[E]、[B]、[E]、[C]、[E]、[B] の順に詰める。器に盛り、[G] をのせる。砕いた [G] を敷き、[H] を添え、ポルトソース（ポルト酒を、とろみがつくまで煮詰める）を流す。アマランサスを散らす。

[A] イチジクのコンポート

材料（作りやすい量）
イチジク（栃木県佐野産）　約10個
オレンジジュース（果汁100%）　500g
グラニュー糖　230g
白ワイン（アルコールを飛ばしたもの）
　200g
オレンジの表皮　1個分
カルダモン　6粒
ヴァニラのサヤ（中の種をとり出して一度
　使用した後、よく洗って乾燥させたも
　の）　1本

1　イチジク以外の材料を鍋に入れて火にかけ、沸騰したら火を止めて蓋をし、そのまま30分ほどおく。
2　別鍋に湯を沸かし、イチジクを丸ごと中に落とし、10秒ほど経ったらすぐに氷水にとる。果肉の繊維をはがさないよう注意しながら表面の皮だけを丁寧にむく。
3　1を氷水にあててよく冷やし、2のイチジクとともに真空用袋に入れて真空にし、半日マリネする。
＊　鍋で煮て作る場合は、イチジク以外の材料を沸かし、湯むきしたイチジクを入れて1〜2分煮て火を止め、そのまま冷やす。

[B] 鹿沼産蜂蜜のアイスクリーム

材料（作りやすい量）
牛乳　1.5ℓ
卵黄　15個
アカシアの蜂蜜
　（栃木県鹿沼の黒田養蜂園）　375g
生クリーム（乳脂肪分47%）　60g

1　蜂蜜の分量のうち200gと卵黄、牛乳を、アングレーズの要領で合わせて炊く。

2　1を氷水にあててよく冷やした後、残りの蜂蜜と生クリームを加え、パコジェットのビーカーに入れて冷凍しておく。使用時にパコジェットにかける。

[C] 白ワインのジュレ

材料（作りやすい量）
白ワイン　250g
白ワイン（アルコールを飛ばしたもの）
　250g
水　700g
グラニュー糖　200g
板ゼラチン　20g（氷水に浸けて戻す）

1　ゼラチン以外の材料を鍋に入れ、火にかけて沸かす。
2　1の火を止め、ゼラチンの水気をとって加え、よく溶かし込む。裏漉しながらボウルに移す。
3　氷水にあててよく冷やし、冷蔵庫に入れておく。使う直前にざっくりほぐす。

[D] イチジクのグラニテ

イチジクのコンポート（左記参照）の汁にレモン果汁やシロップなどを加えて味を調え、凍らせてグラニテにする。

盛り付け：

[A]〜[D] を器に盛り合わせ、皿の縁にオレンジのパウダー（オレンジの皮を70℃のオーブンで乾燥させ、トレハロースとともにミルで粉末にしたもの）をふる。

マスカルポーネのアイスクリームと黄桃、ピスタチオのエミュルション

Glace mascarpone, lamelles de pêche jaune,
émulsion à la pistache

栗とクルミのデザート、
フロマージュムースと黒糖のメレンゲ
Dessert aux marrons et noix,
mousse au fromage et meringue au sucre brun

マスカルポーネのアイスクリームと黄桃、
ピスタチオのエミュルション

黄桃とマスカルポーネとピスタチオは、
誰にでも好まれる相性のよい組み合わせ。

材料
マスカルポーネのアイスクリーム (作りやすい量)
┌ マスカルポーネ　125g
│ 生クリーム (乳脂肪分35%)　125g
│ アングレーズソース (p.276参照)　250g
│ シロップ (グラニュー糖1：水1)　45g
└ レモン果汁　適量
黄桃、シロップ (グラニュー糖1：水1)　各適量
ピスタチオ (砕く)　少量
ピスタチオのエミュルション
┌ ピスタチオペースト　18g
│ グラニュー糖　20g
│ 牛乳　180g
│ 生クリーム (乳脂肪分35%)　200g
└ レシチン　適量

1　**マスカルポーネのアイスクリーム**：材料を上から順に
　　合わせながら、ハンドブレンダーでよく混ぜる。裏漉
　　した後、パコジェットのビーカーに入れ、急速冷凍す
　　る。使用時にパコジェットにかける。
2　黄桃は皮をむいて薄切りにし、むいた皮とシロップと
　　ともに真空用袋に入れて真空にし、すぐに袋からとり
　　出す。
3　**ピスタチオのエミュルション**：材料を合わせ、ハンド
　　ブレンダーで泡立てる。

盛り付け：
1のアイスクリームを抜いて器に盛り、2の黄桃をのせ、
3をかける。砕いたピスタチオを散らす。

栗とクルミのデザート、
フロマージュブランと黒糖のメレンゲ

手作りする和栗のペーストは、味がやわらかくて
甘みもほどよく、こっくりとした秋の素材と合わせると
風味が引き立つ。

[A] モンブランクリーム

材料 (作りやすい量)
和栗ペースト (栃木県産「利平栗」を蒸して鬼皮と渋皮をむき、
　　タミでパッセしてペースト状にしたもの)　220g
牛乳　55g
バター (ポマード状)　8g
ラム酒　8g
生クリーム (乳脂肪分35%)　50g
粉糖　8g

1　ボウルに栗ペーストと牛乳を入れて湯煎にかけ、よく
　　混ぜながら40℃ほどにする。
2　ポマード状のバターを1に加えてよく混ぜる。氷水に
　　あてて冷やす。
3　生クリームに粉糖を加えて七分立てにする。
4　2にラム酒を加え、3を数回に分けて加えながらよく
　　混ぜる。
5　モンブランの口金をつけた絞り袋に入れる。

[B] フロマージュのムース

材料 (作りやすい量)
サワークリーム　30g
クリームチーズ　135g
生クリーム (乳脂肪分47%)　150g
グラニュー糖　10g
牛乳　40g

すべての材料を合わせてハンドブレンダーで攪拌し、エ
スプーマ用のサイフォンに入れ、ガスを充填しておく。

[C] クルミのアイスクリーム

材料 (作りやすい量)
牛乳　380g
卵黄　70g
黒糖　50g
蜂蜜　40g
塩　ひとつまみ
クルミのペースト (p.269参照)　60g

1 ボウルに卵黄と黒糖、蜂蜜を入れてよくすり混ぜ、沸騰直前まで温めた牛乳を加えてアングレーズを炊く。

2 塩とクルミのペーストを入れたボウルに1を少しずつ加えながら混ぜ、更にハンドブレンダーでよく撹拌する。裏漉した後、氷水にあててよく冷やす。パコジェットのビーカーに詰めて、急速冷凍する。使用時にパコジェットにかける。

○ クルミのペースト

クルミを140℃のオーブンで50分ほどローストし、皮はできるだけむきとり、サーモミックスでペースト状にする。必要ならクルミオイルで濃度調整する。

＊作りやすい分量で仕込み、残ったものは真空用袋に入れて真空にし、冷蔵保存する。

[D] 黒糖メレンゲ

材料（作りやすい量）
卵白 120g
黒糖（よくふるう） 50g
グラニュー糖 20g
トレハロース 15g

1 卵白以外をよく混ぜ合わせる。

2 ミキシングボウルに卵白を入れ、1の約半量を加えてよく混ぜ合わせておく。

3 スタンドミキサーにホイッパーをセットし、中高速でミキシングする。

4 五分立てほどになったら残りの1を数回に分けて加え、低速で5分ほどまわす。最後に中高速できめを整える。

5 口金をつけた絞り袋に4を入れ、直径3.5cmほどの大きさに丸く絞り出したものを、シルパットを敷いた天板の上に等間隔に並べていく。

6 黒糖（分量外）を茶漉しで5の表面にふり、コンベクションオーブン（120℃、湿度0%）で、2時間ほど乾燥焼きする。

[E] クルミのキャラメリゼ

材料（作りやすい量）
クルミ 125g
シロップ（ボーメ30°） 25g
粉糖 25g

1 クルミを5mm角ほどに刻み、ボウルに入れてシロップをからめる。

2 粉糖を加えて混ぜ合わせ、まんべんなくからめて、手で持ってパラパラ落ちる状態にする。

3 シルパットを敷いた天板に広げ、170℃のオーブンで8〜10分間焼く。

[F] イチジクのチャツネ

材料（作りやすい量）
赤ワイン 200g
オレンジジュース（果汁100%） 200g
シナモン棒 1本
ヴァニラのサヤ（中の種をとり出して一度使用した後、よく洗って乾燥させたもの） 1本
セミドライイチジク 200g
蜂蜜 50g

1 赤ワインとオレンジジュース、シナモン棒、ヴァニラのサヤを鍋に入れ火にかけ、半量になるまで煮詰める。

2 シナモン棒とヴァニラのサヤをとり出し、細かく刻んだセミドライイチジクを入れて5分ほど煮る。

3 2に蜂蜜を加えて沸いたら火を止め、ハンドブレンダーで撹拌する。濃度を見て、水で調整する。

[G] 栗のチュイル

材料（作りやすい量）
マロンペースト（市販） 140g
クレーム・ド・マロン（市販） 50g
クリームチーズ 25g

1 すべての材料をよく混ぜ合わせ（必要な場合はシロップで濃度調整し）、ペースト状にする。

2 シルパットを敷いた天板にヘラで薄くのばし、コンベクションオーブン（150℃、湿度0%）で10〜20分乾燥焼きする。

仕上げ・盛り付け：

器に[A]のクリームを絞って敷き、[B]を絞り、[C]を盛る。利平栗の渋皮煮（作り方省略）、セミドライイチジクのマリネ（ポルト酒とともに真空用袋に入れて真空にしたもの）、[D]、[E]、[F]、[G]を添える。

洋梨のデザート、
キャラメリア（ミルクチョコレート）のアイスクリーム
Dôme au poire,
glace au chocolat lait "carameria"

栃木県の梨は、芳賀町、大田原市を中心に各地で栽培されている。
「永見果樹園」は、この地で50年以上続く梨農家。かつては鬼怒川の河原だったというこの付近の土地は、玉じゃりで水はけがよく、梨の栽培に適しているという。栽培品種は「幸水」「豊水」が中心で、全体の9割近くを占めるが、栃木生まれの大玉の「にっこり」や、新品種の「あきづき」の収穫量も徐々に増えている。収穫は7月上旬の「幸水」にはじまり、10月半ば以降の「にっこり」まで続き、全部で12、13種ほどの品種を出荷する。

洋梨のデザート、キャラメリア（ミルクチョコレート）のアイスクリーム

フレッシュ感を大切にする和梨のデザートに対し、洋梨は火を通し、濃縮感を出す。

[A] 洋梨のドーム・ジュレ

材料
洋梨のドーム・ジュレ（直径5cm半球体
　8個どりシリコン型約40個分）
- 洋梨のピュレ（右記参照）　850g
- 水　120g
- レモン果汁　24g
- グラニュー糖 [a]　80g
- NHペクチン　6g
- グラニュー糖 [b]　20g
- 板ゼラチン　20g（氷水に浸けて戻す）

洋梨のムース（直径3cm半球体24個どり
　シリコン型約40個分）
- 生クリーム（乳脂肪分35%）　30g
- 生クリーム（乳脂肪分47%）　40g
- 板ゼラチン　5g（氷水に浸けて戻す）
- 洋梨のピュレ（右記参照）　150g
- グラニュー糖 [c]　5g
- レモン果汁　10g
- イタリアンメレンゲ
  - 水　10g
  - グラニュー糖　40g
  - 卵白　20g

洋梨のドーム・ジュレ：

1　ペクチンとグラニュー糖 [b] はよく混ぜ合わせておく。

2　洋梨のピュレと分量の水、レモン果汁を鍋に合わせて温め、60℃ほどにする。

3　別鍋にグラニュー糖 [a] を入れて火にかけ、赤茶色にキャラメリゼする。火を止めて2を注ぎ入れる。

4　3を再び火にかけ、底に固まったキャラメルを溶かすように混ぜながら沸かす。

5　沸騰したら、泡立て器で混ぜながら1を加え、30秒ほど加熱する。

6　火を止めてゼラチンを加え、ボウルに移し、氷水にあてて30〜35℃まで冷やす。

洋梨のムース：

7　イタリアンメレンゲを作り、冷やしておく。

8　洋梨のピュレとグラニュー糖 [c]、レモン果汁をボウルで合わせ、人肌程度に温める。

9　戻したゼラチンを電子レンジで溶かし、8の液体を少しずつ加えて混ぜ合わせる。

10　2種の生クリームを合わせて七分立てにし、7のイタリアンメレンゲとさっくり合わせる。

11　9と10を合わせ、直径3cmの半球体のシリコン型に流してすり切り、急速冷凍する。

○ 洋梨のピュレ

材料（作りやすい量）
洋梨（ラ・フランス。宇都宮産）
　2個（600g）
グラニュー糖　50g
水　100g
レモン果汁　10g

1　洋梨は皮をむき、半分に切って芯を除く。グラニュー糖と分量の水で作ったシロップとレモン果汁とともに真空用袋に入れ、真空にする。

2　鍋にたっぷりの湯を沸かして1を入れ、弱火で3〜5分加熱し、そのまま冷ます。

3　冷めたら袋からとり出し、汁ごとミキサーにかけてピュレにする。

組み立て：

12　直径5cmの半球体のシリコン型に6のジュレをドロッパーで少量流し（5円玉ほどのサイズに）、一度急冷する。ある程度固まったらそ

の上に、接着のためにジュレをごく少量流し、しっかり凍らせておいた11のムースをそこに固定させる。再び急速冷凍して軽く締める。

13　残りのジュレを、12の型の高さまで注ぎ、急速冷凍する。

14　凍ったら型からはずし、真空用袋に入れて真空にし、冷凍保存する。

[B] ヴァニラシャンティ

材料（作りやすい量）
生クリーム（乳脂肪分47%）[a]　120g
蜂蜜　40g
ヴァニラ棒　1/4本
生クリーム（乳脂肪分47%）[b]　60g
生クリーム（乳脂肪分35%）[c]　60g

1　生クリーム [a] と蜂蜜、ヴァニラ棒を鍋に合わせて火にかける。沸騰直前に火を止めて、ラップフィルムをかけ、そのまま冷ます。冷めたら冷蔵庫で保存する。

2　営業直前に、1を漉したものと生クリーム [b] [c] を合わせ、七分立てにする。

[C] キャラメリアのアイスクリーム

材料（作りやすい量）
牛乳　450g
グラニュー糖 [a]　90g
卵黄　80g
グラニュー糖 [b]　20g
ミルクチョコレート（ヴァローナ社
　「キャラメリア」）　40g
生クリーム（乳脂肪分47%）　80g

1　牛乳を鍋で温める。

2　別鍋にグラニュー糖 [a] を入れて火にかけ、木ベラで均一になるように混ぜながら、キャラメルを作る。

3　2がコーヒー色の濃いキャラメル
になったら火を止め、10秒ほど
混ぜて少し温度を下げ、1を少し
ずつ加える（一気に加えるとキャ
ラメルが強く固まり、溶かすのに
時間がかかってしまうので注意す
る）。弱火にかけ、少し固まって
いるキャラメルを溶かす。

4　ボウルに卵黄とグラニュー糖[b]
を入れてすり混ぜ、3と合わせて
アングレーズを炊く。

5　炊き上がったら裏漉し、あらかじ
め湯煎で溶かしておいたチョコレ
ートに少しずつ加えてよく混ぜ合
わせる。氷水にあててよく混ぜな
がら冷やし、生クリームを加え、
パコジェットのビーカーに入れて
冷凍する。使用時にパコジェット
にかける。

[D] アーモンドのクラクラン

材料（作りやすい量）
16割アーモンド　100g
グラニュー糖　100g
水　25g

1　鍋にすべての材料を入れて火にか
け、常に混ぜながら煮詰めていく。

2　糖が再結晶化して白っぽい塊が出
てきたら火を止め、混ぜながらア
ーモンドの表面全体に糖をまとわ
せる。

3　再び火にかけ、アーモンドの表面
の糖が溶け、キャラメル色になり
香ばしい香りが立ってきたら、バ
ットに広げて冷ます。

[E] 洋梨のチップ

材料（作りやすい量）
洋梨のピュレ（p.272参照）　250g
水　125g
グラニュー糖　75g
ジェランガム（SOSA社）　3g

1　洋梨のピュレと分量の水を鍋に合
わせて沸かす。

2　グラニュー糖とジェランガムを、
ボウルでよく混ぜ合わせておく。

3　1が沸いたところに2を一気に加
え、泡立て器で混ぜながら中火で
1分ほど加熱し、火を止める。

4　3をハンドブレンダーでよく混ぜ
た後ボウルにあけ、氷水にあてて
よく冷やし固める。固まったらタ
ミでパッセする。

5　天板に敷いたシルパットにごく薄
くオイルスプレーをし、1mm厚さ
ほどの型（洋梨形に抜いたもの）を
のせ、ヘラで4の生地を薄くのば
す。型をはずす。

6　コンベクションオーブン（80℃、
湿度0%、風力3）で数時間乾燥焼
きする。温かいうちにヘラではが
し、密閉容器にシリカゲルととも
に入れて保存する。

[F] カシスソース

カシスピュレ（市販）、グラニュー糖（、
コーンスターチ）を合わせて熱する。

仕上げ・盛り付け：

1　[A]を営業開始数時間前に冷蔵庫
に移して解凍し、網の上に並べ、
ナパージュ（下記参照）をまわしか
ける。同じ直径のサブレ板（下記
参照）の上にのせる。

2　皮をむいてくし形に切った洋梨
（宇都宮産）を、バターとグラニュ
ー糖を加えてソテーし、一口大に
切る。

3　[B]を皿に敷き、1を盛って金箔
をのせ、2、[C]〜[F]をバランス
よく添える。

○ナパージュ
スブリモ・ヌートル（ピュラトス）
300gに、シロップ（グラニュー糖1：
水1）を30g〜混ぜ合わせてちょうど
よい濃度にする。

○サブレ板
サブレ生地をチーズのおろし金で削
り、ドーム・ジュレと同じ直径のセ
ルクル型に詰めて軽くならし、160℃
のオーブンでキツネ色に焼いておく
（もろい生地なので扱いに注意する）。

ユズのウッフ・ア・ラ・ネージュと
和梨の瞬間真空、和梨のソルベ
Œufs à la neige au YUZU,
poire japonaise cuite sous-vide instantanée

和梨のソルベと
和梨の瞬間真空

Sorbet à la poire japonaise,
poire japonaise
cuite sous-vide instantanée

ミルクアイスクリームと
和梨の瞬間真空

Glace au lait,
poire japonaise
cuite sous-vide instantanée

ユズのウッフ・ア・ラ・ネージュと和梨の瞬間真空、和梨のソルベ

栃木県は和梨の生産も盛ん。和梨は生で食べるのがいちばんおいしいと思うので、デザートにする場合はなるべくいじりすぎないようにし、フレッシュ感を大切にする。またソルベにするときは、かならず採れたてのものを使用する。

[A] ユズのウッフ・ア・ラ・ネージュ

材料（直径5cm高さ3cm20個分。中心直径3cm）

卵白　175g
カンテンベース（p.328参照）　140g
グラニュー糖　40g
トレハロース　40g
ジン（アルコールを飛ばしたもの）　50g
ユズ（宇都宮産）の表皮（ゼスターで削り、広げて軽く乾燥させておく）　1/3個分

作り方は、p.328の「レモンのウッフ・ア・ラ・ネージュ」参照。上記の材料で同様に作る。

[B] 宇都宮産ユズのクリーム

材料（作りやすい量）

全卵　120g
グラニュー糖　60g
トレハロース　40g
ユズ（宇都宮産）果汁　100g
バター　20g
カンテンベース（p.328参照）　50g
板ゼラチン　2g（氷水に浸けて戻す）
アングレーズソース（右記参照）　200g

1　ゼラチンとアングレーズソース以外の材料をすべてボウルに入れ、よくすり混ぜる。
2　湯煎にかけ、泡立て器で混ぜながらゆっくり火を通していく。
3　15分ほどしてとろみがついてきたら湯煎からはずし、直火にかける。ポコポコと沸いてから数分間、常に混ぜながら加熱する（殺菌のため）。
4　3を裏漉しながらボウルに移し、ゼラチンの水気をよくふきとって加え、よく混ぜる。

5　氷水にあててよく冷やした後、アングレーズと合わせる。

○アングレーズソース

材料（作りやすい量）

牛乳　500g
卵黄　6個
グラニュー糖　125g
ヴァニラ棒　1/2本

1　ヴァニラ棒はサヤを開き、中の種をとり出してあらかじめグラニュー糖に混ぜておく。サヤは牛乳に入れ、沸騰直前まで温めておく。
2　卵黄と1のグラニュー糖をボウルに合わせ、泡立て器でよくすり混ぜる。
3　2に1の牛乳を加えながら混ぜ合わせる。
4　3を漉して鍋に入れる。弱火で加熱しながらヘラで混ぜ、とろみがつくまで炊く。
5　4を裏漉してボウルに入れ、氷水にあてて急冷する。

[C] フロマージュブランのエスプーマ

材料（作りやすい量）

フロマージュブラン　150g
牛乳　100g
シロップ（グラニュー糖1：水1）　40g
生クリーム（乳脂肪分35％）　25g
エスプーマコールド　13g

材料を混ぜ合わせ、エスプーマ用のサイフォンに詰めて、ガスを充填しておく。

[D] ホワイトチョコレートの砂

湯煎で溶かしたホワイトチョコレートに、マルトセックを加えながら泡立て器で混ぜ合わせる。

[E] 和梨のソルベ

材料（パコジェットのビーカー1本分）

和梨（宇都宮産）　550g
カンテンベース（p.328参照）　80g
レモン果汁　8g

1　和梨は皮をむき、8〜10等分のくし形に切り、更に1cmほどの厚さのいちょう切りにする。
2　ボウルの中でカンテンベースをほぐし、1の梨を入れてよくからめる。レモン果汁も加えて和える。
3　2をパコジェットのビーカーに入れ、ヘラなどで上から押してできるだけ隙間を埋めるように詰めて、冷凍する。使用時にパコジェットにかける。
＊　和梨は採れたてのものを使い、手早く処理する。

[F] 和梨のディスク

材料（作りやすい量）

和梨のピュレ（和梨の皮と芯を除き、シロップと合わせて電子レンジにかけ、ミキサーでピュレにしたもの）　300g
水　75g
グラニュー糖　50g
ジェランガム（SOSA社）　2g

1　和梨のピュレと分量の水を鍋に合わせて沸かす。
2　グラニュー糖とジェランガムを、ボウルでよく混ぜ合わせておく。

3 1が沸いたところに2を一気に加え、泡立て器で混ぜながら中火で1分ほど加熱し、火を止める。

4 3をハンドブレンダーでよく混ぜた後ボウルにあけ、氷水にあててよく冷やし固める。固まったらタミでパッセする。

5 天板に敷いたシルパットにごく薄くオイルスプレーをし、円形に抜いた1mm厚さほどの型をのせ、ヘラで4のペーストを薄くのばす。型をはずす。

6 コンベクションオーブン（80℃、湿度0％、風力3）で数時間乾燥焼きする。温かいうちにヘラではがし、密閉容器にシリカゲルとともに入れて保存する。

[G] 和梨の瞬間真空

材料
和梨　適量
シロップ（グラニュー糖1：水1。冷ましたもの）　適量
（ジン　適量）

1 和梨は皮をむいて芯と種をとり、縦1cm厚さに切る。真空用袋に丁寧に入れ、シロップ（好みでジンを加えてもよい）を、梨にからまる程度注ぐ。

2 1を真空にし、全体が半透明になじんだらすぐ袋からとり出す。小さなセルクル型で丸く抜く。

＊ 長時間真空にしたままにするとハリや食感がなくなってしまうので、できるだけ直前に作業する。

[H] ユズのコンフィとそのソース

材料
ユズの皮　適量
グラニュー糖　ユズの皮の重量の70〜80％

1 ユズの皮は、白い部分を半分くらいそぎとって除き、長さ2cm前後のごく細いせん切りにする。たっぷりの水に30分ほどさらしておく。

2 鍋にユズの皮が浸るくらいの水と、グラニュー糖のうち1/3量を入れて沸かし、水気を切った1のユズの皮を入れ、火を止める。そのまま自然に冷ます。

3 2の液体からユズの皮をとり出し、鍋に1/3量のグラニュー糖を追加し、再び火にかけて沸かし、ユズの皮を戻し入れて火を止める。そのまま自然に冷ます。

4 3の液体から再びユズの皮をとり出し、鍋に残りのグラニュー糖をすべて入れて再び火にかけて沸かし（詰めが足りないようなら煮詰める）、ユズの皮を戻し入れて火を止める。そのまま自然に冷ます。

＊ 使う量が少量なので、白いワタの部分を削ぎすぎない。また、ゆでこぼしはしないほうがよい。

仕上げ・盛り付け：
[A]の中に[B]を詰め、[C]を絞る。器に盛り、横に[D]を敷いて、[E]をのせる。[F]〜[H]とタピオカ（ゆでてシロップと合わせたもの）を添え、青ユズの表皮（細切り）を散らす。

和梨のソルベと和梨の瞬間真空

繊細な和梨の味と食感、色を活かしてまとめた。花びらのような盛り付けが印象的。

材料（作りやすい量）
和梨のソルベ（p.276参照）　適量
和梨の瞬間真空（左記[G]参照。マンドリンスライサーで縦にごく薄くスライスした和梨で作ったもの）　適量
レモンの表皮　少量

盛り付け：
器に和梨のソルベを盛り、和梨の瞬間真空を軽く巻きながらふわっとのせる。レモンの表皮をゼスターで削りかける。

ミルクアイスクリームと和梨の瞬間真空

上記のソルベをミルクアイスクリームに替えたバリエーション

材料
ミルクアイスクリーム（作りやすい量）
├ 濃縮ミルク（タカナシ乳業）　1ℓ
├ 牛乳　250g
└ トレモリン　125g
和梨の瞬間真空（上記参照）　適量
みかん（果肉）　少量

1 ミルクアイスクリーム：牛乳とトレモリンを鍋に合わせて温め、よく溶かす。ボウルにあけ、氷水にあてて急冷する。濃縮ミルクを加えてよく混ぜ、パコジェットのビーカーに入れて冷凍する。使用時にパコジェットにかける。

2 1のアイスクリームを器に盛り、みかんの果肉を散らし、和梨の瞬間真空を、少しずつ重ねてのせる。

冬 / アミューズ

伊達鶏レバームースと
リンゴのメレンゲ、
鹿のバルバジュアン
Mousse de foie de volaille
et meringue à la pomme,
barbajuan de chevreuil

菊イモのポタージュ、
トリュフ風味のエミュルション
Potage de topinambour,
émulsion à la truffe

伊達鶏レバームースとリンゴのメレンゲ、鹿のバルバジュアン

はかないリンゴのメレンゲと、濃厚な白レバーのムースの組み合わせ。
セロリのような香りをもつ大和当帰葉パウダーは、レバーともリンゴとも相性がよい。
これと鹿肉ベースのファルスを詰めたバルバジュアン、菊イモのスープを組み合わせ、
アミューズとしてお出ししている。

[A] 鹿のバルバジュアン

材料（作りやすい量）
バルバジュアンの生地
- 小麦粉（軟質小麦粉。イタリアCAPUTO社製）　500g
- 卵　150g
- 水　50g
- オリーブ油　40g
- 塩　4g
- パプリカパウダー　適量

ファルス
- 鹿肉（ミンチにする）　適量
- エシャロット（みじん切り）　少量
- ニンニク（みじん切り）　少量
- タイム　少量
- キノコのデュクセル（右記参照）　適量
- クリームチーズ　適量
- ヒヨコ豆の水煮　適量
- オリーブ油、塩、グリーンペッパー　各適量

揚げ油　適量
黒オリーブ（種を抜き、輪切りにしたもの）　少量
クルミ　少量

1. **バルバジュアンの生地**：材料を合わせてロボクープで撹拌する。まとめてラップフィルムで包み、冷蔵庫で1日ねかせておく。
2. **ファルス**を作る。鹿肉のミンチ、エシャロット、ニンニク、タイムを合わせてオリーブ油でソテーした後、ロボクープにかける。
3. 2にキノコのデュクセル、クリームチーズ、ヒヨコ豆の水煮を適量ずつ加えて撹拌し、塩、刻んだグリーンペッパーで味を調える。
4. 1の生地を薄くのばし、3のファルスをラヴィオリのように包み、油で揚げて、バルバジュアンとする。
5. 器に盛り、黒オリーブをのせて、クルミをすりおろしてかける。

○キノコのデュクセル

材料
マッシュルーム（薄切り）、バター、白ワイン、生クリーム、塩、コショウ、パルミジャーノ・レッジャーノ・チーズ（すりおろし）　各適量

1. 鍋にバターを熱してマッシュルームを入れ、ソテーする。火が通ったら、みじん切りにする。
2. 1を鍋に戻して再び熱し、白ワインを注いでアルコールを飛ばす。生クリームを入れて煮詰め、塩、コショウで味を調える。パルミジャーノ・レッジャーノ・チーズを好みの量加えて混ぜ合わせる。

[B] 伊達鶏白レバームースとリンゴのメレンゲ

材料
伊鶏白レバームース（作りやすい量）
- 鶏白レバー　100g
- ニンニク（みじん切り）　3g
- 玉ネギ（みじん切り）　50g
- マデラ酒　30g
- 卵　80g
- バター　少量
- オリーブ油　適量
- 塩　適量

リンゴのメレンゲ
- リンゴのピュレ　200g
- リンゴジュース（果汁100%）　80g
- アルブミナ（乾燥卵白）　30g
- グラニュー糖　80g
- トレハロース　20g

リンゴ、カタバミ　各適量
大和当帰葉パウダー　適量

1　**伊達鶏白レバームース**：フライパンにオリーブ油をひいて、鶏白レバーを入れて焼く。表面に焼き色がついたらバターと塩を入れ、半生に火を入れてとり出しておく。

2　別のフライパンにオリーブ油をひいて、ニンニクと玉ネギを入れてスュエし、マデラ酒を加えて煮詰める。

3　1、2、卵を泡立て器で混ぜ合わせて塩で味を調え、バットに流し入れてラップフィルムをかけ、スチームコンベクションオーブンのスチームモード（90℃）で火を入れる。粗熱をとり、冷蔵庫に入れて1日おく。

4　**リンゴのメレンゲ**：すべての材料を、スタンドミキサーで混ぜ合わせる。絞り袋に入れ、シルパットを敷いた天板の上に、直径1.5cmほどの大きさに丸く絞り、コンベクションオーブン（75℃）に5時間入れて乾燥させる。

5　4のメレンゲを裏返し、3のレバームースを絞り袋に入れて絞る。小さな円形に抜いたリンゴの薄切りを3枚のせ、大和当帰葉パウダーをふり、カタバミの葉を添える。

盛り付け：
［A］と［B］を1つずつ組み合わせて器に盛り、菊イモのポタージュ（右記参照）とともに提供する。

菊イモのポタージュ、
トリュフ風味のエミュルション

那須町の生産者、金子さんが作る菊イモに出会い、
それまでの菊イモのイメージが大きくかわった。
甘みも香りもしっかりとある、
この菊イモでなければ作らない料理。

材料（作りやすい量）
菊イモのポタージュ
┌ 菊イモ（栃木県那須町産）　3kg
│ フォン・ド・ヴォライユ（p.373参照）　800g
│ バター　150g
│ 塩　適量
└ 牛乳、生クリーム（好みで）　各適量
トリュフ風味のエミュルション
└ 牛乳、トリュフオイル、レシチン　各適量
菊イモ（薄切りにして素揚げしたもの）　少量

1　**菊イモのポタージュ**：菊イモは皮付きのまま薄切りにし、バターとともに鍋に入れ、バターをからめながら炒める。塩を少量ふって蓋をし、火を入れる。やわらかくなったらフォン・ド・ヴォライユを注ぎ、蓋をして更に煮る（ピンセットでつまんで崩れるくらいまで）。ミキサーで攪拌してピュレ状にする。

2　1のピュレを牛乳（好みで生クリームも）でのばし、塩で味を調えて器に注ぐ。

3　**トリュフ風味のエミュルション**：牛乳、トリュフオイルを合わせて温め、レシチンを適量加えてハンドブレンダーでしっかり泡立てる。2のスープの上にのせ、素揚げした菊イモを添える。

冬 / 野菜

ポワローの3皿
Trois sortes de "bouchée de poireau"

ポワローと鶏のソリレス
Poireau et sot-l'y-laisse

ポワローとフォワグラのポワレ
Poireau et foie gras poêlé

ポワローとプレミアムヤシオマスのタルタル
Poireau et tartare de truite de "Yashio"

新里ねぎのポシェと牡蠣

Poireau de "Nissato" poché aux huîtres

ポワローの3皿

ポワローの太さを活かしたオードヴル。
上にのせるもので、いろいろなバリエーションが楽しめる。

ポワローとプレミアムヤシオマスのタルタル

材料（1皿分）
ポワロー（ゆでてから常温に冷まし、3〜4cm幅の輪切りに
　　したもの）　1切れ
ヤシオマスの燻製（細かく切ったものとスライス）　各適量
生クリーム（七分立て）　少量
レモンの表皮（すりおろし）　少量
塩、レモン果汁　各少量
ラディッシュ（薄切り）　適量
キャヴィア　少量

1　細かく切ったヤシオマスの燻製に生クリームを合わ
　　せ、塩とレモン果汁で味を調え、レモンの表皮のすり
　　おろしを加える。
2　輪切りのポワローを器におき、スライスしたヤシオマ
　　スの燻製をのせ、その上に1のタルタルをのせてキャ
　　ビアを散らし、ラディッシュを貼り付けるようにする。

ポワローとフォワグラのポワレ

材料（1皿分）
ポワロー（ゆでてから常温に冷まし、3〜4cm幅の輪切りに
　　したもの）　1切れ
フォワグラ　1枚
塩、コショウ、薄力粉、オリーブ油　各適量
トリュフのヴィネグレット（p.74参照）　適量

1　フォワグラは塩、コショウをし、薄力粉を全体につけ
　　る。オリーブ油をひいたフライパンでポワレする。
2　輪切りのポワローを温めて皿におき、1をのせ、トリ
　　ュフのヴィネグレットをかける。

ポワローと鶏のソリレス

材料（1皿分）
ポワロー（ゆでてから常温に冷まし、3〜4cm幅の輪切りに
　　したもの）　1切れ
鶏のソリレス　1個
塩、オリーブ油　各適量
クレソン（葉）　少量
ラルド　少量
玉ネギ（縦に薄切りにし、オリーブ油をひいたフライパンで焼き、
　　プレスする）　少量
ソース・オリーブ・ヴィヤンド
┌ コンソメ（鶏。p.120参照）　30g
│ グラス・ド・ヴィヤンド（鶏。p.373参照）　適量
│ E.V.オリーブ油　15g
└ 塩、コショウ　各適量

※ソリレス：鶏の背側（もも肉の付け根）にある、小さな部位。
1羽から2個だけとれる。

1　ソース・オリーブ・ヴィヤンド：コンソメを半量ほど
　　に煮詰め、グラス・ド・ヴィヤンドと合わせる。少し
　　冷めたらE.V.オリーブ油と合わせ、塩、コショウで
　　味を調える。
2　鶏のソリレスは軽く塩をし、オリーブ油をひいたフラ
　　イパンで焼く。
3　輪切りのポワロー（常温または少し温かいもの）を皿
　　におき、クレソンをのせ、2のソリレス、ラルドをの
　　せる。1のソース・オリーブ・ヴィヤンドをかけ、玉
　　ネギをのせる。

新里ねぎのポシェと牡蠣

雪の間から顔を出す、冬の「新里ねぎ」の畑の情景を表現した。味のベースにあるのは、
定番のフランス郷土料理「ポワロー・ヴィネグレット」。また、ネギと貝類を合わせるのも
フランスの家庭料理ではおなじみで、ネギと牡蠣の組み合わせの発想のもとになった。

材料（1人分）

長ネギ（「新里ねぎ」p.288参照。太さ直径
　2cm程度のもの）　適量
A（長ネギのマリネ用ヴィネグレット。
　作りやすい量）
┌ 蜂蜜　30g
│ ディジョンマスタード　60g
│ 赤ワインヴィネガー　150g
│ ホワイトバルサミコ　150g
│ 塩　28g
│ ミニョネット（白）　0.5g
│ ピンクペッパー（砕く）　適量
│ E.V.オリーブ油　1380g
└ ＊混ぜ合わせる。

ネギのソース
┌ 長ネギの青い部分をゆでて、パコ
│ 　ジェットのビーカーに詰め、カツオ
│ 　と昆布のだしを半分の高さまで注
│ 　ぎ、冷凍する。使用時にパコジェッ
└ 　トにかける。

牡蠣のラヴィゴットソース（作りやすい量）
┌ 牡蠣のコンフィ（下記参照。粗みじん切りに
│ 　する）　60g
│ 生ハム（みじん切り）　15g
│ トマトのコンフィ（下記参照。みじん切り）
│ 　7.5g
│ 赤ワインヴィネガー　12g
│ E.V.オリーブ油　8g
│ ラヴィゴットソース（下記参照）　20g
└ ＊混ぜ合わせる。

牡蠣のチュイル（作りやすい量）
┌ オリーブ油　200g
│ 牡蠣のコンフィ（下記参照）のジュ　17g
│ フォン・ド・ヴォライユ（p.373参照）　95g
│ アサリのだし　95g
│ 薄力粉　15g
│ 強力粉　15g
│ ＊混ぜ合わせ、スプーンですくって熱した
└ 　フライパンに入れて焼く（網状になる）。

ネギパウダー
┌ ネギオイル（下記参照）　100g
│ マルトセック　50g
│ ＊泡立て器で混ぜ合わせ、パウダー状
└ 　にする。

塩水ジュレ
┌ 1%の塩を加えた塩水200ccにアガー
└ 　を加えて沸かし、冷やし固める。

サワーソース
┌ サワークリーム　30g
│ 牛乳　15g
│ 塩　適量
└ ＊混ぜ合わせる。

鴨の生ハム（下記参照。薄切り）　3枚
ロックチャイブ　3本

1　長ネギの白い部分を、充分にやわらかくなるまでゆで
　る。水気を切り、Aのヴィネグレットで1日マリネする。
2　長ネギの青い部分をゆでて、切り開き、1のマリネし
　た白いネギを包むように巻き付ける。
3　ネギのソースを皿に敷く。2を食べやすい長さに切っ
　て盛り付け、牡蠣のラヴィゴットソース、鴨の生ハム、
　牡蠣のチュイルをのせる。その上にネギパウダーをの
　せ、ロックチャイブをあしらう。まわりに塩水ジュレ
　とサワーソースを散らす。

○ **牡蠣のコンフィ**
牡蠣のむき身3個に塩をして、80℃に熱したオリーブ油
に入れてしっかり火を通す。

○ **トマトのコンフィ**
トマト（サンマルツァーノ）を縦6等分に切り、種を除く。
塩、ニンニク、タイムをふりかけてからめ、70℃のオー
ブンで水分を飛ばす。オリーブ油に漬けて保存する。

○ **ラヴィゴットソース**
ケッパー（酢漬け。みじん切り）、エシャロット（みじん
切り）、コルニション（みじん切り）、ディジョンマスター
ド、赤ワインヴィネガー、塩、E.V.オリーブ油、シェ
リーヴィネガーを各適量混ぜ合わせる。

○ **ネギオイル**
長ネギの青い部分や切れ端を鍋に入れ、太白ゴマ油をヒ
タヒタに加え、わずかに沸騰する火加減で熱する。香り
が出たら、漉す。

○ **鴨の生ハム**
鴨胸肉に、重量に対して1%の塩、0.1%のトレハロース、
0.1%のミニョネット（黒）をまぶしつける。脱水シートで
包んで4日間おいた後、とり出して冷暗所で風にあてな
がら乾かす。真空用袋に入れて真空にし、54℃のウォー
ターバスで40分火入れする。

帆立のグリエと新里ねぎのポシェ
Noix de Saint-Jacques grillée au lard,
poireau de "Nissato" poché

新里ねぎのポシェ、
牡蠣のコンフィと鴨の生ハム
Poireau de "Nissato" poché,
huître confit et jambon de canard

とちぎ和牛と新里ねぎのポシェ
Bœuf "voilé"
aux poireaux de "Nissato" pochés

フォワグラのポシェと新里ねぎ
Foie gras poché
et poireau de "Nissato" aux truffes

帆立のグリエと新里ねぎのポシェ

地元の「新里ねぎ」。この甘みや食感を活かし、
フランス料理にどう落とし込むか。
それを考えながらさまざまな料理に使用している。
サラダやスープはもちろん、フランス料理の技法を
使って肉や魚介と組み合わせても、すんなりとなじむ。
ここではネギの味が凝縮している根も
素揚げして添え、香ばしい風味をプラスした。

材料（1人分）
長ネギ（「新里ねぎ」）　適量
ホタテ貝柱　1個
ラルド　適量
コンソメ（鶏。p.120参照）　適量
長ネギ（「新里ねぎ」）の根　少量
揚げ油、オリーブ油、塩　各適量

※「新里ねぎ」は、宇都宮市の新里町で古くから栽培されてきた在来種の曲がりネギで、やわらかく甘みが強く、辛みが少ないのが特徴。

1　長ネギは、やわらかくなるまでゆでる。
2　ホタテ貝柱は軽く塩をふり、オリーブ油を薄く塗ったグリルで半生程度に焼く。
3　ラルドを薄く切り、2のホタテにのせてサラマンドルでさっと焼く。
4　長ネギの根は、素揚げする。
5　コンソメを鍋に入れて温め、味を調える。
6　1のネギを食べやすい長さに切って器に盛り、3のホタテをのせる。5のコンソメを注ぎ、ホタテの上に4のネギの根を添える。

新里ねぎのポシェ、牡蠣のコンフィと鴨の生ハム

味の強い牡蠣や鴨肉を合わせることで、
ネギの甘みがより引き立つ。

材料（1人分）
長ネギ（「新里ねぎ」）　1本
牡蠣（むき身）　1個
オリーブ油　適量
塩　適量
鴨の生ハム（p.62参照）　1〜2枚
コンソメ（鶏。p.120参照）　適量
グラス・ド・ヴィヤンド（鶏。p.373参照）　少量
E.V.オリーブ油　少量
アサリのジュ（蒸し汁）　適量
レモン果汁、レシチン　各少量

1　長ネギは、やわらかくなるまでゆでる。
2　牡蠣に軽く塩をふる。鍋に入れ、牡蠣がかぶる量のオリーブ油を注ぎ、ゆっくり火を入れる。牡蠣がぷっくりとしてきたらとり出す。
3　1と2を器に盛り、鴨の生ハムを添える。
4　コンソメを鍋で少し温め、グラス・ド・ヴィヤンドを少量加えて3に注ぐ。E.V.オリーブ油を少量かける。
5　アサリのジュにレモン果汁とレシチンを少量加え、ハンドブレンダーで泡立てて4にのせる。

とちぎ和牛と新里ねぎのポシェ

サシの入った牛肉は、薄切りにして
たっぷりの野菜を合わせるとバランスがいい。

材料
牛肉（「とちぎ和牛」しゃぶしゃぶ用）　適量
長ネギ（「新里ねぎ」白い部分）　適量
大根のピクルス（1cm角程度に切った大根を、ピクルス液
　〈p.133参照〉に漬ける）　適量
姫キュウリのピクルス（8mm角程度に切った姫キュウリを、
　ピクルス液〈p.133参照〉に漬ける）　適量
シシトウのピクルス　適量
クレソン　適量
赤ワインヴィネガー、E.V.オリーブ油　各適量
ディジョンマスタード、塩、コショウ　各適量

1　長ネギはやわらかくなるまでゆで、3cm長さほどに切
　る。
2　皿に1を立てておき、牛肉をかぶせるように広げての
　せ、サラマンドルでさっと火を入れる。
3　赤ワインヴィネガーとE.V.オリーブ油を1：1の割合
　で混ぜ合わせ、ディジョンマスタード、塩、コショウ
　で味を調え、2にまわしかける。
4　姫キュウリと大根のピクルスを添え、シシトウのピク
　ルスとクレソンをのせる。

フォワグラのポシェと新里ねぎ

みじん切りにしたネギをフォワグラに添えた。
おいしいネギなら、こんな使い方もおもしろい。

材料（1人分）
長ネギ（「新里ねぎ」白い部分）　1/3本分
フォワグラ　40〜50g
コンソメ（鶏。p.120参照）　適量
トリュフのヴィネグレット（p.74参照）　適量
芽カブ（葉付き）　1個

1　長ネギはやわらかくなるまでゆで、みじん切りにする。
2　フォワグラとコンソメ少量を真空用袋に入れて真空に
　し、54℃の湯煎で火を入れる。
3　芽カブは葉付きのままゆでる。
4　1、2、3を器に盛り、トリュフのヴィネグレットをか
　ける。

ゴボウのフランと白子、トリュフ風味　p.291

ゴボウの風味を逃がさないように火入れすることで、
ゴボウらしさが活きたフランになる。

材料（2人分）
ゴボウのフラン
┌ ゴボウのピュレ（下記参照）　190g
│ 卵　100g
│ 生クリーム　20g
│ 牛乳　70g
└ 塩　適量
タラの白子（蒸したもの）　適量
トリュフ（極細切り）　少量
コンソメ（鶏。p.120参照）　少量
トリュフオイル　少量

1　**ゴボウのフラン**：卵をよく溶いて生クリーム、牛乳、
　塩を混ぜ合わせる。
2　1を漉し、ゴボウのピュレを加えて混ぜ、器に注ぎ分
　ける。
3　スチームコンベクションオーブンのスチームモード
　（85℃）で20分蒸す。
4　3の上に、蒸したタラの白子をのせ、トリュフを添え
　る。コンソメを少量流し、トリュフオイルを数滴散ら
　す。

○ゴボウのピュレ

材料（作りやすい量）
ゴボウ　90g
フォン・ド・ヴォライユ（p.373参照）　125g

ゴボウはよく洗い、薄切りにする。フォン・ド・ヴォライ
ユとともに真空用袋に入れて真空にし、スチームコン
ベクションオーブンのスチームモード（100℃）で20分ほ
ど火入れする（指で少しつぶせるくらいにやわらかく）。
サーモミックスに移して10分ほどまわし、なめらかなピ
ュレ状にする。

ゴボウのフランと白子、
トリュフ風味 p.289
Flan au racine de bardane
et laitance de cabillaud aux truffes

冬 / デザート

ゴボウのアイスクリーム、
ゴマ風味のチョコレートソース
Glace au racine de bardane,
sauce chocolat au sésame

291

ゴボウのアイスクリーム、ゴマ風味のチョコレートソース

香りのある材料をバランスよく組み合わせ、土をイメージしたインパクトのあるデザートに。

[A] ゴボウのアイスクリーム

材料（作りやすい量）
アングレーズソース
┌ 牛乳 500g
│ グラニュー糖 125g
└ 卵黄 100g
ゴボウのピュレ（作りやすい量）＊250gを使用する
┌ ゴボウ（「石橋ごぼう」泥付き） 500g
└ 牛乳 300g
生クリーム 50g

1 アングレーズソースを炊き（p.276参照。ヴァニラは入れずに作る）、裏漉して冷やしておく。
2 **ゴボウのピュレ**：ゴボウはよく洗い、薄切りにする。牛乳とともに真空用袋に入れて真空にし、スチームコンベクションオーブンのスチームモード（100℃）で20分ほど火入れする（指で少しつぶせるくらいにやわらかく）。サーモミックスに移して10分ほどまわし、なめらかなピュレ状にする。
3 1に2のゴボウのピュレ250gと生クリームを加えてよく混ぜ、パコジェットのビーカーに入れて冷凍しておく。使用時にパコジェットにかける。
＊ ゴボウはものによって香りの出方が違うので、加えるピュレの量は調整する。

[B] ゴボウのチップ

材料（作りやすい量）
ゴボウのピュレ（上記参照） 320g
粉糖 10g
米粉 18g
塩 適量
金ゴマ 適量

1 ゴマ以外の材料をミキサーで混ぜ合わせる。
2 シルパットにごく薄くオイルスプレーをし、ヘラで1のペーストを薄くのばす。金ゴマを適量ふりかけ、コンベクションオーブン（80℃、湿度0%、風力3）で数時間乾燥焼きする。温かいうちにヘラではがし、密閉容器にシリカゲルとともに入れて保存する。

[C] 金ゴマのエスプーマ

材料（作りやすい量）
牛乳 500g
金ゴマ 50g
カソナード 75g
板ゼラチン 6.8g（氷水に浸けて戻す）
生クリーム（乳脂肪分47%） 100g
エスプーマコールド 大さじ2

1 金ゴマをフライパンで乾煎りする。キツネ色になって香りが立ってきたらミルに移してまわし、できるだけ細かいパウダー状にする。
2 牛乳とカソナードを鍋に入れて火にかけ、沸騰直前になったら1の金ゴマパウダーを入れて火を止め、水気をよく切ったゼラチンを加えてよく混ぜる。
3 2をボウルに移し、氷水にあててよく冷やす。生クリームとエスプーマコールドを加えてハンドブレンダーで撹拌する。
4 冷蔵庫で半日ほどねかせてから裏漉し、エスプーマ用のサイフォンに詰め、ガスを充填しておく。

[D] チョコレートのクランブル

材料（作りやすい量）
バター 160g
薄力粉 200g
ヘーゼルナッツパウダー 100g
アーモンドプードル 100g
カソナード 200g
ココアパウダー 40g
塩 3g

1 粉類は合わせてふるい、バターはキューブ状にカットする。すべての材料を、あらかじめ冷蔵庫で冷やしておく。
2 ボウルにすべての材料を入れ、手でそぼろ状になるまですり混ぜる（またはロボクープで混ぜ合わせる）。冷蔵庫で1時間ほどやすませる。
3 天板に2の生地を均一に広げ、170℃のオーブンで7〜8分、香ばしい香りが立つまで焼く。

[E] ゴマのチョコレートソース

材料（作りやすい量）
ミルクチョコレート（ヴァローナ社「ジヴァララクテ」）　210g
ブラックチョコレート（ヴァローナ社「ピュアカライヴ」）
　53g
牛乳　210g
太白ゴマ油　32g
ゴマ油　40g
塩　適量

1　チョコレートをボウルに合わせて湯煎にかけ、溶かす。
2　鍋で牛乳を沸騰直前まで温め、1に少しずつ入れては泡立て器でよくすり混ぜ、乳化させる。
3　2種類のゴマ油を少しずつ加えて混ぜ、塩で味を引き締める。使用時に、使う量を電子レンジで溶かし、必要なら牛乳（分量外）で濃度を調整する。

盛り付け：
[A]〜[E]をバランスよく器に盛り、フードドライヤーで乾燥させた田ゼリを添え、ココアパウダーをふる。

料理にとって器は大切な要素。同じ料理でも、盛られる器によって印象は大きくかわる。白い皿やガラス器を使ったコースの中に、日本の陶器や石、木など、違う風合いのものをいくつか加えると変化が出ておもしろい。

栃木県益子町は、益子焼で知られる焼き物の産地。かつて益子焼といえば、ぽってりとした日常使いの器のイメージが強かったが、近年は若い作り手による新しい感覚の器も多く、レストランでも使いやすいものが増えている。

益子町大郷戸で奥様と二人で工房を営む田代倫章さんも、そんな作家のひとり。シンプルでシャープな形状の器は、フランス料理ともなじみがいい。

冬 / 魚介

海老のグラタン、オレンジ風味
Gratin de gambas aux oranges

海老のオーブン焼き、
トリュフ風味の
カリフラワーのクリーム
Gambas au four,
crème de chou-fleur aux truffes

帆立のポワレ、
トリュフ風味の
クレーム・ド・マスカルポーネ
Noix de Saint-Jacques poêlée,
crème de mascarpone aux truffes

海老のグラタン、オレンジ風味

加熱するときれいに赤く色づくアシアカエビは、
テーブルに華やかさを加えてくれる。ここではエビと
相性のいいオレンジを合わせて軽いグラタンに。

材料（2人分）
エビ（アシアカエビ）　5本
オレンジのフィレ　5〜6房分
ソース
┌ エビ（アシアカエビ）の頭と殻　適量
│　ミルポワ
│　┌ ニンジン（5mm角切り）　適量
│　│ 玉ネギ（5mm角切り）　適量
│　└ セロリ（5mm角切り）　適量
│　バター　適量
│　トマトピュレ　適量
│　コニャック　少量
│　フォン・ド・ヴォライユ（p.373参照）　適量
│　生クリーム　少量
│　オレンジ風味のオランデーズソース（煮詰めたオレンジ果汁を少量
│　　加えて作ったオランデーズソース〈p.54参照〉）　適量
└ 塩、コショウ　各適量

1　エビはゆで、氷水に放つ。頭、殻、背ワタをとる。
2　**ソース**：鍋にバターとミルポワの野菜、エビの頭と殻を入れて
　　よく炒める。トマトピュレを加えて更に炒め、コニャックをふ
　　ってデグラッセし、浸る程度にフォン・ド・ヴォライユを加え
　　て煮る。半分量ほどに煮詰まったら漉して、ベースのフォンと
　　する。
3　2を煮詰めて生クリームを入れる。オレンジ風味のオランデー
　　ズソースを加えて塩、コショウで味を調える。
4　1のエビとオレンジのフィレを小鍋に並べて入れ、3のソース
　　を注ぎ、サラマンドルで焼き色をつける。

海老のオーブン焼き、
トリュフ風味のカリフラワーのクリーム

エビは殻付きのままオーブンで焼いてから
殻をむくことで香ばしい香りを加えている。
野菜ベースのソースなら、たっぷりと敷いても
重くならない。

材料（2人分）
エビ（アシアカエビ）　5本
ブロッコリー　適量
ソース
┌カリフラワー　適量
│生クリーム、牛乳　各適量
│塩、コショウ　各適量
│バター　適量
└ジュ・ド・トリュフ（p.74参照）　少量
トリュフ（細切り）　少量
ジュ・ド・トリュフ（p.74参照）　適量
牛乳、レシチン　各適量
塩、レモン果汁　各適量

1　ブロッコリーをゆでる。緑色の花蕾の上の部分を切り
　　とり、ミキサーで攪拌し、ピュレ状にする（濃度はゆ
　　で汁で調整する）。少量のレモン果汁と塩で味を調え
　　る。
2　ソース：カリフラワーをゆでる。小房に分けてミキサー
　　で攪拌し、ピュレ状にする。鍋に移し、生クリーム
　　と牛乳を加えて温めながらのばし、塩、コショウで味
　　を調える。バターを加えてモンテし、少量のジュ・ド・
　　トリュフで香りづけする。
3　エビは殻付きのまま塩をまぶし、まっすぐになるよう
　　に身の部分に串を刺す。300℃のオーブンで焼き、殻
　　をむく。エビミソはとり出しておく。
4　2のカリフラワーのソースを器に流し、1のブロッコ
　　リーのピュレを散らし、3のエビを盛る。エビミソを
　　添えてトリュフをのせ、ジュ・ド・トリュフに牛乳と
　　レシチンを加え、ハンドブレンダーで泡立ててのせる。

帆立のポワレ、
トリュフ風味のクレーム・ド・マスカルポーネ

大きく、身の締まった冬のホタテの
おいしさを楽しむ一皿。
トリュフ風味のクリームソースが贅沢な味わい。

材料（1人分）
ホタテ貝柱　1個
ソース（クレーム・ド・マスカルポーネ）
┌根セロリのピュレ（根セロリをゆでて、ミキサーでピュレに
│　したもの）　25g
│生クリーム　25g
│マスカルポーネ　5〜10g
│ジュ・ド・トリュフ（p.74参照）　少量
│トリュフ　適量
└塩、コショウ、レモン果汁、バター　各適量
スティックセニョール　1〜2本
トリュフ　適量
塩、オリーブ油　各適量

1　ホタテ貝柱に塩をふる。薄くオリーブ油をひいたフラ
　　イパンで片面を焼き、半分近くまで火が入ったら裏返
　　し、軽く焼いて、温かいところにおいておく。
2　ソース（クレーム・ド・マスカルポーネ）：根セロリ
　　のピュレ、生クリーム、マスカルポーネを鍋に合わせ
　　て温め、ジュ・ド・トリュフを加える。塩、コショウ、
　　少量のレモン果汁で味を調え、バターでモンテする。
　　トリュフをみじん切りにして加える。
3　スティックセニョールは塩ゆでし、氷水に放つ。
4　1のホタテを器に盛り、トリュフを削りかける。3の
　　スティックセニョールを温めて添え、2のソースをか
　　ける。

ヤリイカとトマトのグリエ、万願寺唐辛子のコンディマン

Calamar grillé à la tomate,
condiment de piment de "Manganngi"

ヤリイカのポワレ、シイタケのラヴィゴットソース

Calamars poêlés,
sauce ravigote aux shiitake

北寄貝の
青海苔ブール・ブランソース
Coquille "hokki",
sauce beurre blanc aux algues vertes

北寄貝のリゾット、発酵赤大根、
ローリエ風味のエミュルション
Risotto de coquille "hokki",
radis rouge, sauce émulsionnée au laurier

ヤリイカとトマトのグリエ、
万願寺唐辛子のコンディマン

旬のヤリイカをシンプルに焼いて、地元のおいしい
トマトを添えた。甘み、酸味のしっかりとした
トマトはソース代わりにもなる。

材料(1人分)
ヤリイカ 1パイ
トマト(丸福農園の「福来茜」) 1/2個
万願寺唐辛子のコンディマン
┌ 万願寺唐辛子、アサリ、クルミ(ローストしたもの)、
└ 緑オリーブ(種を抜く)、揚げ油、塩 各適量
ソース・オーベルジーヌ
┌ ナス、アンチョビ、黒オリーブ(種を抜く)、
└ ニンニク(みじん切り)、オリーブ油 各適量
セルバチコ 適量
燻製パプリカパウダー(パプリカパウダーを燻製にしたもの)
  適量
塩、オリーブ油 各適量

1 **万願寺唐辛子のコンディマン**:万願寺唐辛子は素揚げ
  し、アサリは蒸して身を殻からとり出す。
2 1とクルミ、緑オリーブをすべてみじん切りにして合
  わせ、塩で味を調える。
3 **ソース・オーベルジーヌ**:小鍋にオリーブ油とニンニ
  クを入れて弱火で加熱する。香りが出てきたらアンチ
  ョビを加える。
4 ナスは直火で焼き、皮をむいて適宜に切る。ミキサー
  に入れて攪拌し、黒オリーブと3を加えて更に攪拌し、
  ピュレ状にする。
5 ヤリイカは水洗いせず、内臓などを掃除し、丁寧に下
  処理をする。胴とゲソにオリーブ油を塗り、グリエす
  る。
6 トマトは塩をして、少量のオリーブ油を塗ってグリエ
  する。
7 器に4のソース・オーベルジーヌを敷き、5、6を盛り
  付ける。2の万願寺唐辛子のコンディマンをクネル状
  に抜いて添え、セルバチコを散らす。燻製パプリカパ
  ウダーをふる。

ヤリイカのポワレ、
シイタケのラヴィゴットソース

コンフィにしたシイタケを加えて作るラヴィゴット風の
ソースは、いろいろな素材に合わせることができる。

材料(2人分)
小ヤリイカ 2ハイ
紫大根 適量
オリーブ油、塩 各少量
シイタケのラヴィゴットソース
┌ 生ハム(脂が少なめの部分) 適量
│ エシャロット 適量
│ シイタケのコンフィ(シイタケを、60℃のオリーブ油で
│   コンフィにしたもの) 1個
│ シイタケのコンフィの油 適量
│ レモン果汁 適量
└ E.V.オリーブ油、塩、コショウ 各適量
水菜 少量
イタリアンチコリ 少量

1 **シイタケのラヴィゴットソース**:生ハム、エシャロッ
  ト、シイタケのコンフィをみじん切りにする。レモン
  果汁、シイタケのコンフィの油、E.V.オリーブ油を加
  えて混ぜ合わせ、塩、コショウで味を調える。
2 紫大根は細切りにする。
3 ヤリイカは内臓などを掃除し、丁寧に下処理をする。
  オリーブ油を少量ひいたフライパンで胴とゲソをさっ
  と焼き、塩をふる。
4 2と3を器に盛り、ヤリイカに1のソースをかける。
  水菜とイタリアンチコリを添える。

北寄貝の青海苔ブール・ブランソース

クセがなく旨みの強いホッキ貝は、
クリーム系のソースとも相性がいい。
ここでは同じ季節の野菜である
ネギと合わせてシンプルに。

材料（1人分）
ホッキ貝　1個
長ネギ（白い部分）　1/4本分
白ワイン　少量
生クリーム　少量
バター　少量
青海苔　少量
オゼイユ　少量
塩　適量

1　長ネギを縦に細切りにする。
2　鍋に少量の水と1を入れてさっと熱し、白ワインを加えて更に加熱する。生クリーム、バター、青海苔を加えて温め、塩で味を調える。
3　ホッキ貝は殻からとり出して掃除し、半分に切る。2に入れて、軽く火を入れる。
4　3を器に盛り、オゼイユを添える。

北寄貝のリゾット、発酵赤大根、
ローリエ風味のエミュルション

発酵赤大根の風味やローリエの香りで
メリハリをつけることで、貝のおいしさが更に活きる。

材料（1人分）
リゾットライス（下記参照）　適量
A
┌ エシャロット（みじん切り）　適量
│ ニンニク（みじん切り）　適量
└ 生姜（みじん切り）　適量
フォン・ド・ヴォライユ（p.373参照）、アサリのジュ（白ワイン蒸しの
　蒸し汁）　各適量
発酵赤大根（下記参照）　適量
生クリーム　少量
パルミジャーノ・レッジャーノ・チーズ（すりおろし）　適量
ホッキ貝　1個
ローリエ風味のエミュルション
┌ 牛乳　適量
│ ローリエ　1枚
└ レシチン　適量
セルフィーユ　少量
オリーブ油、塩　各適量

1　鍋にオリーブ油をひいてAを炒め、香りが出たらリゾットライスを入れ、フォン・ド・ヴォライユ、アサリのジュを加えて加熱する。なじんだら発酵赤大根を刻んで入れ、少量の生クリーム、パルミジャーノ・レッジャーノ・チーズを加えて味を調える。
2　ホッキ貝は殻からとり出して掃除し、塩をしてグリエする。
3　**ローリエ風味のエミュルション**：牛乳にローリエを入れて熱し、香りが移ったらローリエをとり除き、レシチンを加えてハンドブレンダーで泡立てながら温める。
4　ホッキ貝の殻に1のリゾット、食べやすく切った2のホッキ貝の身を盛り、3をのせる。発酵赤大根（みじん切り）とセルフィーユを散らす。

○リゾットライス
米を洗わずにオリーブ油で炒め、米に対して80%量の水を加えて煮る。

○発酵赤大根
赤大根の皮をむいて5mm角に切り、重量に対して2%量の塩をまぶして真空用袋に入れて真空にし、2週間ワインセラーにおいておく。その後は冷蔵庫に移してようすを見る。

プレミアムヤシオマスのコンフィ、グリーンソース
Truite de "Yashio" confite, sauce verte

タラのポワレ、ターメリック風味

Cabillaud poêlé au curcuma

タラと発酵白菜のヴァプール

Filet de cabillaud en robe de chou chinois
à la vapeur

タラとジャガイモのエクラゼ

Filet de cabillaud à la vapeur,
pomme de terre écrasée

プレミアムヤシオマスのコンフィ、グリーンソース

20年以上作り続けている料理。
息子たちに引き継がれ、それぞれの感性によって
進化している料理のひとつでもある。

材料（作りやすい量）
ヤシオマスのコンフィ
┌ ヤシオマス（三枚におろした身）　半身
└ 塩、トレハロース、カソナード、オリーブ油　各適量
グリーンソース
┌ 緑の葉野菜（ホウレン草、小松菜、春菊など）　適量
│ フォン・ド・ヴォライユ（p.373参照）　適量
│ 生ハムのフォン（p.120参照）　少量
└ 塩、オリーブ油　各適量
ポワロー、ユリ根、春菊の葉　各適量
E.V. オリーブ油　適量

1　**ヤシオマスのコンフィ**：ヤシオマスは、余分な脂や腹骨、皮をとり除き、塩、トレハロース、カソナードを合わせたものをまぶし、ラップフィルムで覆って冷蔵庫に1日おく。

2　1の小骨を抜き、出た水分をふきとる。オリーブ油とともに真空用袋に入れて真空にし、40℃のウォーターバスで火入れする。

3　**グリーンソース**：緑の葉野菜をさっと洗い、塩をまぶし、オリーブ油をひいて強火で熱したフライパンに入れてさっと炒める。すぐにボウルに入れて氷水をあてて冷まし、フォン・ド・ヴォライユ、生ハムのフォンと合わせてミキサーにかけ、味を調える（またはパコジェットのビーカーに入れ、少量のフォン・ド・ヴォライユ、生ハムのフォンを加えて冷凍しておき、使用時にパコジェットにかける）。

4　ポワローはゆでて、1cm厚さに切る。ユリ根はほぐしてゆでる。

5　器に4のポワローを敷いて、E.V.オリーブ油をかける。表面の油をふきとって1人分の大きさに切った2のヤシオマスを盛り、4のユリ根と春菊の葉をのせ、まわりに3のソースを注ぐ。

タラのポワレ、ターメリック風味

北海道産のタラとの出会いが、この魚のおいしさを
再認識するきかっけとなり、料理のイメージが広がった。
ここでは栃木県で作られている紅茶の香りをまとわせ、
ターメリックや蜂蜜を加えたソースを合わせて
個性的な一皿に。

材料（1人分）
タラ（切り身）　1切れ
カリフラワー　適量
紅茶（「那須野紅茶」濃い抽出液）　適量
塩、コショウ、オリーブ油　各適量
揚げ油　適量
ソース
┌ フュメ・ド・ポワソン（p.305参照。タラのアラを使用）
│ 　適量
│ 蜂蜜　少量
│ 紅茶液（タラを浸けておいたもの）　適量
│ ターメリック　少量
│ 生クリーム　少量
│ オランデーズソース（p.54参照）　適量
└ 塩、コショウ　各適量
白菜の甘酢ピクルス（葉の部分。ブランシールした白菜を、
　甘酢に漬けたもの）　少量
赤玉ネギのピクルス（ルビーオニオンをゆでて、ピクルス液
　〈p.133参照〉に2日以上漬ける）　少量
ライムの表皮　少量

1　タラに塩をして、紅茶液に浸して2〜3時間おく。タラをとり出して水気をとり、オリーブ油をひいたフライパンに入れて焼く。

2　カリフラワーは小房に分けて、素揚げする。

3　**ソース**：フュメ・ド・ポワソンに蜂蜜と1の紅茶液、ターメリックを加えて煮詰める。生クリームを加えて更に煮詰め、オランデーズソースを加え、塩、コショウで味を調える。

4　1のタラと2のカリフラワーを器に盛り、3のソースをかける。白菜のピクルスと赤玉ネギのピクルスを添え、ライムの表皮をすりおろしてかける。

タラと発酵白菜のヴァプール

修業先のドイツで出会った、ザワークラウトと
魚を合わせ、クリームソースで仕立てた料理を再現。

材料（1人分）
タラ（切り身）　1切れ
ラルド（薄切り）　少量
白菜　適量
塩　適量
ソース
┌ フュメ・ド・ポワソン（下記参照。タラのアラを使用）　60g
│ 白ワイン　30g
│ 生クリーム　少量
│ バター　少量
└ 塩、コショウ　各適量
菊花　少量

1 白菜に塩をまぶしておき、自然に発酵させる。
2 タラは皮をとり、塩をする。皮をとった面にラルドを
　のせて1の白菜の葉で包み、ラップフィルムをきっち
　り巻いて締める。スチームコンベクションオーブンの
　スチームモード（85℃）で蒸す。
3 **ソース**：鍋にフュメ・ド・ポワソンと白ワインを合わ
　せて沸かし、1/3量ほどになるまで煮詰める。生クリ
　ームを加えて更に少し煮詰め、バターを少量加えてモ
　ンテし、塩、コショウで味を調える。
4 3のソースを器に注ぎ、2のタラを盛る。菊の花びら
　を散らす。

○ フュメ・ド・ポワソン

材料（作りやすい量）
魚のアラ　1kg
水　1.2kg
白ワイン　300g
ニンニク（薄皮付き）　2～3粒
ミルポワ
┌ 玉ネギ（薄切り）　400g
│ 長ネギ（薄切り）　200g
└ セロリ（薄切り）　100g
ブーケ・ガルニ（ポワロー、パセリの茎、ローリエ、タイム）
　1束

1 魚のアラを掃除し、水（分量外）でさらして血抜きす
　る。
2 鍋に1のアラと分量の水、白ワイン、ニンニク、ミ
　ルポワ、ブーケ・ガルニを入れて火にかける。
3 沸いたら弱火にして丁寧にアクをとる。40～50分ほ
　ど煮たら、味を確認する。
4 澄んでいる部分をレードルですくって布漉しし、味
　を調えて冷やす。

タラとジャガイモのエクラゼ

スペイン料理の定番であるタラ料理をアレンジした。

材料（1人分）
タラ（切り身）　1切れ
アサリ　5～6個
ジャガイモ　適量
シェーヴルチーズ（今牧場チーズ工房の「茶臼岳」）　適量
ニンニク（ごく細かいみじん切り）　少量
生クリーム　少量
春菊　少量
白ワイン　適量
塩、コショウ　各適量
E.V.オリーブ油　適量

1 タラは皮をとり、塩をする。
2 1とアサリを鍋に入れ、白ワイン蒸しにする。アサリ
　は殻が開いたら身をとり出す。
3 ジャガイモは皮付きのままゆでて皮をむき、粗くつぶ
　す。
4 シェーヴルチーズをつぶし、ニンニクと生クリームを
　加えてペースト状にする。
5 春菊を塩ゆでして水気を切り、細かく刻む。4と混ぜ
　合わせ、味を調える。
6 2の蒸し汁に、E.V.オリーブ油を加えて味を調え、ソー
　スとする。
7 3のジャガイモ、2のアサリとタラを器に盛り、6を注
　ぐ。5を器の縁に添える。

305

ブリのポワレ、
ベアルネーズソース日本風
Buri poêlé,
sauce béarnaise à la japonaise

ブリの四川唐辛子コンフィ
Buri confit au piment rouge de Sichuan

ブリのファルシ、
ニンジンとパプリカのソース
Épinard farci au buri,
sauce à la carotte et au poivron rouge

ブリのポワレ、ベアルネーズソース日本風

縁があり、何度か訪れた長崎県の平戸で出会った
「平戸なつ香りぶり」を使った一品。
オランデーズソースに味噌や田ゼリ、ハコベなどで、
和の要素を加えた。

材料（1人分）
ブリ（「平戸なつ香ブリ」切り身）　1切れ
塩、バター　各適量
ソース
┌ オランデーズソース（p.54参照）　適量
│ A
│ ┌ 田ゼリ（みじん切り）　少量
│ │ ブロンズフェンネル（みじん切り）　少量
│ │ ハコベ（オリーブ油で軽く炒める）　少量
│ │ 万能ネギ（みじん切り）　少量
│ │ 紅タデ（みじん切り）　少量
│ │ ユズのコンフィ（下記参照。みじん切り）　少量
└ └ 味噌　少量
タケノコ　適量
揚げ油　適量
山椒の実のピクルス（塩漬けの山椒の実を塩抜きし、ピクルス
　液〈p.133参照〉に漬けたもの）　少量

1　ブリに塩をふり、しばらくおく。表面にバターを塗り、
　　フライパンで両面を焼く。
2　ソース：オランデーズソースにAを入れて混ぜ合わせ、
　　味を調える。
3　タケノコは細切りにして、素揚げする。
4　器に2のソースを敷いて1を盛り、3をのせ、山椒の
　　実のピクルスを添える。

○ **ユズのコンフィ**
ユズの皮をさっとブランシールした後鍋に入れ、皮と同
量の砂糖、絞ったユズの果汁と房、少量の水を加えて加
熱する。皮に火が入ったら房はとり除いておく。

ブリの四川唐辛子コンフィ

旨みのある四川唐辛子の風味を移した油で、
ブリをコンフィにした。

材料（1人分）
ブリ（「平戸なつ香ブリ」切り身）　1切れ
四川唐辛子　適量
ニンニク　適量
サラダ油　適量
ブナシメジ（「ブナピー」）、ニラの芽　各適量
グラス・ド・ヴィヤンド（鶏。p.373参照）　適量
塩、コショウ　各適量

1　鍋にサラダ油と四川唐辛子、ニンニク（粒のまま）を入
　　れて火にかけ、160℃まで温度を上げる。唐辛子が色
　　づいてきたら70℃まで温度を下げ、塩をふったブリ
　　を入れて加熱する。
2　別鍋にグラス・ド・ヴィヤンドを入れて温め、1のオ
　　イルを適量加えて塩、コショウで味を調え、ソースと
　　する。
3　ブナシメジ、ニラの芽はさっとゆでる。
4　1のブリのコンフィと3を器に盛り、2のソースをかけ
　　る。1の唐辛子を添える。

ブリのファルシ、ニンジンとパプリカのソース

ブリで作ったファルスをホウレン草で包み、オレンジ色の美しい
ソースを合わせた。たっぷりのソースも泡立てることで軽さが出る。
ニンジンはグラッセにしたものを使い、甘みを少し加えている。

材料（1人分）
ファルス
┌ ブリ（「平戸なつ香ブリ」生の身や燻製にした腹身などを
│　　コンフィにしたもの）　計80g
│ 長ネギ（白い部分）　適量
│ 柑橘の表皮（平戸産「平戸夏香」など。なければオレンジの
│　　表皮でもよい）　2g
│ パン粉　適量
│ 卵白　少量
└ サラダ油、塩、黒コショウ　各適量
ホウレン草の葉　7〜8枚
クレピネット　適量
ソース
┌ パプリカ（一口大に切る）　1/8個分
│ ニンニク（薄切り）　適量
│ 柑橘の果汁（平戸産「平戸夏香」など。なければオレンジの
│　　果汁でもよい）　適量
│ ニンジンのグラッセ　160〜170g
│ フォン・ド・ヴォライユ（p.373参照）　適量
│ 生クリーム　適量
└ オリーブ油、塩、コショウ　各適量
ニンジン（間引きしたもの）　1本
オリーブ油、塩、黒コショウ　各適量
クルミ（ローストしたもの）、クミンシード　各適量

1　**ファルス**を作る。コンフィにしたブリは5mm角弱の
　　小角切りにする。長ネギはみじん切りにし、サラダ油
　　をひいたフライパンで色づかないように炒める。

2　1のブリと長ネギをボウルに合わせる。柑橘の表皮を
　　すりおろして加え、パン粉、卵白も加えてよく混ぜる。
　　塩、黒コショウで味を調える。

3　ホウレン草はブランシールして冷水にさらし、水気を
　　とる。

4　クレピネットを広げ、その上に3のホウレン草を隙間
　　なく広げ、2のファルスをラグビーボール状にまとめ
　　てのせる。ファルスをまずホウレン草で包み、更にク
　　レピネットで全体を包む。

5　熱したフライパンに4を入れて外側を焼く。更に120
　　℃のオーブンに入れて5分ほど焼く。

6　**ソース**：鍋にオリーブ油をひいてパプリカとニンニ
　　クを色づかないように炒め、適量の水と少量のフォン・
　　ド・ヴォライユを加えてやわらかくなるまで煮る。

7　ニンジンのグラッセと6のパプリカ（＋ニンニク）を、
　　1：2程度の割合で合わせてミキサーで攪拌し、ピュ
　　レ状にする。柑橘の果汁、フォン・ド・ヴォライユ、
　　生クリームを加えてのばし、塩、コショウで味を調え
　　る。

8　間引きニンジンをゆでる。水気をとり、オリーブ油を
　　ひいたフライパンで焼き、塩、黒コショウをふる。

9　7のソースをハンドブレンダーで泡立てて、器に流す。
　　5を盛り、8のニンジンを添える。クミンシードとク
　　ルミを散らす。

冬 / 肉

鶏ささみとエスカルゴのブルゴーニュ風
Aiguillette de volaille et escargots à la bourguignon

八溝ししまるのロースト、
スパイス風味の紫イモのピュレ、
トレヴィス、椎茸、新ゴボウ添え
Rôti de sanglier au racine de bardane,
trévise et shiitake,
purée de patate douce violette épicée

鶏ささみとエスカルゴのブルゴーニュ風

淡白なささみに、春菊を使った香草バターやエスカルゴの風味を加えた。
春菊はまさに和のハーブ。僕は好んで使用する。

材料（1人分）
鶏ささみ　1本
香草バター（作りやすい量）
A
マッシュルーム（オリーブ油でさっとソテーしたもの）　45g
春菊　50g
玉ネギ　30g
ニンニク（小）　1粒
グラス・ド・ヴィヤンド（鶏。p.373参照）　10g
バター　130g
塩、黒コショウ　各適量
エスカルゴ　3〜4個
モワル（牛の骨髄）　20g
塩、黒コショウ　各適量
オリーブ油　適量

1　**香草バター**：Aをすべてみじん切りにする。ボウルでよく混ぜ合わせ、
　　グラス・ド・ヴィヤンドを加えて更に混ぜる。塩をふり、黒コショウを
　　挽く。ポマード状にしたバターを加えてよく練り合わせ、味を調える。
2　ささみに軽く塩をふり、ごく少量のオリーブ油をまわしかけて、フライ
　　パンでポワレする。
3　エスカルゴの身をゆでる。
4　2のささみを耐熱皿に盛り、3のエスカルゴとたっぷりの1の香草バター
　　をのせる。モワルをのせて、サラマンドルで焼く。

八溝ししまるのロースト、スパイス風味の紫イモのピュレ、トレヴィス、椎茸、新ゴボウ添え

地元のイノシシ、「八溝ししまる」を主役にした一皿。
ジビエは入手ルートを作ることがまず必要だが、
このイノシシもようやくそれが整い、安定して入るようになった。

材料（作りやすい量）
イノシシ肉（「八溝ししまる」骨付きロース肉）
　骨4〜5本分の塊
紫イモのチュイル
┌ 紫イモ　適量
│ バター　適量
│ 生クリーム　適量
│ シナモンパウダー　適量
└ 米粉　適量
シイタケ（小）　適量
エシャロット（みじん切り）　少量
ニンニク（みじん切り）　少量
赤玉ネギのピクルス
┌ 赤玉ネギ（「ルビーオニオン」）、
└ 　ピクルス液（p.133参照）　各適量
新ゴボウ　適量
ギンナン　適量
トレヴィス　適量
黒ビール　適量
ジュ・ド・ヴォライユ（p.373参照）　適量
サラダ油、バター、オリーブ油、塩、コショウ　各適量
ミニョネット、アマランサス　各少量

※「八溝ししまる」は、栃木県、茨城県、福島県の3県にまたがる八溝山系地域で獲れるイノシシ。栃木県の那珂川町では廃校を利用して衛生管理の行き届いた処理場を設け、おいしい肉として流通する仕組みを作った。那珂川町馬頭温泉郷や県内の飲食店で、近年積極的にメニューに載せるようになってきている。

1　イノシシ肉は、少量のサラダ油をひいたフライパンに入れ、脂を焼きつけるように焼く。出てきた脂を肉にかけながら全体に焼き目をつけたら、オーブンに移して火を入れる。焼き上がりに塩をふり、やすませておく。

2　**紫イモのチュイル**：紫イモを蒸して皮をむき、裏漉してバター、生クリーム、シナモンパウダーを加えてピュレにする。一部のピュレはとり分けておき（盛り付けのときに使う）、残りのピュレに米粉を加えて混ぜ合わせる。シルパットを敷いた天板にヘラで薄くのばし、70℃のコンベクションオーブンで乾燥させる。

3　シイタケはエシャロット、ニンニクとともにバターでソテーする。

4　**赤玉ネギのピクルス**：赤玉ネギをゆでて、ピクルス液に2日以上漬ける。

5　新ゴボウは塩ゆでし、オリーブ油でソテーする。

6　ギンナンは紙袋に入れて電子レンジにかけ、殻と薄皮をむく。

7　トレヴィスは、オリーブ油をひいたフライパンで表面を焼き、黒ビールを注いでデグラッセする。更にジュ・ド・ヴォライユでデグラッセし、バターで仕上げる。

8　1の肉を骨1本分に切り分け、2〜7のトレヴィスとともに器に盛り付ける。7のソースをかけ、ミニョネットとアマランサスを散らす。

とちぎ和牛すね肉のブイイ、
レフォールソース
Bouilli de jarret de bœuf, sauce raifort

栃の木黒牛のポワレ、
シェーヴルチーズと
奈良漬けのコンディマン
Bœuf poêlé,
condiment de fromage chèvre et
de "Narazuke"

とちぎ和牛のポワレとアンディーヴ、
トリュフのヴィネグレット

Bœuf poêlé et endive étuvée, vinaigrette aux truffes

とちぎ和牛すね肉のブイイ、レフォールソース

旨みの強い和牛肉を、野菜たっぷりのソースで食べていただく。
肉と相性のいいレフォールソースのアクセントがきいている。

材料（作りやすい量）
牛すね肉のブイイ
- 牛すね肉（「とちぎ和牛」）　500g
- 香味野菜（玉ネギ、ニンジン、セロリ、ニンニク、パセリなど）　適量
- ローリエ　1枚

レフォールソース
- 砂糖　50g
- 白ワインヴィネガー　80cc
- 生パン粉＋牛乳（生パン粉に、浸る程度の牛乳を加えたもの）　計240g
- レフォール（すりおろしたもの）　80g
- 生クリーム　40cc
- 塩、コショウ　各適量

野菜ソース
- 玉ネギ　120g
- ニンジン　100g
- セロリ　60g
- 牛すね肉のゆで汁　180cc（目安）
- 塩、コショウ　各適量
- コーンスターチ　適量

ジャガイモ　2個
ウド　適量

1　**牛すね肉のブイイ**を作る。牛肉とローリエを鍋に入れて水を適量注ぎ、強火にかける。沸いたらアクをとり、大きめに切った香味野菜を入れ、火を弱めて肉がやわらかくなるまでゆっくり煮る。

2　**レフォールソース**：鍋に砂糖を入れ、色づかないように加熱していく。白ワインヴィネガーを入れて煮詰める。パン粉＋牛乳とレフォールを加え、熱しながら合わせる。更に生クリームを加え、塩、コショウで味を調える。

3　**野菜ソース**：玉ネギ、ニンジン、セロリは4〜5mm角に切る。鍋に入れて1の牛肉のゆで汁を加え、やわらかくなるまで煮る。塩、コショウで味を調え、水で溶いたコーンスターチを適量加えて加熱し、軽くとろみをつける。

4　ジャガイモは丸ごとゆでて皮をむき、軽くつぶす。ウドはゆでる。

5　皿に4のジャガイモを敷き、1の牛肉を適当な大きさに切ってのせる。3をたっぷりかけ、2を少量かけてウドを添える。

栃の木黒牛のポワレ、
シェーヴルチーズと奈良漬けのコンディマン

「栃の木黒牛」は、栃木県産の交雑牛。赤身と脂の
バランスがいい。アクセントに、奈良漬けを加えた
シェーヴルチーズのコンディマンを添えた。

材料
牛ロース肉(「栃の木黒牛」)　適量
ウド　適量
奈良漬け　適量
シェーヴルチーズ(今牧場チーズ工房の「茶臼岳」)　適量
黒大根(薄い輪切り)、クレソン　各適量
グラス・ド・ヴィヤンド(鶏。p.373参照)　適量
ウドのパウダー(ウドを200℃のオーブンで焼いて炭化させ、
　ミルでパウダーにしたもの)　適量
塩、コショウ、オリーブ油　各適量

1　牛ロース肉は塩をふり、オリーブ油を少量ひいたフラ
　イパンで焼く。アルミ箔で包み、やすませる。
2　ウドは食べやすい大きさに切り、塩とオリーブ油をか
　けて、オーブンで焼く。
3　奈良漬けを刻み、シェーヴルチーズと混ぜ合わせる。
4　1に2を重ねて器に盛り、黒大根とクレソンをのせる。
5　1の焼き汁とグラス・ド・ヴィヤンドを合わせて温め、
　塩、コショウで味を調えてソースとし、4にかける。
　ウドのパウダーを散らし、3を添える。

とちぎ和牛のポワレとアンディーヴ、
トリュフのヴィネグレット

アンディーヴの軽い苦みと和牛の相性がよい。
トリュフのヴィネグレットとの組み合わせも好み。

材料(1人分)
アンディーヴ　1個
牛もも肉(「とちぎ和牛」)　80g
シイタケ　1個
シェーヴルチーズ(今牧場チーズ工房の「茶臼岳」)　適量
塩、フォン・ド・ヴォライユ(p.373参照)、オリーブ油
　各適量
生クリーム　少量
トリュフのヴィネグレット(p.74参照)　適量

1　アンディーヴは塩とフォン・ド・ヴォライユ少量とと
　もに真空用袋に入れて真空にし、スチームコンベクシ
　ョンオーブンのスチームモード(85℃)で火を入れる。
2　牛肉は軽く全体に塩をふってフライパンでさっと焼
　き、5mm厚さ程度に切る。
3　シイタケは、ごく少量のオリーブ油をひいたフライパ
　ンで焼き、軽く塩をする。粗熱がとれたらみじん切り
　にし、シェーヴルチーズ、塩、生クリーム少量を加え
　てよく混ぜ、ペースト状にする。
4　1のアンディーヴの縦1/3を切り落とす。残った2/3
　のほうをオーブンで温め、切り口に2の牛肉を並べて
　のせる。
5　4の切り落としたアンディーヴで3のペーストを巻く。
　4とともに皿に盛り付け、トリュフのヴィネグレット
　をかける。

とちぎ和牛すね肉のラグー、
マデラソース

Ragoût de jarret de bœuf, sauce madère

とちぎ和牛すね肉のラグー、
フォワグラソース

Ragoût de jarret de bœuf,
sauce foie gras

とちぎ和牛すね肉のラグーと
牡蠣のコンフィ

Ragoût de jarret de bœuf et confit d'huître

とちぎ和牛すね肉のラグー、マデラソース

香味野菜とともにじっくりと赤ワインで煮込んだ牛肉は、
それだけでもおいしいが、ソースや添えるものを替えることで、
さまざまなバリエーションが楽しめる。ここでは肉とよく合う
マデラソースと、カリフラワーのピュレを合わせて。

材料
牛すね肉のラグー　適量
┌ 骨付き牛すね肉(「とちぎ和牛」塊)　適量
│ 玉ネギ、ニンジン　各適量
│ セロリ　少量
│ 赤ワイン、ジュ・ド・ヴォライユ(p.373参照)　各適量
└ 塩、サラダ油　適量
カリフラワー　適量
牛乳、生クリーム、バター、塩　各適量
マデラソース
┌ マデラ酒、グラス・ド・ヴィヤンド(鶏。p.373参照)、
│　牛すね肉のラグーの煮汁、バター、塩、コショウ　各適量
トリュフ　適量

1　**牛すね肉のラグー**を作る。骨付き牛すね肉に塩をふり、サラダ油を少量
　　ひいたフライパンでよく焼き目をつける。玉ネギ、ニンジン、少量のセ
　　ロリはすべて5mm厚さに切り、サラダ油で軽くソテーする。

2　1をすべて鍋に入れ、赤ワインとジュ・ド・ヴォライユを加えてやわら
　　かくなるまでゆっくり煮る(アクはよくとり除く)。

3　カリフラワーは、水と牛乳を合わせた中でゆっくりやわらかくなるまで
　　煮る。カリフラワーをとり出してミキサーで攪拌してピュレ状にし、生
　　クリームを加えてのばし、塩で味を調える。バターを少量加えて混ぜる。

4　**マデラソース**:マデラ酒を煮詰め、グラス・ド・ヴィヤンドと2のラグ
　　ーの煮汁を加えて更に煮詰める。バターを少量加えてモンテし、塩、コ
　　ショウで味を調える。

5　2の牛すね肉のラグーを適当な大きさに切り、3とともに器に盛る。肉
　　に4のソースをかけ、トリュフを削って散らす。

とちぎ和牛すね肉のラグー、フォワグラソース

フォワグラを加えた濃厚なソースと、
キャラメリぜした玉ネギを合わせて。

材料
牛すね肉のラグー（p.320参照）　適量
マデラソース（p.320参照）　適量
フォワグラのパルフェ（p.141参照）　適量
玉ネギ　適量
ミニョネット　適量
バター、砂糖、塩　各適量

1　玉ネギを粗くスライスし、バターとともに鍋に入れて
　　しっかり炒め、砂糖と少量の塩を加えながらキャラメ
　　リぜする。
2　鍋でマデラソースを温め、フォワグラのパルフェを加
　　えてよく溶かし込む。
3　牛すね肉のラグーを適当な大きさに切り、1とともに
　　器に盛る。2のソースをかけ、ミニョネットを散らす。

とちぎ和牛すね肉のラグーと牡蠣のコンフィ

コンフィにした牡蠣をのせ、フォワグラや
トリュフで味と香りに変化をつけた。
牛肉と牡蠣は、好きな組み合わせのひとつ。

材料
牛すね肉のラグー（p.320参照）　適量
牛すね肉のラグーの煮汁　適量
ジュ・ド・ヴォライユ（p.373参照）　適量
牡蠣（むき身）　1個
フォワグラ（冷凍）　少量
トリュフ　少量
カラシ菜　少量
塩、コショウ、サラダ油　各適量

1　牡蠣は塩をふり、鍋に入れてかぶる量のサラダ油を注
　　ぎ、少しぷっくり膨らむまで低温でゆっくり火を入れ
　　る。
2　牛すね肉のラグーの煮汁とジュ・ド・ヴォライユを合
　　わせて煮詰め、塩、コショウで味を調える。
3　牛すね肉のラグーを適当な大きさに切って器に盛り、
　　2のソースをかける。フォワグラを薄くスライスして
　　のせ、サラマンドルで加熱して軽く溶かす。
4　3に1の牡蠣をのせ、トリュフを薄くスライスして散
　　らす。カラシ菜を添える。

フォワグラのポワレとブドウのクリーム風味
Foie gras poêlé, raisins à la créme

ジャガイモとフォワグラ、
鴨の生ハムのプレッセ、
トリュフのヴィネグレット
Pressé de pomme de terre et
fois gras et jambon cru de canard,
vinaigrette aux truffes

焼きイモとフォワグラのファルシ
Patate douce farcie au foie gras

フォワグラのポワレとブドウのクリーム風味

フルーツとよく合うフォワグラを、ブドウと合わせた。
クリーム系のソースとの組み合わせは珍しいが、
フォワグラともブドウとも相性がいい。

材料（1人分）
フォワグラ　1切れ
ブドウ（好みのもの）　適量
バター、シェリーヴィネガー、白ワイン　各適量
生クリーム　適量
グラス・ド・ヴィヤンド（鶏。p.373参照）　少量
塩、コショウ　各適量
薄力粉　少量
ミニョネット　少量
アマランサス　少量

1　ブドウの皮をむく。バターを溶かしたフライパンに入
　　れて温めながらバターをからめ、フライパンからとり
　　出す。ブドウをとり出した後のフライパンにシェリー
　　ヴィネガーを入れてデグラッセし、白ワインを加えて
　　熱し、甘みと酸味のバランスをとる。ブドウを戻し入
　　れる。
2　別鍋に生クリームを入れ、少量のグラス・ド・ヴィヤ
　　ンドを加えて煮詰め、塩、コショウで味を調える。バ
　　ターを少量加えてモンテする。1のブドウとソースを
　　入れて混ぜ合わせる。
3　フォワグラに塩をふり、薄力粉をつけて、バターをひ
　　いたフライパンでポワレする。
4　3のフォワグラ、2のブドウを器に盛り、2のソースを
　　流し、ミニョネットを散らす。アマランサスを添える。

ジャガイモとフォワグラ、鴨の生ハムのプレッセ、トリュフのヴィネグレット

ジャガイモの間に鴨の生ハムとフォワグラの
パルフェをサンドして、層にした。
こんな盛り付けもおもしろい。

材料（2人分）
ジャガイモ（メークイン）　大1個
フォワグラのパルフェ（p.141参照）　適量
鴨の生ハム（p.62参照）　4〜5枚
トリュフのヴィネグレット（p.74参照）　適量

1　ジャガイモは皮付きのまま蒸して皮をむき、粗熱がと
　　れたら、5〜6mm幅程度の輪切りする。
2　1にフォワグラのパルフェを均等に塗り、鴨の生ハム
　　をのせ、再びフォワグラのパルフェを少量塗る。これ
　　を繰り返しながら重ねていく。
3　2をラップフィルムで包んで端をねじって締め、冷蔵
　　庫で冷やしておく。
4　3を縦半分に切り、皿に盛り、トリュフのヴィネグレ
　　ットをかける。

焼きイモとフォワグラのファルシ

焼きイモを切り分けると中からフォワグラが現れる。
フォワグラとよく合う安納イモの甘みを、
セリやコショウの風味で引き締める。

材料(作りやすい量)
焼きイモ(「安納イモ」)　1本
フォワグラのパルフェ(p.141参照)　適量
セリの葉　適量
セリの根　適量
揚げ油　適量
赤ワインヴィネガー、E.V.オリーブ油、塩、コショウ　各適量
フルール・ド・セル、ミニョネット　各適量

1　焼きイモの皮をむく。縦に1本切り目を入れ、フォワ
　　グラのパルフェを絞り袋で絞り入れ、冷蔵庫で冷やす。
2　赤ワインヴィネガー1：E.V.オリーブ油1の割合で合
　　わせ、塩、コショウで味を調え、セリの葉に加えて和
　　える。
3　セリの根はさっと素揚げする。
4　1、2、3を器に盛り、フルール・ド・セルとミニョネ
　　ットを添える。

[p.43の料理]
フォワグラのフラン

材料(デミタスカップ9〜10個分)
フォワグラ(フレッシュ)　150g
生クリーム　120g
牛乳　120g
卵黄　3個
塩、コショウ　各適量

1　フォワグラは血合いなどをとり除いて掃除した後、常
　　温または少し温かいところにおいておく(冷めたすぎ
　　ると分離しやすい)。
2　ミキサーに1と生クリーム、牛乳、卵黄(いずれも少
　　し常温に戻したもの)を入れ、軽く塩、コショウをし
　　て攪拌する。シノワで漉し、塩、コショウで味を調える。
3　デミタスカップに2のフラン液を入れ、ラップフィル
　　ムをかけて蒸す(20分前後が目安。量による)。相性
　　のよいソースやトッピングをのせて提供する。

ソースによるバリエーション

＋マデラソース

マデラ酒を煮詰め、ジュ・ド・トリュフ(p.74参照)とグ
ラス・ド・ヴィヤンド(p.373参照。鴨のガラでとったもの)
を加えて少し煮詰める。バターを少量加えてモンテし、塩、
コショウで味を調える。蒸し上がったフランの上に注ぐ。

＋伊達鶏のコンソメ

コンソメ(鶏。p.120参照)を温めて、蒸し上がったフラン
にかける。ソテーしたトランペット茸を添えてもよい。

＋マンゴーソース

マンゴーの果肉をミキサーにかけてジュースにし、濃度
や甘みを調えてソースとし、蒸し上がったフランの上に
注ぐ。

＋クレーム・ド・シャンピニヨン

クレーム・ド・シャンピニヨン(p.236参照)を、ハンドブ
レンダーで泡立てて、蒸し上がったフランの上にのせる。

冬 / デザート

レモンのウッフ・ア・ラ・ネージュ、
とちおとめ、酒粕のアイスクリーム
Œufs à la neige au citron,
sauce aux fraises, glace à la lie de saké

とちおとめのコンソメ、ココナッツとライチのソルベ、
ローズヒップのグラニテ

Consommé de fraise, sorbet litchi et coco,
granité de baies d'églantier

レモンのウッフ・ア・ラ・ネージュ、とちおとめ、酒粕のアイスクリーム

イチゴのほかレモンや酒粕など、ほとんど地元産の食材を使用している。

[A] レモンのウッフ・ア・ラ・ネージュ

材料（直径5cm高さ3cm 20個分。中心
　　直径3cm）
卵白　175g
カンテンベース（右記参照）　140g
グラニュー糖　40g
トレハロース　40g
ジン（アルコールを飛ばしたもの）　50g
レモンの表皮（宇都宮産「宮レモン」。
　　ゼスターで削り、広げて軽く乾燥させ
　　ておく）　1/3個分

1　あらかじめセルクル型の内側にオ
　　イルスプレーを吹きつけ、指でまん
　　べんなくのばし、シルパットを
　　敷いた天板の上に、離して並べて
　　おく（天板1枚につき10個程度）。
2　卵白をスタンドミキサーのボウル
　　に入れて中低速で泡立てはじめ
　　る。同時にカンテンベースを小鍋
　　に入れて火にかける。
3　2の卵白が白っぽくなりはじめた
　　ら、沸いたカンテンベースを少し
　　ずつ加えながら、イタリアンメレ
　　ンゲを作る要領で泡立て続け、続
　　いてグラニュー糖とトレハロース
　　も一気に加えて高速でまわす（立
　　てすぎないように注意する）。
4　七分立てくらいになったらジンと
　　レモンの表皮を加え、まんべんな
　　く混ざり艶が出たらすぐに止める
　　（八分立て手前。立てすぎないよ
　　うに注意する）。
5　口金をつけた絞り袋に入れ、1の
　　型に少しはみ出すくらいに絞り、
　　パレットで表面をすり切る。
6　スチームコンベクションオーブン
　　のスチームモード（85℃、風力3）
　　で4分間火入れする。
7　オーブンからとり出し、膨らんで
　　いた生地が型の高さまで落ち着い

てきたら、乾かないうちに型をは
ずす。
8　直径3cmのセルクル型で、生地
　　の中央に、抜くためのガイドライ
　　ンをつける（生地が手につきやす
　　いので、常に手や型を水でぬらし
　　ながらやさしく触る）。ガイドラ
　　インに添い、ぬらした小さなスプ
　　ーンで中心の生地をとり出してい
　　く。底の部分は1cm程度残す。
＊　深いバットに入れ、表面に触れな
　　いようにラップをピンと張ってかける。

○カンテンベース

材料（作りやすい量）
水　500g
グラニュー糖　500g
ル・カンテンウルトラ（伊那食品）　22g

分量の水を沸かしたところに、あら
かじめ合わせておいたグラニュー糖
とル・カンテンウルトラを入れてよ
く混ぜながら、再沸騰させる。よく
冷やし固めておく。

[B] とちおとめのソース

とちおとめのコンソメ（p.208参照）を
鍋に入れて火にかけ、80℃ほどにな
ったら1.5％量のアガーを入れ、泡立
て器でよくかき混ぜて溶かす。レモ
ン果汁で味を調え、氷水にあてて冷
やし固める。

[C] ヨーグルトのエスプーマ

材料（作りやすい量）
ヨーグルト（プレーン）　225g
グラニュー糖　54g
レモン果汁　4.5g
生クリーム　23g
エスプーマコールド　15g

材料を混ぜ合わせ、エスプーマ用の
サイフォンに詰め、ガスを充填して
おく。

[D] リ・オ・レ

材料（作りやすい量）
牛乳　500g
米（栃木県産）　50g
グラニュー糖　50g
ヴァニラのサヤ（中の種をとり出して一
　　度使用した後、よく洗って乾燥させた
　　もの）　1/2本

鍋にすべての材料を合わせて火にか
ける。鍋底が焦げないように注意し
ながら木ベラで混ぜ、米に少し芯が
残る程度までゆっくり弱火で火を入
れる。

[E] 地元の酒粕のアイスクリーム

材料（作りやすい量）
牛乳　500g
グラニュー糖　110g
ヴァニラのサヤ（種をとった後のもの）
　　　1本
酒粕（地元のもの）　100～150g（使用す
　　る酒粕による）
生クリーム（乳脂肪分47％）　500g

1　牛乳、グラニュー糖、ヴァニラの
　　サヤを鍋に入れ火にかける。
2　その間に酒粕を手でそぼろ状にほ
　　ぐす。
3　1の牛乳が沸騰直前になったら2
　　を入れ、混ぜてなじませる。蓋を
　　して30分ほど蒸らして香りを出
　　す。
4　3を裏漉ししながらボウルに移し、
　　氷水にあててよく冷やす。生クリ
　　ームを加え、パコジェットのビー
　　カーに詰めて冷凍する。使用時に
　　パコジェットにかける。

とちおとめのコンソメ、ココナッツとライチのソルベ、
ローズヒップのグラニテ

旬のイチゴを贅沢に使ってとる"コンソメ"をたっぷり使い、
白と赤でまとめた。

[F] レモンクリーム

材料（作りやすい量）

全卵　120g

グラニュー糖　60g

トレハロース　40g

レモン果汁（宇都宮産「宮レモン」）
　100g

バター　20g

カンテンベース（p.328参照）　50g

リモンチェッロ（アルコールを飛ばした
　もの）　30g

板ゼラチン　2g（氷水に浸けて戻す）

1　板ゼラチン以外の材料をすべてボ
　ウルに入れ、よくすり混ぜる。

2　1を湯煎にかけ、泡立て器で混ぜ
　ながらゆっくり火を通していく。

3　15分ほど経ってとろみがついてき
　たら湯煎からはずし、直火にかけ
　る。ポコポコと沸いてから数分間
　常に混ぜながら加熱する（殺菌の
　ため）。

4　3を裏漉しながらボウルに移し、
　ゼラチンの水気をよくふきとって
　加え、よく混ぜる。氷水にあてて
　よく冷やした後、冷蔵保存する。

[G] ホワイトチョコレートの砂

湯煎で溶かしたホワイトチョコレー
トに、マルトセックを加えながら泡
立て器で混ぜ合わせる。

仕上げ・盛り付け：

[A] の中に [B] を入れて [C] を絞り、
器に盛る。横に [D] を敷いて [E] をの
せ、イチゴ（「とちおとめ」）、[F]、[G]、
イチゴのチップ（p.217のフランボワ
ーズのチップのフランボワーズのピ
ュレをイチゴのピュレに替え、同様
に作ったもの）を添える。

[A] ライチとココナッツのソルベ

材料（作りやすい量）

ライチのピュレ（市販）　200g

牛乳　1ℓ

ココナッツミルク　400g

トレモリン　75g

グラニュー糖　150g

ディタ（ライチリキュール。アルコール
　を飛ばしたもの）　大さじ1½

1　ディタ以外の材料を鍋に合わせて
　火にかける。沸騰直前まで温めた
　らハンドブレンダーでよく混ぜて
　乳化させる。

2　1をボウルに移し、氷水にあてて
　冷やしながら更にハンドブレンダ
　ーで攪拌する。冷えたらディタを
　加え、パコジェットのビーカーに
　入れて冷凍しておく。使用時にパ
　コジェットにかける。

[B] とちおとめのソース

p.328参照。

[C] ローズヒップのグラニテ

材料（作りやすい量）

水　1ℓ

グラニュー糖　100g

蜂蜜（栃木県鹿沼産「百花蜜」）　50g

ローズヒップティー（茶葉）　16g

スパイス
┌ シナモン棒　2cm
│ クローブ　2粒
│ カルダモン　3粒
│ 黒粒コショウ　10粒
│ ヴァニラのサヤ（中の種をとり出して
│ 　一度使用した後、よく洗って乾燥さ
│ 　せたもの）　1本
└
レモン果汁　適量

1　分量の水とグラニュー糖、蜂蜜を
　鍋に入れ火にかける。沸騰直前ま
　で温めたらローズヒップティーの
　茶葉とスパイス類を入れて火を止
　め、蓋をして30分ほど蒸らす。

2　1を漉してボウルに入れ、氷水に
　あてて冷やした後レモン果汁で味
　を調える。

3　深めのバットなどに移して冷凍庫
　で凍らせ、フォークで削りグラニ
　テにする。

盛り付け：

[A] を器に盛り、[B] を流し、[C] を
添える。ソルベの上にあめ細工の雪
の結晶を飾る。

栃木県農業試験場「いちご研究所」は、2008年に設立された、日本で唯一の公設のイチゴ専門研究機関。新品種や新技術の開発に加え、消費動向などの調査・分析まで行なわれ、研修などの機能も備える。

　イチゴの品種は、異なる種類のイチゴを交配して作る。「いちご研究所」では、毎年2〜3月に70組み合わせほどの交配が行なわれ、4月に成熟した実から種子を採取する。1果から採れる種子は300〜500粒。5月にこの種をまいて育て、9月に定植という流れで、定植数は約1万株になる。

　実が赤くなると、研究員がひたすら摘んでかじり、1株ずつ味を確認してよい株を200〜300株程度（全体の2〜3％）残す。同じ親から採れた種であっても、人間の兄弟が違うように同じものは1株もない。一人の研究員が担当するのは2000株ほど。品種候補を捨ててしまわないよう、「迷ったら残す」が鉄則だという。

　2年目以降更にこれを絞り込み、現地試験の結果優れた特性が評価されると、7年目にようやく品種登録を申請する。その後登録審査を経て、初めて新品種として登録される。ここまでこぎつけるのは、7年間で2、3種類だという。

　栃木県は1969年からイチゴの品種開発を進めており、これまでに、「女峰」「とちおとめ」「スカイベリー」など8種類が品種登録されている。

ピスタチオアイスクリーム入りのプロフィットロール、ベリーのチョコレートソース　p.334

重たいイメージのチョコレートやシュークリームのデザートを、
苦み、酸味、スパイスの香りや温度で、飽きずに食べられる一皿に仕立てた。

[A]ピスタチオのアイスクリーム入り
プロフィットロール

材料
サブレ・ショコラ（作りやすい量）
- バター（角切りにし冷やしておく）
  110g
- カソナード　110g
- 薄力粉　140g
- ココアパウダー　40g

ショコラ・シュー生地（約150個分）
- 水　120g
- 牛乳　120g
- バター（サイコロ状に切る）　100g
- 塩　5g
- グラニュー糖　5g
- 薄力粉　140g
- ココアパウダー　20g
- 全卵　3〜4個

ピスタチオのアイスクリーム
（作りやすい量）
- アングレーズソース
  - 牛乳　1ℓ
  - グラニュー糖　230g
  - 卵黄　10個
- ピスタチオペースト　180g

サブレ・ショコラ：

1　バターとカソナードを合わせてフードプロセッサーで攪拌する。

2　ふるい合わせた薄力粉とココアを2回に分けて1に加え、そのつど短時間攪拌してよく混ぜる。

3　できた生地をまとめてラップフィルムで包み、冷蔵庫で1時間以上ねかせた後、1.5mm厚さにのばし、直径3cmのセルクル型で抜く。冷凍庫で保存しておく。

ショコラ・シュー：

4　鍋に分量の水、牛乳、バター、塩、グラニュー糖を入れて火にかける。

5　完全に沸騰したら火からおろし、あらかじめふるい合わせておいた薄力粉とココアを一気に加え、木ベラで手早く混ぜ合わせる。

6　ひとまとまりになったら再び中火にかけ、絶えず混ぜながら火を入れる。鍋底に薄い膜が張るようになったら、ミキシングボウルに移す。

7　ビーターを付けたスタンドミキサーでまわしながら、溶きほぐした卵を5、6回に分けて加える。卵を加える際はミキサーを低速にし、混ぜる際は中速にして、しっかり均一に混ぜ合わせる。木ベラですくって落としたときに、生地がなめらかな逆三角形になるような固さに調整する。

8　7の生地を絞り袋に入れ、シルパットをひいた天板に、直径2cmの大きさで、等間隔に絞り出す。

9　8の表面に溶き卵（分量外）を薄く塗り、3のサブレ・ショコラの生地を上にのせる。あらかじめ180℃に温めておいたオーブンで15〜20分ほど焼く。

ピスタチオのアイスクリーム：

10　アングレーズを炊き、ピスタチオペーストを加えてハンドブレンダーでよく混ぜ、裏漉した後、氷水にあてて急冷する。パコジェットのビーカーに入れ、急速冷凍する。使用時にパコジェットにかける。

仕上げ：

11　営業前に9のシューに10のアイスクリームを絞り入れ、冷凍保存する。提供する直前に200℃のオーブンで3分ほど焼く。

[B] ベリーのチョコレートソース

材料（作りやすい量）
生クリーム（乳脂肪分35%）　180g
牛乳　180g
水あめ　22g
ミルクチョコレート（ヴァローナ社
　「ジヴァララクテ」）　180g
ブラックチョコレート（ヴァローナ社
　「ピュアカライヴ」）　120g
フランボワーズリキュール　25g
フランボワーズピュレ　150g

1　鍋に生クリームと牛乳、水あめを
　合わせて沸かす。
2　あらかじめボウルに2種のチョコ
　レートを入れて湯煎にかけ、軽く
　溶かしておいたところに1を少量
　注ぎ、よく混ぜて乳化させる。こ
　の後数回に分けて1を注ぎ入れて
　混ぜる。
3　フランボワーズリキュールとフラ
　ンボワーズピュレも加え、ハンド
　ブレンダーでよく攪拌し、温かい
　ソースとする。

[C] カカオチュイル

材料（作りやすい量）
ココアパウダー　120g
水　160g
グラニュー糖　80g
水あめ　40g

1　ココアパウダーはふるってボウル
　に入れておく。それ以外の材料を
　鍋に入れて火にかけ、シロップを
　作る。
2　シロップが沸騰直前まで温まった
　ら、ココアパウダーに少しずつ加
　えながらそのつどよく混ぜる（で
　きるだけ空気が入らないよう静か
　にすり混ぜる）。
3　天板に敷いたシルパットにごく薄
　くオイルスプレーをし、ヘラで2
　の生地を薄くのばし、コンベクシ
　ョンオーブン（150℃、湿度0%）で
　7〜8分乾燥焼きする。温かいう
　ちにヘラではがし、密閉容器に
　シリカゲルとともに入れて保存す
　る。

[D] スパイスシャンティイ

材料（作りやすい量）
生クリーム（乳脂肪分47%）[a]　120g
蜂蜜　40g
シナモン棒　4g
オールスパイスパウダー　0.2g
ヴァニラのサヤ　1/2本
生クリーム（乳脂肪分47%）[b]　120g

1　生クリーム[a]と蜂蜜、シナモン
　棒、オールスパイス、ヴァニラの
　サヤを鍋に入れ、沸騰直前まで温
　めた後、氷水にあてて冷やす。冷
　蔵庫で1日ねかせる。
2　1を漉し、生クリーム[b]を加えて
　七分立てにする。

盛り付け：
[A]〜[D]、フランボワーズ、バーナ
ーでキャラメリぜした洋梨のコンポ
ート、フランボワーズのチップ（p.217
参照）を、バランスよく器に盛る。砕
いたピスタチオを散らす。

ピスタチオアイスクリーム入りのプロフィットロール、
ベリーのチョコレートソース p.332
Profiterole au glace pistache, sauce chocolat aux framboises

チョコレートとトリュフのデザート
Déclinaison chocolate, glace aux truffes

チョコレートとトリュフのデザート

クリスマス時季のディナーにぴったりな、贅沢なデザート。

[A] プラリネの筒

材料（6.3cm×19cm×厚さ1mmの長方形100枚分。直径4cmのセルクル型使用）

粉糖 150g
強力粉 40g
ココアパウダー 15g
塩 3g
全卵 180g
バター 150g
アーモンドプラリネペースト 300g

1 粉類は合わせてボウルにふるい入れる。バターは湯煎で溶かし、卵はよく溶きほぐしておく。

2 粉類の中心にくぼみを作り、そこに卵を流し込む。泡立て器で卵の部分を混ぜるようにし、少しずつまわりの粉も混ぜ込んでいき、ダマにならないよう全体を混ぜる。

3 2に溶かしバター、アーモンドプラリネペーストを加えてよく混ぜる。冷蔵庫で数時間以上ねかせておく。

4 天板に敷いたシルパットにごく薄くオイルスプレーをし、6.3cm×19cmほどの長方形に抜いた厚さ1mmほどの型をのせ、ヘラで3のペーストを薄くのばす。型をはずす。

5 160℃のオーブンで5分、裏返して1分焼く。

6 焼き上がったら、熱いうちにヘラではがし、直径4cmのセルクル型に巻き付けて円筒状にする。深い密閉容器にシリカゲルとともに入れて保存する。

[B] トリュフのアイスクリーム

材料（30人分）

黒トリュフ（フランス産。掃除する） 16g
牛乳 1ℓ
水あめ 40g
トレハロース 20g
ホワイトチョコレート（ヴァローナ社「オパリス」） 300g
トリュフオイル 12g
塩（ゲランド） 3g

1 鍋に牛乳と水あめ、トレハロースを入れて火にかける。

2 沸騰直前まで温まったら、黒トリュフをすりおろして加えて火を止め、鍋に蓋をして30分蒸らす。

3 ホワイトチョコレートをボウルに入れて湯煎で溶かし、2を漉しながら少しずつ加え、そのつどよく混ぜて乳化させていく。トリュフの漉しカスの一部も戻す。

4 3に塩とトリュフオイルを加えてハンドブレンダーでよく混ぜ、氷水にあてて冷やす。パコジェットのビーカーに入れ、急速冷凍する。使用時にパコジェットにかける。

[C] チョコレートのエスプーマ

材料（作りやすい量）

生クリーム（乳脂肪分35%） 150g
牛乳 190g
トレモリン 8g
板ゼラチン 0.4g（氷水に浸けて戻す）
ミルクチョコレート（ヴァローナ社「ジヴァララクテ」） 20g
ブラックチョコレート（ヴァローナ社「ピュアカライヴ」） 60g
ココアパウダー 3g
グラニュー糖 3g

1 ボウルに2種のチョコレートを入れて湯煎にかけ、合わせたココアパウダーとグラニュー糖を加えて混ぜる。

2 鍋に生クリームと牛乳、トレモリンを入れて火にかける。沸騰直前まで温まったら1のボウルに少量ずつ数回に分けて加えながら、そのつどよく混ぜる。

3 水気をよくとったゼラチンを2に入れてよく混ぜた後、ハンドブレンダーで混ぜてしっかり乳化させる。

4 3を裏漉して、氷水にあててよく冷やし、エスプーマ用のサイフォンに入れて、ガスを充填しておく。

[D] キャラメルカフェのムース

材料（直径4cm高さ2cm約50個分）
生クリーム（乳脂肪分47%）[a]　300g
牛乳　220g
エスプレッソ（抽出液）　30g
グラニュー糖 [a]　230g
卵黄　80g
グラニュー糖 [b]　20g
板ゼラチン　12g（氷水に浸けて戻す）
生クリーム（乳脂肪分35%）[b]　300g

1　生クリーム [a] と牛乳、エスプレッソを鍋に合わせて沸騰直前まで温め、蓋をして保温しておく。

2　別鍋でグラニュー糖 [a] をキャラメリゼする。コーヒー色になるまでしっかり焦がしたら火を止め、1を少しずつ加え、そのつど混ぜながら溶かし込んでいく。

3　ボウルで卵黄とグラニュー糖 [b] をすり混ぜ、アングレーズの要領で2と合わせて炊く。

4　炊き上がったら、水気を切ったゼラチンを加えて裏漉し、氷水にあててすぐに冷やす。冷えたら生クリーム [b] を加えてパコジェットのビーカーに入れ、急速冷凍する。使用時にパコジェットにかける。

＊　2で一気に生クリームを加えると、キャラメルが固まって溶かすまでに時間がかかり、蒸発量が増えてしまうので注意する。

[E] エスプレッソのカリカリ

材料（作りやすい量）
グラニュー糖　25g
薄力粉　15g
アーモンドプードル　25g
ココアパウダー　6g
コーヒー粉（挽きたて）　5g
バター（溶かしバター）　20g
塩　1g

1　粉類は合わせてふるい、溶かしたバターを少しずつ加えながら、均一に混ぜてまとめる。

2　指で5mmサイズほどの小さな塊にし、145℃のオーブンで7〜8分ほど焼く。

[F] チョコレートのクランブル

p.292参照。

[G] 枯れ枝

材料
セルフィーユの茎　適量
卵白、粉糖　各適量（同量ずつ）
ココアパウダー、マルトセック　各適量
　（同量ずつ）

セルフィーユの茎に、卵白と粉糖を合わせた生地をまとわせ、ココアにマルトセックを混ぜ合わせて作ったパウダーをまぶして乾燥させる。

[H] エスプレッソのソース

材料（作りやすい量）
エスプレッソ（抽出液）　120g
グラニュー糖 [a]　25g
インスタントコーヒー（顆粒）　5g
水あめ　28g
グラニュー糖 [b]　25g
コーンスターチ　10g
ラム酒　10g
板ゼラチン　1.5g（氷水に浸けて戻す）

1　エスプレッソ、グラニュー糖 [a]、インスタントコーヒー、水あめを鍋に入れ火にかけ、沸騰直前まで温めたら、合わせたグラニュー糖 [b] とコーンスターチを加えてよく混ぜ、1分ほど火にかける。

2　よく水気をとったゼラチンとラム酒を加えて火を止め、氷水にあててよく冷やし、ハンドブレンダーでなめらかにする。

[I] 黒オリーヴのパウダー

黒オリーヴの水気を切り、コンベクションオーブン（80℃、湿度0%）で乾燥させ、ミルで粉砕する。

仕上げ・盛り付け：

[A] の中に [D]、[B]、[C] の順に詰め、[E] と [F] をのせて [G] を飾り、器に盛る。[H] のソースで線を描き、[I] をふる。

つながる

Communication pour les producteur locaux

県を越えて

　地元の素材に目をむけ、積極的に使っていくことの大切さについては述べたとおりだが、県外にもすばらしい食材はたくさんあり、情熱をもって生産にとり組んでいる方々も、全国各地にいる。なにかのきっかけで彼らとのつながりが生まれ、それが継続する中で、他の地方の産物が、自分の料理にとって重要な素材になることもある。

　出会いのきっかけのひとつは旅。僕は、日本国内はもちろんフランスやスペインなどの海外へも毎年のように出掛け、食材の産地や興味ある町や村を訪ねている。旅の目的は、その土地の自然の風景を見てそこに暮らす人々と話し、体全体でその土地の風土を感じとることにあるが、その中にはすばらしい生産者との出会いも含まれる。

　また、気になる生産者がいれば会いにいくこともある。たとえば1990年ごろに、おいしい牡蠣を作る生産者がいると聞きつけ初めてお会いしたのが、宮城県気仙沼市の唐桑湾で牡蠣の養殖業を営む畠山重篤さん。川上の森を育てるところから手掛けている畠山さんの言葉は、海とともに生きる人ならではの観察眼、自然との一体感に満ち、更に、地域の人たちとともに森を育てるという活動にかける情熱と行動力に、こちらの心も突き動かされる思いがした。

　もっと多くの人に、おいしいもの、安全なものを、情熱をもって作っている生産者の方々の現場の話を聞いてもらいたい。そんな使命感にも似た気持ちが芽生え、それがかたちとなったのが、1996年に宇都宮で開催した「食を考えるフォーラム」である。

　パネリストとして集まっていただいたのは6人。牡蠣養殖の畠山さんのほか、トマトなどの野菜や果物をそれぞれの原産地に近い環境（やせた土地で、厳しい自然環境のことが多い）で育て、その植物が本来もつ力を発揮させ、味や栄養を高めるという「永田農法」を編み出した永田照喜治さん、ブレス鶏の産地に足を運び、「伊達鶏」を開発した福島県の清水道夫さん、観光と地場農業を結び付け、福島県三春町に、当時日本最大規模といわれる「三春ファームガーデン」を開園した小松賢司さん、そして、かつては自社牧場や養鶏まで手掛けたほど素材にこだわる新宿中村屋総料理長の二宮健さん。コーディネートはフードライターの松成容子さんにお願いし、もの作りと環境、安全といった問題意識や、これまでのとり組みなどを語り合っていただいた。

　県外の生産者との出会いは多くのことを学ばせてくれる。また、料理に新たなヒントを与えてもくれる。さまざまなきっかけではじまった新しいつながりは、北海道、東北地方、新潟県、群馬県、長野県、静岡県、奈良県、和歌山県、長崎県など各地に広がり続けている。こうした気候風土が異なる他の地域とのつながりもまた、大切に育てていきたいもののひとつである。

福島県〈伊達鶏〉

　アラン・シャペル氏が特に大切にしていた素材のひとつに、ブレス産の「ブレス鶏」がある。飼育の歴史は16世紀まで遡り、フランス国家が農産物にお墨付きを与えるAOC制度でも、食鳥として唯一名が挙がっている肥育鶏である。それだけに、種の限定はもちろん、エサや飼育方法などが厳密に決められていて、それが守られているかどうかのチェックが随時行なわれている。更に流通過程での品質管理も徹底され、生産者の名前や処理場などを、遡って調べることができるようになっている。

　この鶏のすばらしさについては、僕もフランス修業時代に感銘を受け、帰国後も仲間を引き連れて産地に赴くなどして勉強を続けていた。そんな中、福島県にある「伊達物産」の清

伊達鶏のロースト、いろいろ野菜添え
Coffre de volaille rôti, melis-mélos de légumes

伊達鶏の骨付き胸肉（コッフル）を使った、
ダイナミックな料理。付け合わせの野菜もソースも、
ひとつの鍋で作ってしまう。

材料（作りやすい量）
鶏の骨付き胸肉（カブト。コッフル）　1羽分
新玉ネギ、葉玉ネギ、新ジャガイモ、ニンジン、カブ、
　グリーンアスパラガス、ソラ豆　各適量
ニンニク（薄皮付きのまま軽くつぶす）　1粒
オリーブ油　適量
バター　適量
白ワイン　適量
ジュ・ド・ヴォライユ（p.373参照）　適量
焦がしバター　適量
塩、コショウ　各適量

1　鍋にオリーブ油をひき、ニンニクを入れて熱する。香りが出たら鶏肉を皮目から入れてゆっくりと焼き、表面全体に焼き色をつける。
2　1の肉の皮目を上にし、まわりに新玉ネギ、葉玉ネギ、新ジャガイモ、ニンジン、カブを入れて火を少し弱め、バターを加えて加熱する。肉汁を野菜に含ませながら全体になじませた後、160℃のオーブンに入れる。
3　アスパラガスとソラ豆をゆでて、2の鍋に最後に加える。
4　焼き上がった3の鍋から肉と野菜をとり出し、とり出した後の鍋に少量の白ワインを入れてデグラッセし、ジュ・ド・ヴォライユを加えて熱し、塩、コショウで味を調える。熱い焦がしバターを加えてソースとする。
5　鶏肉と野菜を食べやすく切り分けて器に盛り、4のソースをかける。

伊達鶏とオマールのロール仕立て、クレーム・ド・オマール
Rouleau de volaille farci au homard, crème d'homard aux oranges

伊達鶏胸肉と長ネギのポシェ、
山椒風味のベアルネーズソース
Filet de volaille poché aux poireaux, sauce
béarnaise au poivre du Sichuan

伊達鶏とオマールのロール仕立て、クレーム・ド・オマール

鶏肉と相性のいい甲殻類を合わせてロール仕立てに。
泡立てたソースで、やさしく全体を包む。

材料（作りやすい量）
鶏胸肉　1枚
オマール（テールの身。半生に火入れしたもの）　1本分
ピスタチオ、トリュフ　各適量
セロリ　適量
ニンジン　適量
アンディーヴ　適量
フォン・ド・ヴォライユ（p.373参照。薄めのもの）　適量
塩、オリーブ油　各適量
ソース
┌ フォン・ド・オマール（p.361参照）　適量
│ トマトピュレ　適量
│ 生クリーム　適量
└ バター、塩、コショウ、カイエンヌペッパー　各適量

1　鶏胸肉は皮をとり、厚さが均一になるように肉を開く。
　　塩をふり、オマールの身をのせ、ピスタチオと粗く切
　　ったトリュフを散らして巻き、円筒形にする。ラップ
　　フィルムでしっかり巻いて締め、スチームコンベクシ
　　ョンオーブンのスチームモード（63〜65℃）で蒸して
　　火を入れる。
2　セロリとニンジンは極細切りにし、薄めのフォン・ド・
　　ヴォライユでブランシールする。アンディーヴは葉を
　　1枚ずつはがし、ごく少量のオリーブ油で炒め、塩を
　　ふる。
3　ソース：フォン・ド・オマールにトマトピュレを加え
　　て少し煮詰め、生クリームを加えて更に少し煮詰める。
　　バターを少量加え、塩、コショウ、カイエンヌペッパ
　　ーで味を調える。
4　1を適当な厚さの輪切りにし、器に盛る。2を添え、3
　　のソースをハンドブレンダーで泡立ててかける。

伊達鶏胸肉と長ネギのポシェ、山椒風味のベアルネーズソース

しっとりと火を入れた鶏胸肉と長ネギを合わせ、
山椒の風味を加えたソースで食べていただく。
カリカリの皮せんべいもいいアクセントになっている。

材料（作りやすい量）
鶏胸肉　1枚
塩　適量
長ネギ（白い部分）　1本
山椒風味のベアルネーズソース
┌ 卵黄　1個
│ エシャロット（みじん切り）　少量
│ 澄ましバター　少量
│ グラス・ド・ヴィヤンド（鶏。p.373参照）　少量
│ 塩、白コショウ　各適量
└ 山椒の実のピクルス液（下記参照）　少量
山椒の実のピクルス（塩漬けの山椒の実を塩抜きし、ピクルス液
　〈p.133参照〉に漬けたもの）　少量
長ネギのパウダー（長ネギを200℃のオーブンで焼いて
　炭化させ、ミルでパウダーにしたもの）　少量
アマランサス　少量

1　鶏胸肉は皮をとって（皮はとりおく）塩をふり、真空
　　用袋に入れて真空にし、58℃のウォーターバスで火を
　　入れる。
2　鶏の皮は広げてフライパンにのせ、軽く重石をして火
　　にかける。弱火でゆっくりと焼き、パリッとさせる。
3　長ネギはやわらかくゆで、食べやすい長さに切る。
4　**山椒風味のベアルネーズソース**：卵黄、エシャロット、
　　山椒の実のピクルス液をボウルに合わせ、湯煎にかけ
　　ながら、8の字を描くように泡立て器でかき混ぜる。
　　澄ましバターを加えて更に混ぜ合わせ、グラス・ド・
　　ヴィヤンドを少量加えて塩、白コショウで味を調える。
5　1の鶏肉を食べやすい大きさに切り、3のネギととも
　　に器に盛る。4のソースをかけ、山椒の実のピクルス、
　　砕いた2の鶏皮、長ネギのパウダー、アマランサスを
　　散らす。

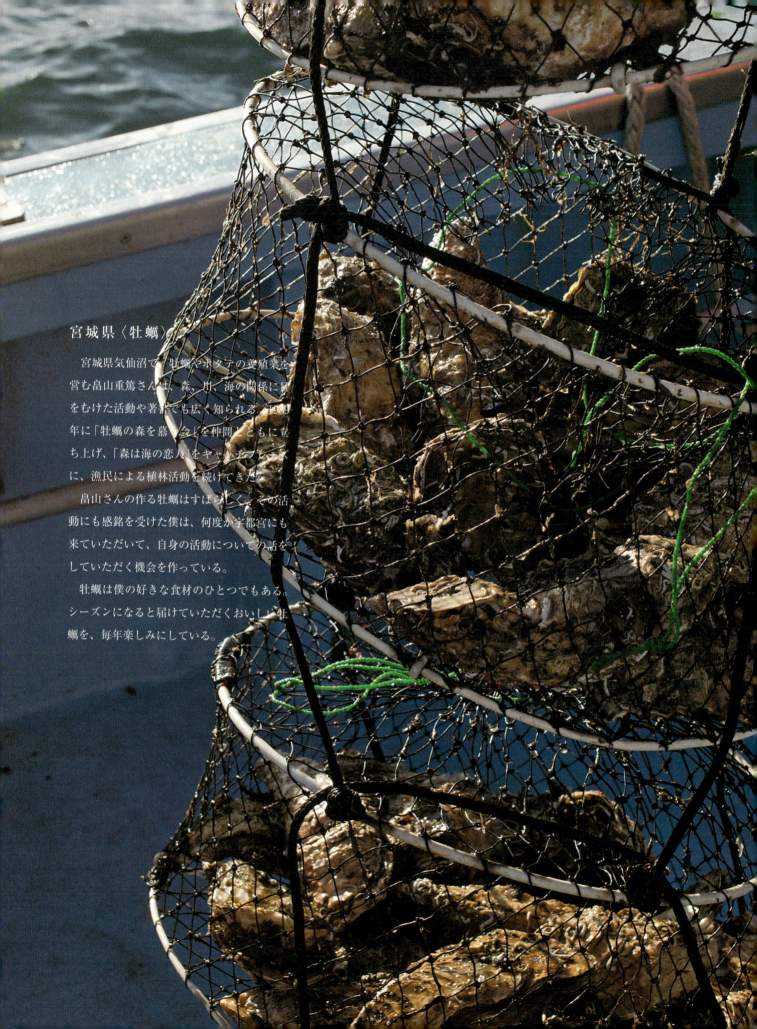

宮城県〈牡蠣〉

　宮城県気仙沼で、牡蠣やホタテの養殖業を営む畠山重篤さんは、森、川、海の関係に目をむけた活動や著書でも広く知られる。1989年に「牡蠣の森を慕う会」を仲間とともに立ち上げ、「森は海の恋人」をキャッチフレーズに、漁民による植林活動を続けてきた。
　畠山さんの作る牡蠣はすばらしく、その活動にも感銘を受けた僕は、何度か宇都宮にも来ていただいて、自身の活動についての話をしていただく機会を作っている。
　牡蠣は僕の好きな食材のひとつでもある。シーズンになると届けていただくおいしい牡蠣を、毎年楽しみにしている。

牡蠣のシャンパーニュクリーム

Huîtres au champagne, à la crème

牡蠣をシャンパーニュの中で火入れし、そのシャンパーニュを
ベースにソースを作る。牡蠣の火入れ加減がポイント。

材料（1皿分）
牡蠣（むき身）　5個
エシャロット（みじん切り）　大さじ1/2
マッシュルーム（薄切り）　2個分
春菊（葉の部分）　ひとつかみ
バター　適量
シャンパーニュ　適量
生クリーム　適量
オランデーズソース（p.54参照）　適量
塩、コショウ　各適量

1　鍋にバターを熱し、エシャロットとマッシュルームを入れて炒める。

2　別鍋に牡蠣と、それが浸る量のシャンパーニュを注いで温める。牡蠣が
　　ぷっくりと膨らんだら、鍋からとり出しておく。

3　牡蠣をとり出した後の2の鍋に1を入れて温める。エシャロットとマッ
　　シュルームの味が出たら、煮汁と同量程度の生クリームを加えて少し煮
　　詰める。

4　3にオランデーズソースを少量加え、塩、コショウで味を調える。

5　春菊の葉をブランシールして粗く切る。

6　器に2の牡蠣と5の春菊を盛り、4のソースをかける。

牡蠣のポワレ、紫白菜と春菊

Huîtres poêlées, chou chinois violet et shungiku

紫の白菜と春菊の、シックな色合いが印象的な一皿。
クルミで、食感と味にアクセントを加えた。

材料（1皿分）
牡蠣（むき身）　5個
紫白菜　適量
春菊　適量
ケッパー（酢漬け）　少量
グラス・ド・ヴィヤンド（p.373参照）　少量
クルミ（ローストしたもの）　少量
塩、コショウ　各適量
薄力粉　適量
バター　適量

1　紫白菜は水でさっと洗う。葉と芯の部分に切り分け、芯の部分は縦に細
　　長く切る。
2　1の紫白菜全体に軽く塩をまぶし、バターを温めたフライパンに入れて
　　さっと炒める。
3　春菊は水でさっと洗い、軽く塩をまぶし、フライパンでさっと炒める。
4　牡蠣は塩をふり、薄力粉をはたく。少し多めのバターを温めたフライパ
　　ンに入れて焼き、ぷっくりと膨らんだらとり出しておく。
5　4の牡蠣をとり出した後のフライパンに、ケッパーとグラス・ド・ヴィ
　　ヤンドを少量入れて温めながら合わせ、塩、コショウで味を調える。
6　器に2の紫白菜を敷いて3の春菊を散らし、4の牡蠣を盛る。5のソース
　　をかけ、クルミを砕いて散らす。

牡蠣と牛肉のタルタル
Tartare de bœuf et huître pochée

牡蠣と牛肉
Huître pochée et bœuf cuit bleu
au vinaigrette

牡蠣と鶏ささみの
トリュフヴィネグレット

Huître pochée et aiguillette de volaille,
vinaigrette aux truffes

牡蠣と鶏ささみのブール・フォンデュ
トリュフの香り

Huître pochée et aiguillette de volaille,
sauce au beurre de truffes

牡蠣と牛肉のタルタル

不思議と相性のいい牡蠣と牛肉の組み合わせ。
どちらもあまり火を入れすぎないのがポイント。

材料（1人分）
牡蠣（むき身）　1個
和牛肉（赤身）　適量
エシャロット（みじん切り）　1/4個分
長ネギ（白い部分）　適量
ディル　適量
サラダ油　適量
赤ワインヴィネガードレッシング（下記参照）　適量
トリュフのヴィネグレット（p.74参照）　適量
岩塩　適量
塩　適量

1　牛肉を真空用袋に入れて真空にし、スチームコンベクションオーブンのスチームモード（48〈〜52〉℃）で火を入れる。粗熱をとり、細かくたたいておく。
2　長ネギはやわらかくゆでる。
3　牡蠣は塩をふり、鍋に入れてかぶる量のサラダ油を注ぎ、少しぷっくり膨らむまで低温でゆっくり火を入れる（またはさっとゆでる。ほぼ生でよい）。
4　皿にエシャロット、1の牛肉を盛る。肉にほんの少量塩をふって3の牡蠣をのせ、2の長ネギを添える。牡蠣に赤ワインヴィネガードレッシングをかけ、ディルを散らす。長ネギにトリュフのヴィネグレットを少量かけ、まわりに岩塩を散らす。

○赤ワインヴィネガードレッシング
赤ワインヴィネガーとE.V.オリーブ油を1：1の割合で合わせ、塩、コショウで味を調える。

牡蠣と牛肉

こちらは牛肉を塊のまま合わせたバリエーション。
牡蠣と肉のバランスは、これくらいがいい。

材料（1人分）
和牛もも肉（塊）　適量
牡蠣（むき身）　1個
エシャロット（みじん切り）　1/4個分
芽ネギ（みじん切り）　少量
みょうがのピクルス（みょうがをピクルス液〈p.133参照〉に漬ける。薄切り）　少量
赤ワインヴィネガードレッシング（左記参照）　適量
岩塩　適量
塩、サラダ油　各適量

1　牛肉は塩をふり、真空用袋に入れて真空にし、スチームコンベクションオーブンのスチームモード（48〈〜52〉℃）で火を入れる。
2　牡蠣は塩をふり、鍋に入れてかぶる量のサラダ油を注ぎ、少しぷっくり膨らむまで低温でゆっくり火を入れる（またはさっとゆでる。ほぼ生でよい）。
3　1の肉を器に盛り、2の牡蠣を半分に切ってのせ、みょうがのピクルスを添える。脇にエシャロットを添え、芽ネギをのせる。牛肉に赤ワインヴィネガードレッシングをかけ、岩塩を散らす。

牡蠣と鶏ささみのトリュフヴィネグレット

魚介にも肉にも合うトリュフ風味のヴィネグレットが、
全体をまとめてくれる。

材料（1人分）
牡蠣（むき身）　1個
鶏ささみ　1本
ナス　適量
揚げ油　適量
サラダ油　適量
トリュフのヴィネグレット（p.74参照）　適量
みょうがのピクルス（みょうがをピクルス液〈p.133参照〉に
　漬ける。薄切り）　適量
塩　適量

1　牡蠣は塩をふり、鍋に入れてかぶる量のサラダ油を注
　ぎ、少しぷっくり膨らむまで低温でゆっくり火を入れ
　る（ほぼ生でよい）。2〜3等分に切る。
2　鶏ささみは塩をふり、網で片面を焼く（炭火がよい）。
3　ナスは素揚げして皮をむく。
4　1、2、3を器に盛り、トリュフのヴィネグレットをか
　ける。みょうがのピクルスを添える。

牡蠣と鶏ささみのブール・フォンデュ
トリュフの香り

バターとトリュフの香りが贅沢。
ワケギの味と食感を加えることで、
牡蠣の風味がより引き立つ。

材料（1人分）
牡蠣（むき身）　2個
鶏ささみ（小さめ）　1本
ワケギ　1本
ジャガイモ　適量
トリュフ　少量
ブール・フォンデュ（p.157参照）　適量
塩、コショウ　各適量

1　牡蠣は塩をふり、少量の水とともに鍋に入れてさっと
　火を入れ、とり出す。
2　1の牡蠣のゆで汁とブール・フォンデュを合わせ、塩
　をふったささみを入れて、弱火でゆっくり火を入れ、
　とり出しておく。
3　2のささみをとり出した後の鍋にトリュフを少量削り
　入れ、塩、コショウで味を調える。牡蠣と半分に切っ
　たささみを戻して温める。
4　ワケギはゆでる。ジャガイモは皮付きのまま蒸して皮
　をむき、適当な大きさに割る。
5　皿に3のソースを入れ、牡蠣とささみ、4のワケギと
　ジャガイモを盛り、上からもソースをかける。

鶏手羽元と牡蠣のスープ

Soupe d'huître et d'aile de volaille en croûte

牡蠣とトマト、田ゼリのラグー

熱を加えたトマトは旨みが凝縮され、
調味料やソースの役目を果たす。

材料（1皿分）
牡蠣　5個
ミニトマト（赤、黄、オレンジ）　各3〜4個
カラーピーマン（赤、黄、オレンジ）　各1個
田ゼリ（根付き）　適量
ニンニク（つぶす）　1粒
塩、黒コショウ　各適量
サラダ油　適量
オリーブ油　適量

1　カラーピーマンは縦半分に切って種を除き、塩をふる。
　　ニンニクとともに天板にのせ、オリーブ油をたっぷり
　　まわしかけて、180℃のオーブンに入れて焼きはじめ
　　る。
2　5分ほど焼いたら1にミニトマトを加え、再びオリー
　　ブ油をまわしかけて更に焼く。
3　2に火が通ったらトマトの皮を除き、根付きの田ゼリ
　　を加え、更に1〜2分加熱する。
4　牡蠣は塩をふり、鍋に入れてかぶる量のサラダ油を注
　　ぎ、少しぷっくり膨らむまで低温でゆっくり火を入れ
　　る（ほぼ生でよい）。
5　4の牡蠣と3を合わせて器に盛る。黒コショウを挽き
　　かける。

鶏手羽元と牡蠣のスープ

パイで蓋をし、素材の風味を閉じ込める。
意外性のある具材の組み合わせも楽しい。

材料（1人分）
牡蠣（むき身）　1個
鶏手羽元　1本
長ネギ　1/4本
ゆり根（ゆでる）　適量
フォン・ド・ヴォライユ（p.373参照）　適量
コンソメ（鶏。p.120参照）　適量
ブール・フォンデュ（p.157参照）　適量
トリュフ（みじん切り）　少量
塩、コショウ　各適量
卵黄　適量
折りパイ生地（p.71参照）　適量

1　牡蠣は塩をふり、少量の水とともに鍋に入れ、少しぷ
　　っくり膨らむまでゆっくり火を入れる。
2　手羽元はフォン・ド・ヴォライユとともに鍋に入れ、
　　火にかける。アクをとり、長ネギを入れる。長ネギに
　　火が入ったらとり出しておく。手羽元がやわらかくな
　　ったらとり出し、骨をとり除く。
3　2の鍋にコンソメを加えて少し煮詰め、塩、コショウ
　　で味を調えた後、ブール・フォンデュ、トリュフを加
　　える。
4　2の手羽元と長ネギ、1の牡蠣、ゆでたゆり根をソー
　　スパン（またはスープボウル）に入れ、3を注ぐ。
5　ソースパンの縁に卵黄を刷毛で塗り、パイ生地をきっ
　　ちりかぶせて密閉する。生地の表面に卵黄を塗り、冷
　　蔵庫で冷やす。
6　5を220℃のオーブンに入れ、10分ほど焼く（熱々にな
　　るまで）。
＊　パイが焦げないよう注意する。

[p.40の料理]

鶏のムースとオマール、オマールソース

材料（作りやすい量）
鶏のムース
┌ 鶏胸肉（皮、スジをとり除いたもの）　220g
│ 卵白　10〜15g
│ 生クリーム　140g
└ 塩、コショウ　各適量
オマール　1本
オマールソース
┌ フォン・ド・オマール（右記参照）　適量
│ ジュ・ド・トリュフ（p.74参照）　適量
│ 生クリーム　適量
│ バター　少量
└ 塩、コショウ　各適量
ジロール茸（バターでソテーしたもの）　適量
グリーンピース（ゆでたもの）　適量

1　**鶏のムース**：鶏胸肉を小さく切り、卵白とともにロボクープに入れて撹拌する。ムース状になったら、生クリームを少しずつ加えながら更に撹拌し、塩、コショウで味を調える。

2　1をセルクル型に詰めてラップフィルムをかけ、スチームコンベクションオーブンのスチームモード（85℃）で蒸す。

3　オマールはたっぷりの湯で6〜7分ゆで、火を止めてそのまま1〜2分おき、冷水にとる。殻から身をとり出す。

4　**オマールソース**：フォン・ド・オマールとジュ・ド・トリュフを合わせて煮詰め、生クリームを加える。少量のバターでモンテし、塩、コショウで味を調える。

5　2を型からとり出して器に盛り、4のオマールソースをたっぷり流す。ムースの上に3のオマールの身をのせ、まわりにジロール茸とグリーンピースを散らす。

○フォン・ド・オマール

材料（作りやすい量）
オマールの殻（頭部も）　3kg
バター　50g
ニンニク（薄皮付き）　1粒
A
┌ 玉ネギ（5mm角切り）　500g
│ ニンジン（5mm角切り）　250g
│ セロリ（5mm角切り）　100g
└ マッシュルーム（薄切り）　300g
トマトピュレ　200g
コニャック　適量
白ワイン　900g
フォン・ド・ヴォライユ（p.373参照）　3.6kg
水　900g
ブーケ・ガルニ（ポワロー、パセリの茎、ローリエ、タイム）
　1束
トマト　300g

1　オマールの殻を、6等分ほどに切り分ける。

2　鍋にバターを溶かし、ニンニクを入れる。香りが出たらAを入れてスュエする。

3　2に1を入れてよく炒め、香りが出たらトマトピュレを加えて炒める。

4　3にコニャックを加えてフランベし、白ワインを加えてデグラッセする。フォン・ド・ヴォライユと分量の水を入れて沸騰させる。

5　アクをとり、ブーケ・ガルニとトマトを入れ、弱火で45分ほど加熱する。

6　火を止めて蓋をしたまま15分ほどおき、シノワとガーゼを使って漉す（でき上り約3.6kg）。

奈良県

　奈良県は、食と農と観光の連携に力を入れている県のひとつであり、僕もお声掛けいただいて、さまざまなかたちでお手伝いをするように。これが縁となり、僕たちのレストランでも、大和野菜をはじめとする奈良県の食材を使わせてもらうようになった。

アマゴ

アマゴのベニエ、
ウド、カリフラワー

Beignet d'amago (truite d'eau douce),
purée de chou-fleur

アマゴのベニエ、
長ネギ、椎茸、ラヴィゴットソース

Beignet d'amago (truite d'eau douce)
à la ravigote, poireaux vinaigrette
et shiitakes confits

アマゴのベニエ、ウド、カリフラワー

清流に棲むきれいな魚であるアマゴのイメージに合わせ、白でまとめた。
最後にグリュイエール・チーズでコクを加えている。

材料（1人分）
アマゴのベニエ
┌ アマゴ　1尾
│ 衣（作りやすい量）
│ ┌ 卵　1個
│ │ 冷水　180g
│ │ 小麦粉　65g
│ │ 片栗粉　10g
│ └ 生海苔　適量
└ 揚げ油　適量
カリフラワーのピュレ（作りやすい量）
┌ カリフラワー　250g
│ フォン・ブラン（右記参照）　50g
│ 牛乳　150g
└ 塩　適量
カリフラワー　適量
ウド　適量
スイートアリッサムの花　少量
グリュイエール・チーズ　適量

※アマゴは、サクラマスの亜種であるサツキマスと同じ種の魚。奈良県では「県のさかな」のひとつに指定されている。

1 **アマゴのベニエ**：卵と冷水を混ぜ合わせ、小麦粉と片栗粉をふるい入れて合わせ、生海苔を適量加えて衣を作る。アマゴを入れてからめ、油で揚げる。

2 **カリフラワーのピュレ**：カリフラワーをざく切りにして塩をする。鍋に入れ、フォン・ブランと牛乳を加えてやわらかくなるまで煮る。ミキサーでなめらかなピュレにし、塩で味を調える。

3 カリフラワーとウドを生のまま薄くスライスし、氷水に放つ。

4 1のアマゴのベニエを器に盛り、水気をとった3をのせ、スイートアリッサムの花を散らす。2のピュレを添え、グリュイエール・チーズを削りかける。

○フォン・ブラン

材料（作りやすい量）
鶏ガラ　5kg
水　10ℓ
A
┌ 玉ネギ（切り込みを入れる）　1.5kg
│ ニンジン（切り込みを入れる）　500g
└ セロリ　500g
B
┌ ニンニク　1/2粒
│ ローリエ　3枚
│ 白粒コショウ　5g
└ タイム　1枝

1 鶏ガラは、水洗いしながら掃除する。

2 鍋に1と分量の水を入れて、強火にかける。

3 沸騰したらアクをすくい、Aの野菜を加え、再び沸騰させてアクをとる。

4 Bを入れ、コトコトとする火加減で加熱する。

5 味が出たらシノワで漉し、再び鍋に入れて沸騰させ、浮いた脂やアクをとり除く。

アマゴのベニエ、長ネギ、椎茸、ラヴィゴットソース

焼いた白菜の香りやコンフィにしたアマゴのピュレを添えた。
いろいろな旨みの要素を加えることで、アマゴの味わいに広がりが出る。

材料（1人分）
アマゴのベニエ
┌ アマゴ　1尾
│ 衣（作りやすい量）
│ ┌ 卵　1個
│ │ 冷水　180g
│ │ 小麦粉　65g
│ └ 片栗粉　10g
└ 揚げ油　適量
アマゴのピュレ（作りやすい量）
┌ アマゴ　5尾
│ 塩　適量
│ オリーブ油　適量
└ ニンニク　1/4粒
長ネギ　適量
ヴィネグレットソース（p.192参照）　適量
シイタケ　適量
白菜　適量
クレソン、生姜（極細切り）　各適量
田ゼリの根（素揚げしたもの）　適量
シイタケのパウダー（p.237参照）　少量
塩、オリーブ油　各適量

1 **アマゴのベニエ**：卵と冷水を混ぜ合わせ、小麦粉と片栗粉をふるい入れて合わせ、衣を作る。アマゴを入れてからめ、油で揚げる。

2 **アマゴのピュレ**：丸ごとのアマゴ、塩、オリーブ油、ニンニクを、真空用袋に入れて真空にし、90℃のウォーターバスで1時間加熱する。すべてミキサーにかけてピュレ状にする。

3 長ネギはやわらかくなるまでゆでて、ヴィネグレットソースでマリネする。シイタケは軽く塩をし、オリーブ油に入れて低温でコンフィにし、食べやすい大きさに切り分ける。

4 白菜は、高温のプランチャで焦げ目がつくようにさっと焼きつける。

5 4の白菜、クレソン、生姜を合わせてヴィネグレットソースで和える。

6 1のアマゴのベニエと3、5を器に盛る。2のアマゴのピュレを添え、素揚げした田ゼリの根をのせ、シイタケのパウダーをふる。

大和牛のロースト、
万願寺唐辛子のコンディマン
Bœuf rôti, piment de "Manganngi"

大和牛ランプ肉のポワレと赤玉ネギのロースト
Rumsteck poêlé, oignon rouge roti

大和牛のロースト、
万願寺唐辛子のコンディマン

奈良のブランド牛である、「大和牛」のおいしさを
味わっていただくためにシンプルに仕立てた。

材料
牛肉（奈良県産「大和牛」シンタマ）　適量
サラダ油、塩　各適量
ソース
┌ 牛のジュ
│ ┌ 牛のスジ　適量
│ ├ ジュ・ド・ヴォライユ（p.373参照）　適量
│ └ オリーブ油　適量
└ 塩、コショウ　各適量
万願寺唐辛子のコンディマン
┌ 万願寺唐辛子　適量
├ クルミ　適量
├ アサリ　適量
└ クルミ油、塩、コショウ　各適量
ミニョネット　適量

1　牛肉は、少量のサラダ油をひいたフライパンで焼いて
　　焼き色をつけ、オーブンに移して火を入れ、塩をふる。
　　やすませておく。
2　**ソース**：オリーブ油をひいた鍋に牛のスジを入れて炒
　　める。出た脂をとり除き（脂はとりおく）、ジュ・ド・
　　ヴォライユを加えて煮詰めた後、漉して牛のジュとす
　　る。
3　2のジュを鍋に入れて温め、塩、コショウで味を調え
　　る。
4　**万願寺唐辛子のコンディマン**：万願寺唐辛子は網焼き
　　にし、皮をむいて種をとり除き、粗く刻む。クルミは
　　ローストして刻む。アサリはゆでて、殻から身をとり
　　出し、細かく刻む。
5　4を合わせ、クルミ油、塩、コショウで味を調える。
6　1の牛肉を1人分に切って器に盛り、ミニョネットを
　　のせる。3のソースをかけ、2でとりおいた脂も少量
　　かける。5の万願寺唐辛子のコンディマンを添える。

大和牛ランプ肉のポワレと
赤玉ネギのロースト

ヴィネガー風味のソースをかけながら
ローストした玉ネギは、牛肉によく合う。
おいしい野菜は脇役にせず、
大きめに仕立てて、しっかりと味わいたい。

材料（作りやすい量）
牛肉（奈良県産「大和牛」ランプ肉。赤身と脂のバランスのよい
　　もの）　適量
赤玉ネギ（トロペア・ロッサ・ルンガ）　1個
A
┌ シェリーヴィネガー　50g
├ オリーブ油　20g
├ 塩　適量
└ 砂糖　6〜8g
ソラ豆、グリーンピース　各適量
牛のジュ（左記参照）　適量
ブールマニエ　適量
燻製ヨーグルト（p.248参照）　適量
サラダ油、塩、コショウ　各適量

1　牛肉に塩をふり、少量のサラダ油をひいたフライパン
　　でポワレする。肉をアルミ箔で包み、温かいところで
　　やすませる（焼き汁はとりおく）。
2　赤玉ネギは皮をむき、アルミ箔で包んでオーブンで焼
　　く。ある程度火が入ったら、アルミ箔からとり出して、
　　縦半分に切り、Aを混ぜ合わせたソースを適量かけ、
　　再びオーブンで焼く。これを何度か繰り返す。
3　ソラ豆とグリーンピースは塩ゆでする。ソラ豆は薄皮
　　を除く。
4　牛のジュを鍋で温め、1の焼き汁とブールマニエを加
　　え、塩、コショウで味を調えてソースとする。
5　食べやすい大きさに切った1の肉、2の赤玉ネギ、3を
　　器に盛り付ける。4のソースをかけ、燻製ヨーグルト
　　を散らす。

片平あかねのポタージュ、大和まなと金ゴマ葛餅 p.370

「片平あかね」独特のホロ苦い味わいを活かすため、
生クリームなどを加えずに作る。

材料（作りやすい量）
片平あかねのポタージュ
┌ 「片平あかね」 1kg
│ フォン・ブラン（p.364参照） 300cc
│ 水 200cc
└ 牛乳、塩 各適量
大和まなと金ゴマの葛餅
┌ 水 150g
│ 昆布だし 100g
│ 葛粉 60g
│ 塩 適量
│ 金ゴマ 適量
└ 「大和まな」（オリーブ油で炒めて軽く塩をふり、刻んでおく） 適量
「片平あかね」の葉（ざく切り） 適量
ニンニク（みじん切り） 少量
オリーブ油、塩 各少量
レシチン 適量

※「片平あかね」はカブの一種で、奈良県片平地区で栽培されている伝統野菜。
※「大和まな」は奈良県在来のアブラナ科の野菜。

1 **片平あかねのポタージュ**：片平あかねはよく洗い、皮付きのままスライスする。鍋に入れ、フォン・ブランと分量の水を加えてやわらかくなるまで煮る（煮すぎると色が悪くなるので注意する）。ミキサーにかけ、急冷する。少量の牛乳と水（分量外）でのばし、塩で味を調える。

2 **大和まなと金ゴマの葛餅**：分量の水、昆布だし、葛粉、塩を混ぜ合わせ、鍋に入れて中火にかけ、塊が溶けるまで混ぜる。沸いたら弱火にし、透明感が出てくるまで混ぜ続ける。金ゴマ、ソテーした大和まなを加える。

3 フライパンにオリーブ油とニンニクを入れて熱し、香りが出たら片平あかねの葉を入れてさっと炒める。しんなりしたらバットに広げ、氷水をはったボウルにバットを浸けて急冷する。水を適量加えてミキサーでピュレにし、塩で味を調えて漉す。

4 1のポタージュを温めて器に注ぎ、2の葛餅を添える。3のピュレにレシチンを少量加え、ハンドブレンダーで泡立ててのせる。

片平あかねのポタージュ、
大和まなと金ゴマ葛餅 p.369
Potage de navet rouge long,
blanc-manger de "kudzu" au sésame,
émulsion de "Yamato-mana"

三輪素麺のキュウリソース

Sōmen froid, sauce concombre

三輪素麺とコンソメ、
レモンの香り

Sōmen froid,
consommé de volaille au citron

三輪素麺のキュウリソース

三輪素麺をフレッシュな野菜と合わせた、
口直しにふさわしい一品。
清涼感のあるキュウリソースは夏にぴったりで、
暑い時季にはさまざまな料理に使用している。

材料
三輪素麺　適量
マイタケ　適量
グリーントマト　適量
レタス　適量
オリーブ油、塩　各適量
キュウリのソース（作りやすい量）
　　キュウリ　1本
　　玉ネギ　15g
　　黒オリーブ（種を抜き、みじん切り）　2個分
　　白ワインヴィネガー　15g
　　E.V.オリーブ油　25g
　　塩、白コショウ　各適量
アワビ（蒸して殻からとり出し、食べやすい大きさに切った
　　もの）　適量
マスの卵　適量
トマトのムース（トマトのコンソメ〈p.106参照〉にレシチンを
　　加え、ハンドブレンダーで泡立てる）　適量

1　マイタケは、オリーブ油をひいたフライパンで焼き、
　　塩をふる。
2　グリーントマトは種の部分をとり出し（とりおく）、実
　　を細かく刻む。
3　**キュウリのソース**：キュウリと玉ネギはすりおろし、
　　黒オリーブ、白ワインヴィネガー、E.V.オリーブ油を
　　加えて混ぜ合わせ、塩、白コショウで味を調える。
4　素麺をゆでて、氷水にとって締める。水気を切り、3
　　のキュウリのソースと2のグリーントマトの実と合わ
　　せる。
5　器にレタスを敷いて4を盛り、アワビ、1のマイタケ、
　　グリーントマトの種の部分、マスの卵を添える。トマ
　　トのムースをのせる。

三輪素麺とコンソメ、レモンの香り

奈良県の地鶏である「大和肉鶏」を三輪素麺と合わせ、
コースの締めに。おいしいコンソメと爽やかな
レモンの香りが、素麺の風味を引き立てる。
素麺は、「3年ひね（ひねもの）」とも呼ばれる
長期熟成ものを使用すると味わいが深く、
温製にしたときにものびにくい。

材料
三輪素麺（3年ひね）　適量
鶏胸肉（「大和肉鶏」）　適量
コンソメ（鶏。p.120参照）　適量
レモンの葉　1枚
塩、コショウ、オリーブ油　各適量

1　鶏胸肉は皮をとり、塩、コショウをして表面にオリー
　　ブ油を塗り、ラップフィルムを密着させて包み、スチー
　　ムコンベクションオーブンのスチームモード（68℃）
　　で、芯温53℃になるまで火入れする。
2　素麺はゆでて、冷水にとって締める。
3　鍋にコンソメとレモンの葉を入れて温め、レモンの香
　　りを移す。塩で味を調える。
4　2の素麺をさっと湯に通して温め、水気を切って器に
　　盛る。温かい3のコンソメを注ぎ、食べやすく切った
　　1の鶏肉を添える。
＊　下皿にレモンの葉を敷いて提供し、お客様ご自身で葉を折
　　っていただくようにすると、レモンの香りがより楽しめる。

基本のだし

○フォン・ド・ヴォライユ

材料（作りやすい量）

鶏ガラ　10kg

水　35kg

A

┌ 玉ネギ（切り込みを入れる）　3kg
├ ニンジン（切り込みを入れる）　1.5kg
└ セロリ　350g

B

┌ トマト　2個
├ ニンニク（薄皮付き。半分に切る）　150g
├ ブーケ・ガルニ（ポワロー、パセリの茎、ローリエ、タイム）
└ 　1束

1 鶏ガラは、水洗いしながら内臓や脂などをとり除く。

2 鍋に1と分量の水を入れて、強火にかける。

3 沸騰したらアクをすくい、Aの野菜を加え、再び沸騰させてアクをとる。

4 Bを入れ、コトコトとする火加減で、3時間半ほど加熱し、味を確認する。

5 4をシノワで漉し、再び鍋に入れて沸騰させ、浮いた脂やアクをとり除く。

○ジュ・ド・ヴォライユ

材料（作りやすい量）

鶏ガラ　10kg

水　22kg

玉ネギ　2.5kg

ニンジン（切り込みを入れる）　1kg

セロリ（葉の付いた、細い先の部分）　250g

ニンニク（薄皮付き。半分に切る）　70g

トマトペースト　130g

サラダ油　100g

1 鶏ガラは、水洗いしながら内臓や脂などをとり除く。

2 1をやや強火のオーブンに入れ、きれいに焼き色をつける。

3 玉ネギ、ニンジン、セロリは3cm角ほどに切り、サラダ油で炒め、きれいに焼き色をつける。

4 鍋に分量の水と2の鶏ガラを入れ、強火にかける。沸騰したらアクをすくい、3の野菜とニンニクを入れ、再び沸騰させてアクをとる。

5 4にトマトペーストを加え、わずかに沸騰する程度の火加減で、ときどきアクと脂をとり除きながら加熱する。

6 沸騰後2時間半～3時間を目安に加熱し、味を確認する。

7 6をシノワで漉し、再び鍋に入れて沸騰させ、コトコトとする火加減で、ときどきアクと脂をとり除きながら、味と濃度が調うまで煮詰める。シノワで漉す。

○グラス・ド・ヴィヤンド（鶏）

材料（作りやすい量）

鶏ガラ　10kg

水　22kg

A

┌ 玉ネギ（3cm角切り）　2.5kg
├ ニンジン（3cm角切り）　1kg
└ セロリ（3cm角切り）　250g

ニンニク（薄皮付き。半分に切る）　70g

サラダ油　100g

1 鶏ガラは、水洗いしながら内臓や脂などをとり除く。

2 やや強火のオーブンで、1にきれいに焼き色をつける。

3 Aの野菜は、きれいに色づくまでサラダ油で炒める。

4 鍋に分量の水と2の鶏ガラを入れ、強火にかける。沸騰したらアクをすくい、3の野菜とニンニクを入れ、再び沸騰させてアクをとる。

5 コトコトとする火加減で、ときどきアクと脂をとり除きながら、2時間半～3時間ほど加熱し、味を確認する。

6 5をシノワで漉し、再び鍋に入れて沸騰させ、浮いた脂やアクをとり除く。火を弱めて煮詰め、味と濃度を調える。

つなぐ

Tradition pour la nouvelle generation

地元のためにできること

地方の料理人が、地元のためにできることはまだまだある。
故郷の未来のために、子どもたちに故郷に対する誇りをもってもらうために。

地域とつながる。人をつなぐ

1981年にオープンした『オーベルジュ』は、1995年にレストラン・バーに業態変えをし、店名も『セ・ラ・ヴィ』とした。2013年には隣にパーティースペースを新設し、レストラン空間『シテ・オーベルジュ』として営業している。『セ・ラ・ヴィ』では1997年から気楽な集まりを毎月催していて、それは現在までずっと続いている。

この"セ・ラ・ヴィ・パーティー"は、ヨーロッパを中心とした世界の料理をテーマにし、飲み物やデザートにも工夫を凝らす。メンバーは毎回少しずつかわり、あるときは古くからの僕の友人であったり、食材の生産者であったり、仕事で知り合った方々であったり、またあるときはお客様やそのご家族であったり。職業も違えば年齢もさまざま。集まりの大きさもそのつどかわる。その日集まったみんなで食べて飲んで、自由に話し、新しい出会いや、久しぶりに会う友人たちとの会話、おいしい料理やワインといった楽しみを共有するのである。8月最後の日曜日は、家族で過ごす夏休み最後の楽しいひと時にしていただこうと、子どもたちも参加できる会にしている。僕の家族や従業員の家族が加わることもあり、いつにも増して温かく、賑やかな集いになる。また年末の餅つき大会も恒例で、こちらは冬の楽しみのひとつになっている。

「食コミュニケーション」の力が発揮されるのは、なにもビジネスランチばかりではない。同じ料理を一緒に食べる平等で自由な雰囲気、おいしさを共有したときのうれしさや高揚感は、さまざまな関係において、濃く、高いレベルでのコミュニケーションを可能にする。

子どもたちのためにできること

日本の子どもたちをとり巻く食環境について、気になる話も耳に入るようになってきた。核家族や共働き家庭が増加し、食事も既製品に頼る機会が増えているようだ。こうした家庭環境や食環境の変化は、子どもたちの心身の発達に大きく影響をおよぼす。

80年代前半にそうした危惧を抱きはじめた僕は、親子クッキング教室を催し、小学校にも料理を教えに行きはじめ、お母さんたちにも料理を教える傍ら、食についての話をするようになった。

自分が暮らす地域で採れるものを、旬の時期に、新鮮なうちにいただく。その体験を子どもたちにしっかりと積ませ、身体で覚えさせてやりたい。季節の変化による食材の味の変化を五感で感じ、本物を見抜き、選びとれる舌や目をもたせてやりたい。そしてそのおいしさはもちろん、食べることや作ることの楽しさ、おもしろさも伝えたい。そんな思いの詰まった体験型の料理教室は、現在も続けている大切な活動のひとつである。

また年に一度、地域の小学生たちが体験学習で『オトワレストラン』を訪れる。従業員の案内でレストラン内を見てまわり、レストランの施設や道具、仕事についての話などを聞いた後、ふだんお客様が座るテーブルに着き、実際にコース料理を体験する。僕たちが料理を作り、サーヴィスのスタッフが、前菜からデザートまでを一人ひとりにきちんとサーヴィスするのだ。はじめは少し恥ずかしそうにしていた子も、使い慣れないナイフとフォークに少し緊張気味の子も、そのうちに慣れて、みんなレストランでの食事を楽しんでくれている。

この小学校には逆に僕が出向き、フランス料理の調理実習を行なっている。こうしたつながりができて、もう20年ほどになる。

人間の味覚は10歳ごろまでに形成されるといわれる。味覚ばかりでなく、五感を育むために、食べるもの、食べることの果たす役割は大きい。

子どものころの食環境の重要性がマスコミなどでもとり上げられるようになり、日本でもようやく、「食育」という言葉を見聞きする機会が増えてきたが、それほど難しく考える必要はない。親子で料理を作ったり、みんなで食卓を囲んだりすることは楽しいことで、子どもたちからは自然に言葉や笑みがこぼれる。マヨネーズができ上がる工程に目を丸くしたり、楽しい雰囲気の中で嫌いだった野菜がいつの間にか食べられるようになったり。そんな子どもたちを見ていると、「食」の大切さが自然に実感できる。

これからも僕は、食のさまざまな場面に子どもたちを立ち合わせたいと思っている。

子どもたちに伝えたい、もうひとつのこと。食材に対する感謝

人間は、他の生き物の命を絶ち、それを食べることで自分の命をつないでいる。そのことを僕たちは忘れてはいけない。そして命の重さを感じ、ものを大切にするこころは子どものころに育まれる。大人は意識的にそのことを、子どもたちに伝えていかなければならないだろう。

日本では今、大量の食材や食品が残され、あるいは使われずに破棄されている。フードロスの問題は、すべての人々が考えなくてはいけないことであるが、特に食材を扱うプロである料理人は、それを強く意識する必要があるだろう。曲がった野菜も、肉や魚の切れ端もりっぱな食材。料理人はどんな食材も無駄にせず、おいしく活かす知恵や技術をもつのは当然で、それを伝えていくことも、僕たちの重要な役目である。

食材を活かしきり、おいしい料理に仕立てて食べてもらうことで、いただいた命に対する感謝の気持ちが伝わればと思う。

料理人の卵たちのためにできること

僕はアラン・シャペル氏やミッシェル・ゲラール氏、ジャック・ラコンブ氏などすばらしいシェフたちのもとで貴重な経験を積むことができた。この恩恵を自分の店や料理、地域の人々のために活かそうと努めてきたわけだが、年を重ねるにつれ、もっとほかに役に立てることはないかと思うようになった。そして、これから料理人を目指す若者たちに何かしてあげられることはないかと考えをめぐらせ、高校生（宇都宮短期大学附属高等学校調理科2、3年生）を対象としたフランス料理研修旅行を行なうことにした。

1993年にスタートしたこの研修は約10年間続き、僕は毎回20数名の高校生とともにフランスへ飛んでいた。受け入れ先は、栃木県の友好県であるヴォークリューズ県のホテル学校「Ecole Hôtelière d'Avignon（エコール・オテリエール・ダヴィニョン）」。生徒たちはここでまず3、4日間プロヴァンス料理を学び、空き時間には地元の市場やワイン大学、そして街のさまざまな飲食店や産地に赴くなどし、その後、ブレスやリヨンの三ツ星『アラン・シャペル』、その他の地方のレストランで食事や勉強。というのがだいたいの工程で、トータルで10日間ほどの研修であった。

この研修を通じて料理の世界の奥深さを肌で感じ、食にたずさわる仕事の楽しさややりがいを再認識してくれる生徒も多かった。料理人の卵時代に本物のフランス料理に触れる経験は、大きな財産になる。参加した生徒の中には、現在フランスの有名ホテルで上のポジションについていたり、独立し、自分の店を出している人などもいて、うれしく思う。

宇都宮短期大学附属高等学校調理科の生徒たち。
Ecole Hôtelière d'Avignonにて。

軸を作るもの

あるご住職のこと

　子どものころの出会いやきっかけが、その後のその人間の考え方や行動に大きな影響を与えることがある。僕にとっては延命院のご住職との出会いがそれである。

　延命院は宇都宮の由緒あるお寺のひとつで、僕が初めてここを訪れたのは、高校生活も半ばを過ぎたころである。このお寺の息子さんが兄の同級生だったというだけで、特に仏教に興味があったわけではないのだが、なぜかその後もそのお寺に入り浸るようになり、頼まれもしないのに、暇さえあれば掃除や使い走りをして過ごすことが習慣のようになっていた。自分の日常とはかけ離れた世界がおもしろく、また、誰でも受け入れるオープンで自由なお寺独特の雰囲気が、なんとも心地よかったのだ。

　ご住職は東京大学のインド哲学の出身でアメリカ留学の経験もあり、当時は大学や高校でも教鞭をとっていて、僕にとっては雲の上の人。そんなご住職がある日、お寺の庭掃除を終えてひと息入れている僕のところにゆっくりと歩いてきて、こんなふうに話しはじめた。「かっちゃん、今日、高校で君の話をしたんだよ。私の知り合いに、昆虫が好きでいつも昆虫の話ばかりしている子がいて、昆虫博士になろうとしている、ってね。ひとつのことに夢中になれるってことは、すばらしいっていう話だよ。なんにしたって"続ける"ってことは大切なんだ。ひとつのことを続けていくと、そのことを通していろんなことに触れられる。そしてそのことについて感じたり、考えたりする。それがすごく大切なんだよ。」

　話の内容もさることながら、雲の上の存在だった人が自分のことをきちんと認めて褒めてくれた。そのこと自体に感動し、僕はなんともいえないうれしさを感じたことを覚えている。

　そしてまた別の日のこと。

　「社長さんか、偉いんだなぁ」

　それは、お寺にきていたお客人がどこかの会社の社長だと知った僕の、無邪気なつぶやきだったのだが、それを聞いたご住職はこんなふうに諭された。「かっちゃん。社長さんだとか先生と呼ばれているから偉いとは限らないよ。人として偉いってことはたいへんなことなんだ。偉い人って、そんなにいるもんじゃないんだよ。いい大学を出たとか、社長だからとか、そんなことで、すべてが凄いってことではないんだよ」

　それまでの狭かった視野をぐっと広げてくれたご住職の言葉。そしてその根底にある物事のとらえ方、考え方は以来ずっと僕の中にある。そしてそれは、後のヨーロッパでの修業時代はもちろん、今でも思考や行動の軸になっている。

1981年、『オーベルジュ』のオープニングスタッフ。僕と妻の道子、5人の若者たちの計7名。

1981年、開店当初の『オーベルジュ』。

1988年、「夢のトリュフの競宴」のために来日したアラン・シャペル氏と父の間の元。

2019年、『オトワレストラン』は開店から12年目を迎えた。

家族のこと

自分を信じる力。母の存在

　何かを決めて、行動に移す。人はそうやって前に進むわけだが、そこには自分自身を信じる力が必要である。そしてその力を育てるのは、子どものころの環境や積み重ねられた経験なのだろう。

　三人兄弟の末っ子だった僕は母親っ子で、家では母といる時間が長かった。台所の手伝いもよくして、甘い卵焼きやホットケーキなどを作り、家族に喜んでもらうのも好きだった。思えば料理に興味をもつようになったのは、そのころからだったのだろう。
　父親と息子の関係にはありがちなことかもしれないが、父親とはあまり多くのことを話した記憶がない。その代わり母にはその日あったことはもちろん、夢や将来の目標などあらゆることを話していた。母はとても穏やかで優しく、僕の話を熱心に、きちんと聞いてくれるひとだった。そして僕の話すことに対し、否定やアドバイスめいたことはいっさい言わず、すべてを受け入れ、理解の言葉を返してくれた。それがとても大切なことだったのだと気づくのは、年齢を重ねてからのことである。
　僕にとって母と話すことは、自分の意志を最終確認する作業でもあり、いつも応援してくれる人がいるという、安心感にもつながった。

妻のこと。マダムの役割

　宇都宮の酒屋の娘であった妻の道子とは、東京の『中村屋』で総料理長を務めていたころに出会い、結婚した。「将来は、一緒に店をやってもらうので専業主婦にはなれませんが、それでもよければ」というのがプロポーズの言葉。
　結婚後は『オーベルジュ』のオープンに備え、いくつかの店で経験を積んでもらっていた。ところが開店のその年に出産が重なってしまい、1月に長男が生まれ、のんびりと育児を楽しむ間もなく、10月にオープンの日を迎えた。そんな状況にもかかわらず、妻は可能な限り店に出て、接客と経理を担当してくれた。
　心地よいレストラン空間を作り維持するために、マダムの役割というものがいかに大切か、僕はこの時期にあらためて思い知らされることになった。たとえば妻は、僕と従業員の間に入り、僕の考えを理解したうえで緩衝役を務めてくれ、また、男性だけでは硬くなってしまいがちな店の雰囲気をやわらげてもくれた。お客様や地元のさまざまな付き合いを、僕に代わってこなしてくれたことも大きい。

子供たちのこと

　店を立ち上げる際の大変さについては、僕たちは充分に理解し、覚悟していたが、子どもたちはどうだっただろうか。『オーベルジュ』の経営はなんとか順調だったが、僕は朝7時に店の鍵を開け、家に帰るのは深夜の1時、2時といった生活。

　長男が生まれた2年後に次男、その翌年には長女が生まれて子どもが三人になっても、店中心の生活はかわらず、依然実家の助けが必要だった。わが家の子どもたちには、家族旅行や親子で参加する学校行事の思い出もほとんどない。そんな子どもたちの幼い日々のことを思うと、今も申し訳ないという思いがある。

　ただ、たまにとれた休みには、子どもたちと一緒に徹底的に遊ぶことを心掛けた。僕の遊びは少々荒っぽく、たとえば鬼怒川の上流でライフジャケットを身につけて、自分が真っ先に川に飛び込んだり、妻と三人の子どもたちを車にのせ、深夜の映画館に繰り出したり…。どちらが子どもかわからないほど率先して遊ぶ姿が、子どもたちにとっては印象的だったようである。

　そんな日は食事もできる限り家族全員で食卓を囲み、おいしいものをいっぱい食べながら、それぞれが言いたいことを存分に言い合う時間になった。おいしい食べ物や料理の力、そして家族や仲間とともにとる食事の楽しさ、大切さを、子どもたちも感じてくれたのではないかと思う。

子育てについて

　家族で食事に出掛けるときには、できる限り僕たちの両親も交えることにしていたが、その際子どもたちには、祖父母の荷物を持たせるなどして年長者を気遣うことを教えた。また、自分たちの店に入るときと出るときにはきちんと挨拶をさせ、料理はできるだけ残さないようにと伝えた。

　これらが唯一、僕が子どもたちに行なった、教育らしきものだったように思う。小学生のころまでは、僕は怒ると怖い父だったようだが、中学生になるころにはよほどのことがない限り怒ることもなくなり、自分で考えて自分で行動させるようにし、少しずつ自立を促した。

　ちなみに、子どもたちに店を継ぐようにと言ったことは一度もない。長男の元はゲームに夢中で、次男の創は陸上に打ち込み、それぞれが自分の好きな世界を、楽しみながら極めようとしていた。

　なにかに夢中になり、とことんのめり込んだ経験は、その人間の大きなベースになる。たとえその後別の道に進んだとしても、その道をまた一生懸命進むことができる。そして子どものころの経験は、直接的にせよ間接的にせよ、その後の自分を支える大きな力になる。僕は自分の経験から、そう思える。親ができることは、適切なタイミングで、きっかけやヒントを与えてあげることだろうか。選ぶのも決めるのも自分なのだから、強制しても意味はない。

　結果的に二人の息子は料理人になった。おそらく、僕がこの仕事を大変ながらも楽しんでいることが、子どもたちにも伝わっていたのではないかと思う。

バトンを渡す

　1980年代ごろに日本でフランス料理店をはじめた同世代のシェフたちは、皆そろそろ次の世代にバトンを渡す時期に差し掛かっている。もちろん、バトンを渡す相手は子どもとは限らず、また、店は自分の代までと決めているシェフも、あるいは、先のことをまだ決めかねているシェフたちもいるだろう。

　僕は、日本のフランス料理店が、たとえば京都の老舗料亭のように、親から子へと受け継がれ、その場所で長く愛される存在になればいいと思っている。受け継ぐとは、単に経営を引き継ぐことではない。子どものころから、仕事をする親や祖父母の背中を見て、その空気の中で育つことはなににも代えられない経験で、その厚みがあればこそ、時代に合わせて生き物のように動く料理や店を、常に変革しながら維持し続けていく、そのモチベーションを保つことが可能なのではないだろうか。

　『オトワレストラン』も開店から3年目を迎え、長男の元が30歳になったのを機に料理長を任せることにした。それまでシェフの経験はなく、10人以上のスタッフを率いながら料理を考え作らねばならず、その大変さは想像できたが、できるだけ口出しをせずに見守った。

　最初の2〜3年は必要に応じて厨房にも入ったが、5年も経つとほとんどその必要もなくなった。

　店や会社を次の世代に引き継ぐ際には、経営をより安定した状態にしておくことが重要である。それまでケータリングを含め7、8店を経営していた時期もあるが、管理徹底のできない部分がどうしても出てくる。そうした状態のまま引き継ぐことは避けたかったため、数年前から1店1店により力を注げるよう体制を整えた（とはいっても、問題・課題がまったくなくなるわけではないが）。

　こうして現在、長男の元が『オトワレストラン』の料理長を、次男の創が東京・白金台の『シエル・エ・ソル』の料理長を務めている。二人とも初めての料理長だったが、立場や経験は人を成長させる。ある立場におかれると、まわりに意見を求めるようになり、そうすることで世の中のかたちが見え、自分の考えの幅を広げることもできる。若いときの苦労はすべてが自分の血肉となり、無駄なことはひとつもない。期待され、まかせられることは、とてもありがたいことでもある。

　料理について、僕が彼らとぶつかることはない。意見を求められればもちろん答えるが、それでも彼らがそうしたいのであれば、それでいいと思っている。料理とは、そのときの自分の経験や考え、能力の中から出てくるものだからである。

　海外でホスピタリティ・ビジネスマネジメントなどを学んだ長女の香菜も、現在『オトワレストラン』のサーヴィスや運営にたずさわり、長男の妻である明日香はデザートを担当している。

　僕がフランスで出会い、感銘を受けたようなグランメゾンのかたちが、ようやく少しずつ見えてきたといえるだろうか。

未来

新たな目標

　もう自分の皿の中だけで、料理を考えている時代ではないと思うのだ。

　これからは、農と食の関わりを、生産者と料理人がともに学び合うことが必要なのではないだろうか。それによって地域の産物がよりよいものになり、それが「食」とともに発信されることで、他の地方へも伝わり、やがて観光へとつながる大きな渦が生まれる。

　そんな、農と食と観光の渦の起点となるような場所が、地方には必要だと思っている。そこでは地元の食材を活かした料理が作られ、それを他の地域や海外の料理人や生産者が学びにくる。2代目3代目の若い料理人の学びの場にもなるだろう。栄養士や料理研究家の勉強会や料理教室を開いてもらってもいい。地元の産地を一緒に訪ねるのもいいだろう。地方にいながら世界とつながることができる、そんな食の可能性を深く掘り下げ、それを発信する場所にもなる。

　そんな場所がいくつかの地方にあって、それぞれが関わりをもちながらうまく機能することができれば、日本の料理界全体が底上げされるのではないだろうか。そのためには、地元の行政、教育機関、企業、ジャーナリストなどとの連携が必要で、地域の食をともに創っていく人のつながりを、より強固なものにしていく必要があるだろう。

　そしてこれを僕が栃木県でやるとすれば、まず思い浮かぶのは宇都宮の大谷町だ。かつて大谷石の採掘によって発展した町で、採掘場跡の独特な景観が、今また観光資源として見直されはじめている。農産地としても優れていて食材も豊かな場所であり、栃木の食・農・観光を循環させる拠点になりそうな予感がしている。

　1981年に最初のレストランをオープンさせてから、生まれ故郷の宇都宮でずっと店を続けてきた。そしてこれからも僕は、引き継いだ息子たちとともにこの地でフランス料理店を営み、さまざまな活動をしながら料理を作り続けていくだろう。世代を超えて地域に根ざす料理人としての僕たちの在りようが、日本の地方の料理人、フランス料理店の未来にもつながることを願っている。

大谷町：宇都宮市の中心市街地から西北8kmに位置する大谷地区は、宇都宮市の特産「大谷石」の産地。江戸時代より大谷石採掘がはじまり、石とともに歩んできた場所である。地下迷宮のような採石場跡地や奇岩に囲まれた景観。石と人の営みが一体化している宇都宮の大谷石文化は、日本遺産にも認定されている。

あとがき

今にして思えば、昆虫に夢中になっていた子ども時代は、僕にとってとても大事な意味をもつものだったのだと思う。もちろんそのころは、ただ好きなことに夢中になっていただけのことで、それが後にどう役に立つかなど考えてもいなかったのだが。

たとえば僕がもっとものめり込んでいた蝶は、種類によって生息地が異なる。それぞれ好みの場所というものがあり、日当たりや風の流れ、温度、湿度、木（樹液）など、さまざまな条件でそれを選ぶ。簡単に言ってしまえば好みの食草（食べ物）があるところに棲んでいるということなのだが、それは、自然の中に生きる、すべての生物に共通する法則である。

採った昆虫は標本にするのだが、それらを仲間ごとに分類して標本を作る作業には、整理能力や集中力、バランス感覚や美的センスも要する。

宇都宮大学の「昆虫愛好会」のメンバーだった小学校3、4年生のころには、大学生に連れられて、より本格的な昆虫採集に出掛けることもあり、そんな日は前日から自分で用意をし、朝も自分で起きて出掛けていた。大学生に洋書の昆虫の本などを見せてもらったり、採集や標本作りのアドバイスをもらうこともあり、大学祭の研究発表会では、小学生でありながら研究レポート発表もしていた。

海外に対する憧れはもちろん、生き物に対する感覚的な理解。緻密な作業能力や整理能力。そして年齢の異なる相手とのコミュニケーション力や、自分で決めて自分で行動する計画性や行動力。人生で大切なことの多くの芽は、この時代に育っていたのかもしれない。「好き」の力はとても大きい。

さて、修業を終えて帰国した僕が目標としたのは、フランスで見たような、地元に根づき長く愛されるレストランだったが、それはもちろん「好き」だけでできるものではない。帰国後僕はその準備のためにフードビジネスを学ぶ傍ら、日本の老舗とされる料理店、菓子店、ホテルなどを訪ね、その地で長く続けていくため商売の在り方を見てまわり、地元に根づく意義、地方の料理人の役割について深く考えた。

料理人は作る料理に思いを込め、物語を伝えることができる。その中には地域の産物、自然、営み、歴史、あらゆることが含まれ、そうしてでき上った料理は、その土地の風土（テロワール）を作るための一翼を担う。それは、それぞれの土地のレストランのひとつの役目ではないだろうか。

また僕は、自分が経験を通して得たものを、どうやって地元のために役立てることができるか。世の中のためになにができるか。それを常に考え続けてきた。子どもたちへの食教育、高校生や若い料理人などを対象とした研修ツアーの企画もその一部で、料理本の出版や広報誌の作成も、それを通じて多様な食のすばらしさ、その楽しみ方を多くの人たちに伝えたいとの思いからはじめたものである。そしてこれらの活動を、今後もずっと続けていきたいと思っている。

今手元に、僕が翻訳を担当したアラン・シャペル氏の著書『料理 ルセットを超えるもの』がある。この本の「訳者あとがき」にこのようにある。「─私は昨年、宇都宮に店を構えましたが、素材の選択、共に料理を作るチームの育成など、課題が山積みしています。お客さまが共鳴、共感してくれる店を作り出すために料理人は何をすべきなのか、厨房から出ていく一皿一皿の料理を見ながら、この仕事の奥深さを改めて

認識する毎日です。1982年2月 音羽和紀 —」店作りや地域への思いは、今もこのときとかわることはない。むしろ深くなったといえるかもしれない。そしてその思いの結実が本書である。この本を介して栃木県の生産者やアルティザンの熱意、四季折々の豊かさが、読者に伝わることを願ってやまない。

　本書の料理・デザートの一部は音羽元、音羽創、音羽明日香が担当した。互いに感性を刺激しあい、それぞれの料理の個性を発見する機会にもなった。

　最後に、本書の制作にあたりご協力をいただいた生産者の皆さん、料理仲間、さまざまなことに力を貸してくださった方々、応援してくださったお客様に心より御礼申し上げます。そして、想いを写しとり、表現を支えてくれたカメラマンの天方晴子さん、デザイナーの中村善郎さん、足かけ数年にわたり伴走してくれた柴田書店・書籍編集部の長澤麻美さん、ありがとうございました。

音羽和紀

○**撮影・取材協力**（順不同）

湯津上「有限会社ジョセフィンファーム」の郡司陽さん

大田原市 阿久津功さん（春香うど生産者）

宇都宮市「若山農場・竹研究所」の若山太郎さん

宇都宮市「よしむら農園」の吉村潔さん＆慎子さん
　　（シイタケ生産者）

鹿沼市「丸福農園」の福田茂輝さん（トマト専門農家）

日光市「有限会社大滝」の山越祐二さん（ヤシオマス生産者）

栃木県水産試験場水産研究部

那須町「渡辺農園」の渡辺良明さん

宇都宮市「畑市場」の山﨑章仁さん

那珂川町「有限会社林屋川魚店」の小林博さん

小山市 松本一男さん（とちぎ和牛生産者）

那珂川町「有限会社鈴木材木店」の鈴木栄子さん（マンゴー生産者）

那須町「有限会社那須高原今牧場チーズ工房」の
　　髙橋雄幸さん＆ゆかりさん

宇都宮大学農学部附属農場

宇都宮大学農学部教授 長尾慶和さん

宇都宮市「永見果樹園」（梨生産農家）

栃木県農業試験場「いちご研究所」

那須烏山市 石川いちご園

宇都宮市「阿部梨園」

農産直売所「あぜみち」

鹿沼市「黒田養蜂園」

宇都宮市「塩山ファーム」

稲見商店（那須御用卵）

卵明舎（磨宝卵）

岩出農園（真珠卵）

さくら市「ベジファームおかざき」

田代倫章さん（益子焼作家）

市貝町立市貝小学校

福島県伊達市「伊達物産株式会社」の清水建志さん

宮城県気仙沼市 畠山重篤さん（牡蠣生産者）

奈良県桜井市「小西勇製麺所」（三輪素麺）

奈良市月ヶ瀬「ティーファーム井ノ倉」（大和茶）

○**協力**（オトワレストラン）

音羽元／音羽創／音羽明日香／音羽道子／音羽香菜／村川愛子

料理索引（主素材別五十音順）

○アーティチョーク
アーティチョークとパンチェッタの軽い煮込み　143
とちぎ和牛のポワレ、サンマルツァーノトマトと
　　アーティチョーク　191

○アスパラガス
とちぎ和牛のロースト　フォワグラ風味、
　　ホワイトアスパラガスのグリエ　130
ホワイトアスパラガスと筍のグラタン　88
ホワイトアスパラガスとプレミアムヤシオマス、
　　ムースリーヌソース　68
ミニアスパラガスのミルフィユ、オレンジのムースリーヌソース　68
湯津上のホワイトアスパラガスのアイスクリーム　64

○アナゴ
アナゴと白インゲン豆、鶏トサカのラグー　171

○アマゴ
アマゴのベニエ、ウド、カリフラワー　363
アマゴのベニエ、長ネギ、椎茸、ラヴィゴットソース　363

○アンズ
リ・オ・レ、アンズのコンポート　207

○アンディーヴ
アンディーヴのポワレ、アサリ風味　57
とちぎ和牛のポワレとアンディーヴ、トリュフのヴィネグレット　315

○イカ
イカとウナギのテリーヌ　182
イカとグリーンピース、日向夏の香り　76
ヤリイカとトマトのグリエ、万願寺唐辛子のコンディマン　298
ヤリイカのポワレ、シイタケのラヴィゴットソース　298
レタスとイカのミルフィユ仕立て、オリーブソース　146

○イサキ
イサキのポワレ、生海苔ソース　171

○イチゴ
とちおとめのコンソメ、ココナッツとライチのソルベ、
　　ローズヒップのグラニテ　327
フルーツのコンソメとアイスクリーム　206
レモンのウッフ・ア・ラ・ネージュ、とちおとめ、
　　酒粕のアイスクリーム　326

○イチジク
イチジクのオレンジ風味コンポート、蜂蜜のアイスクリーム、
　　白ワインジュレ　263
佐野産イチジクと洋梨、スペキュロスのアイスクリーム　262

○イノシシ肉
ウドのグリエとイノシシ肉のブーレット、
　　味噌風味のベアルネーズソース　77
ジャンボ椎茸のイノシシファルシ、ベシャメルモッツァレラ　100
八溝ししまるのロースト、スパイス風味の紫イモのピュレ、
　　トレヴィス、椎茸、新ゴボウ添え　311

○イワシ
イワシと赤パプリカのテリーヌ　154
イワシのマリネとジャガイモのエクラゼ　166

○インゲン（サヤインゲン）
インゲンと新生姜のサラダ、タイムの花　146

○インゲン豆（白インゲン豆）
アナゴと白インゲン豆、鶏トサカのラグー　171

○ウサギ肉
ウサギのバロティーヌ、フキのピクルス　131

○ウド
岩牡蠣とウド、ヴィネガー風味　163
ウドのグリエとイノシシ肉のブーレット、
　　味噌風味のベアルネーズソース　77
ウドのピクルス、プレミアムヤシオマスのリエットと
　　伊達鶏のリエット　81

○ウナギ
イカとウナギのテリーヌ　182
ウナギの温かいパイ　183
ウナギのクリーム仕立て、ケッパー風味　183
ウナギのグリエ、みょうがのラヴィゴットソース　179
ウナギの燻製、キュウリとグリーントマトのピクルス　179
ウナギのラケ、ポルトソース　175

○枝豆
トウモロコシと枝豆、カッテージチーズのサラダ　143

○エビ
海老のオーブン焼き、トリュフ風味のカリフラワーのクリーム　295
海老のクネルとジロール茸、クレーム・ド・シャンピニヨン　155
海老のグラタン、オレンジ風味　294

○オマール
オマールのア・ラ・クレーム　159
オマールのタルタルとトマトのロースト　サラダ仕立て　158
オマールのポシェ、栃木の野菜添え　251
オマールの冷製クリームスープ　158
伊達鶏白レバーのフラン、オマールのムースリーヌ　21
伊達鶏胸肉とオマールのロール仕立て、クレーム・ド・オマール
　　344

鶏のムースとオマール、オマールソース　40

○牡蠣
岩牡蠣、グリーントマトのヴィネグレットとレモンのムース　162
岩牡蠣とウド、ヴィネガー風味　163
岩牡蠣、生海苔ソース　162
岩牡蠣、レモンジュレ　163
牡蠣と牛肉　354
牡蠣と牛肉のタルタル　354
牡蠣とトマト、田ゼリのラグー　358
牡蠣と鶏ささみのトリュフヴィネグレット　355
牡蠣と鶏ささみのブール・フォンデュ　トリュフの香り　355
牡蠣のシャンパーニュクリーム　350
牡蠣のポワレ、紫白菜と春菊　352
鶏手羽元と牡蠣のスープ　359
新里ねぎのポシェ、牡蠣のコンフィと鴨の生ハム　287
新里ねぎのポシェと牡蠣　283

○カツオ
カツオとナスのタルタル、ビーツのヴィネグレットと梅のムース　167

○カニ
ズッキーニ・ゼファー、帆立と毛蟹のムース、トマトのクーリ　138

○カブ（片平あかね）
片平あかねのポタージュ、大和なまと金ゴマ葛餅　370

○カモ肉
鴨とフォワグラのロール仕立て、キノコのピクルス添え　258
鴨胸肉のポワレ、ヴィネガー風味の赤玉ネギのロースト　259
栗蜂蜜とほうじ茶でマリネした鴨のロースト、
　　サヤインゲンと新ゴボウ　258

○キウイフルーツ
キウイフルーツとパイナップルのグラニテ　211

○キクイモ
菊イモのポタージュ、トリュフ風味のエミュルション　279

○牛肉
牡蠣と牛肉　354
牡蠣と牛肉のタルタル　354
牛ほほ肉のラグー、椎茸のコンフィ、ゆべしの香り　235
牛ほほ肉のラグー、筍と葉玉ネギのソテー　92
ジャンボ椎茸のファルシ　101
とちぎ和牛すね肉のブイイ、レフォールソース　314
とちぎ和牛すね肉のラグーと牡蠣のコンフィ　319

とちぎ和牛すね肉のラグー、フォワグラソース　318
とちぎ和牛すね肉のラグー、マデラソース　318
とちぎ和牛スライスとトリュフ風味のポテトサラダ　187
とちぎ和牛スライスと夏野菜のサラダ　190
とちぎ和牛と新里ねぎのポシェ　287
とちぎ和牛のポワレ、サンマルツァーノトマトとアーティチョーク　191
とちぎ和牛のポワレとアンディーヴ、トリュフのヴィネグレット　315
とちぎ和牛のロースト　フォワグラ風味、ホワイトアスパラガスの
　　グリエ　130
栃の木黒牛のポワレ、シェーヴルチーズと奈良漬けの
　　コンディマン　314
米ナスと牛肉、フォリグラのポリル、生姜とネギのノリット　139
大和牛のロースト、万願寺唐辛子のコンディマン　366
大和牛ランプ肉のポワレと赤玉ネギのロースト　367

○キュウリ
イベリコハム入りガスパチョ　151
ガスパチョのグラニテ　109
ジャガイモとキュウリのスープ　151
パプリカのスフレグラッセ、キュウリとトマトのグラニテ　109
プレミアムヤシオマスのティエド、キュウリのソース　118
三輪素麺のキュウリソース　371

○キンカン
柑橘類のデザート　生姜とマスタードの香りで　210
よもぎのアイスクリームとキンカンのコンポート　112

○クリ
栗とクルミのデザート、フロマージュムースと黒糖のメレンゲ　267
鶏のクネル、クレーム・ド・マロン　242
和栗のポタージュ　239

○グリーンピース
朝採りグリーンピースのタルト　69
イカとグリーンピース、日向夏の香り　76
グリーンピースとラングスティーヌ、酒粕のナージュ仕立て　155
グリーンピースのクレームブリュレ　シェーヴルチーズの
　　アイスクリーム　72
グリーンピースのフラン、オレンジソース　73
帆立のグリエ、グリーンピースのピュレ　トリュフ風味　72

○クルミ
栗とクルミのデザート、フロマージュムースと黒糖のメレンゲ　267

○黒ダイコン
黒大根とフォワグラのポワレ　255

○ゴボウ

ゴボウのアイスクリーム、ゴマ風味のチョコレートソース　291

ゴボウのフランと白子、トリュフ風味　291

○米（五穀米含む）

ジャンボ椎茸のファルシ　101

筍とフォワグラのポワレ、五穀米のリゾット、マデラソース　93

伊達鶏のバロティーヌ、ジロールのピラフ、ソース・アンビュフェラ　40

北寄貝のリゾット、発酵赤大根、ローリエ風味のエミュルション　299

マグロのタルタル、ウイキョウの香り　167

リ・オ・レ、アンズのコンポート　207

○サツマイモ

焼きイモとフォワグラのファルシ　323

○サバ

サバのコンソメ　247

○サワラ

サワラと大和イモのクルート、酒粕風味の蟹のコンソメ　250

○サンマ

サンマと緑ナスのテリーヌ　247

サンマの燻製と白菜の燻製ヨーグルト風味　246

○シイタケ

キノコのコンフィとジャガイモのピュレ　235

キノコのコンフィとジャガイモのピュレ、キノコのムース添え　235

牛ほほ肉のラグー、椎茸のコンフィ、ゆべしの香り　235

桜鯛と燻製シイタケのヴァプール、クレーム・ド・シャンピニヨン　115

椎茸と伊達鶏のコンソメ、金目鯛添え　97

椎茸と伊達鶏のコンソメ、フォワグラ添え　97

椎茸のカプチーノ、椎茸とかんぴょうのパイ　22

ジャンボ椎茸のイノシシファルシ、ベシャメルモッツァレッラ　100

ジャンボ椎茸のファルシ　101

リ・ド・ヴォーと椎茸のパネ、オーブン焼き　100

○シカ肉

鹿のロースト、シェーヴルのラヴィオリ、ニンジンのピュレ、胡椒風味のソース　254

伊達鶏レバームースとリンゴのメレンゲ、鹿のバルバジュアン　279

○ジャガイモ

イワシのマリネとジャガイモのエクラゼ　166

キノコのコンフィとジャガイモのピュレ　235

キノコのコンフィとジャガイモのピュレ、キノコのムース添え　235

仔羊肩肉とジャガイモのココット焼き　195

ジャガイモとキュウリのスープ　151

ジャガイモとフォワグラ、鴨の生ハムのプレッセ、トリュフのヴィネグレット　323

ジャガイモとフォワグラのスープ　226

ジャガイモのポタージュとカチョカヴァッロのグラティネ　227

田ゼリとジャガイモの温かいサラダ、鶏レバーのヴィネグレットソース　230

とちぎ和牛スライスとトリュフ風味のポテトサラダ　187

ポワローのポタージュとマッシュポテト　227

○春菊

温製ブリチーズと春菊　234

○ジロール茸

海老のクネルとジロール茸、クレーム・ド・シャンピニヨン　155

伊達鶏のバロティーヌ、ジロールのピラフ、ソース・アンビュフェラ　40

○スズキ

スズキのポワレ、ブールブランソース　170

スズキのポワレ　ラルド風味、ヴィヤンドソース　250

○ズッキーニ

ズッキーニ・ゼファー、帆立と毛蟹のムース、トマトのクーリ　138

○セリ

牡蠣とトマト、田ゼリのラグー　358

田ゼリとジャガイモの温かいサラダ、鶏レバーのヴィネグレットソース　230

リヨン風　田ゼリのサラダ　76

○素麺

鯛のコンソメ　115

三輪素麺とコンソメ、レモンの香り　371

三輪素麺のキュウリソース　371

○タイ

桜鯛と燻製シイタケのヴァプール、クレーム・ド・シャンピニヨン　115

鯛のコンソメ　115

鯛のポワレ、グリーンソース　114

○タケノコ

牛ほほ肉のラグー、筍と葉玉ネギのソテー　92

筍とフォワグラのポワレ、五穀米のリゾット、マデラソース　93

筍のロースト、鶏胸肉と白レバーのポワレ　84

伊達鶏と筍のタルタル　85

ホワイトアスパラガスと筍のグラタン　88

○卵

軽いトリュフ風味のフランとプレミアムヤシオマス　122

新玉ネギのフラン　60

○玉ネギ（葉玉ネギ、新玉ネギ含む）

ガスパチョのグラニテ　109

鴨胸肉のポワレ、ヴィネガー風味の赤玉ネギのロースト　259

仔羊もも肉と葉玉ネギのブレゼ　53

新玉ネギの冷たいスープ、鴨の生ハム　61

新玉ネギの冷たいスープ、トマトのムース　56

新玉ネギのフラン　60

伊達鶏のクネル、味噌風味のオランデーズソース　52

トマトのジュレと新玉ネギのエスプーマ　104

プレミアムヤシオマスのコンフィと新玉ネギ　127

大和牛ランプ肉のポワレと赤玉ネギのロースト　367

○タラ

タラとジャガイモのエクラゼ　303

タラと発酵白菜のヴァプール　303

タラのポワレ、ターメリック風味　303

○チーズ

温製ブリチーズと春菊　234

鹿のロースト、シェーヴルのラヴィオリ、ニンジンのピュレ、
　胡椒風味のソース　254

ジャガイモのポタージュとカチョカヴァッロのグラティネ　227

マスカルポーネのアイスクリームと黄桃、ピスタチオの
　エミュルション　266

落花生のタルト　今牧場のウオッシュチーズ"りんどう"　223

○チョコレート

チョコレートとトリュフのデザート　335

ピスタチオアイスクリーム入りのプロフィットロール、
　ベリーのチョコレートソース　334

○トウモロコシ

トウモロコシと枝豆、カッテージチーズのサラダ　143

トウモロコシのスープ、トマトのソルベ　150

○トサカ

アナゴと白インゲン豆、鶏トサカのラグー　171

○トマト

イベリコハム入りガスパチョ　151

イワシと赤パプリカのテリーヌ　154

オマールのタルタルとトマトのロースト　サラダ仕立て　158

牡蠣とトマト、田ゼリのラグー　358

ガスパチョのグラニテ　109

新玉ネギの冷たいスープ、トマトのムース　56

トウモロコシのスープ、トマトのソルベ　150

栃木の春野菜、トマトのジュレ　105

とちぎ和牛のポワレ、サンマルツァーノトマトとアーティチョーク
　191

トマトのジュレと新玉ネギのエスプーマ　104

パプリカのスフレグラッセ、キュウリとトマトのグラニテ　109

○鶏肉

ウドのピクルス、プレミアムヤシオマスのリエットと
　伊達鶏のリエット　81

牡蠣と鶏ささみのトリュフヴィネグレット　355

牡蠣と鶏ささみのブール・フォンデュ　トリュフの香り　355

椎茸と伊達鶏のコンソメ、金目鯛添え　97

椎茸と伊達鶏のコンソメ、フォワグラ添え　97

筍のロースト、鶏胸肉と白レバーのポワレ　84

伊達鶏ささみのティエドと春野菜　134

伊達鶏とオマールのロール仕立て、クレーム・ド・オマール　344

伊達鶏と筍のタルタル　85

伊達鶏のヴィネガー風味　198

伊達鶏のクネル、味噌風味のオランデーズソース　52

伊達鶏のささみ、ハマグリのジュ　57

伊達鶏のバロティーヌ、ジロールのピラフ、
　ソース・アルビュフェラ　40

伊達鶏のロースト、いろいろ野菜添え　343

伊達鶏胸肉と長ネギのポシェ、山椒風味のベアルネーズソース
　345

伊達鶏胸肉のポワレ、オマールの香り　134

鶏ささみとエスカルゴのブルゴーニュ風　310

鶏手羽元と牡蠣のスープ　359

鶏のクネル、クレーム・ド・マロン　242

鶏のムースとオマール、オマールソース　40

鶏胸肉のグリエ、ケッパー風味のキュウリソース　199

ポワローの3皿　282

三輪素麺とコンソメ、レモンの香り　371

○トリュフ

チョコレートとトリュフのデザート　335

○長ネギ

伊達鶏胸肉と長ネギのポシェ、山椒風味のベアルネーズソース
　345

とちぎ和牛と新里ねぎのポシェ　287

新里ねぎのポシェ、牡蠣のコンフィと鴨の生ハム　287

新里ねぎのポシェと牡蠣　283

フォワグラのポシェと新里ねぎ　287

帆立のグリエと新里ねぎのポシェ　286

○ナシ（和ナシ）

ミルクアイスクリームと和梨の瞬間真空　275

ユズのウッフ・ア・ラ・ネージュと和梨の瞬間真空、和梨のソルベ
　274

和梨のソルベと和梨の瞬間燻製　275

○ナス

カツオとナスのタルタル、ビーツのヴィネグレットと梅のムース
　167

仔羊のポワレとナスのテリーヌ　プロヴァンス風　194

仔羊のラグーとナスのシャルロット　238

サンマと緑ナスのテリーヌ　247

ナスとフォワグラのファルシ、バルサミコソース　139

米ナスと牛肉、フォワグラのポワレ、生姜とネギのフリット　139

○パイナップル

キウイフルーツとパイナップルのグラニテ　211

フルーツのコンソメとアイスクリーム　206

○ハクサイ

牡蠣のポワレ、紫白菜と春菊　352

サンマの燻製と白菜の燻製ヨーグルト風味　246

タラと発酵白菜のヴァプール　303

○バジル

バジルのムースとヨーグルトソルベ　203

○パッションフルーツ

エキゾチックフルーツのババ　219

ホヤのマリネとパッションフルーツ　174

○バナナ

クレーム・ド・バナナとココナッツのソルベ
　パッションフルーツのソース　207

○パプリカ

イベリコハム入りガスパチョ　151

イワシと赤パプリカのテリーヌ　154

ガスパチョのグラニテ　109

パプリカのスフレグラッセ、キュウリとトマトのグラニテ　109

○ビーツ

カツオとナスのタルタル、ビーツのヴィネグレットと梅のムース　167

○ピーナッツ

落花生のタルト　今牧場のウオッシュチーズ"りんどう"　223

○ピーマン

赤ピーマンとナッツのムース、ロメスコ風　223

○ピスタチオ

ピスタチオアイスクリーム入りのプロフィットロール、
　ベリーのチョコレートソース　334

○羊肉

仔羊肩肉とジャガイモのココット焼き　195

仔羊のポワレとナスのテリーヌ　プロヴァンス風　194

仔羊のラグーとナスのシャルロット　238

仔羊もも肉と葉玉ネギのブレゼ　53

○ヒラメ

行者ニンニクをまとったヒラメ、新ジャガイモ、アサリ、
　グリーンピース添え　115

○フォワグラ

鴨とフォワグラのロール仕立て、キノコのピクルス添え　258

黒大根とフォワグラのポワレ　255

ジャガイモとフォワグラ、鴨の生ハムのプレッセ、
　トリュフのヴィネグレット　323

ジャガイモとフォワグラのスープ　226

筍とフォワグラのポワレ、五穀米のリゾット、マデラソース　93

ナスとフォワグラのファルシ、バルサミコソース　139

フォワグラのフラン　43

フォワグラのポシェと新里ねぎ　287

フォワグラのポワレとブドウのクリーム風味　322

米ナスと牛肉、フォワグラのポワレ、生姜とネギのフリット　139

ポワローの3皿　282

マイタケのコンフィ、フォワグラ、伊達鶏のコンソメ　235

焼きイモとフォワグラのファルシ　323

○豚肉

豚肉のクレピネット、アサリ、新生姜のムース　255

○ブリ

ブリの四川唐辛子コンフィ　306

ブリのファルシ、ニンジンとパプリカのソース　307

ブリのポワレ、ベアルネーズソース日本風　306

○ブルーベリー

ブルーベリーの温かいパイ　211

○ホタテ

ズッキーニ・ゼファー、帆立と毛蟹のムース、トマトのクーリ
　138

帆立と夏野菜のラグー　147

帆立のグリエ、グリーンピースのピュレ　トリュフ風味　72

帆立のグリエと新里ねぎのポシェ　286

帆立のポワレ、トリュフ風味のクレーム・ド・マスカルポーネ
　295

○ホッキ貝
北寄貝の青海苔ブール・ブランソース　299
北寄貝のリゾット、発酵赤大根、ローリエ風味のエミュルション
　299

○ホヤ
ホヤのマリネとパッションフルーツ　174

○ポワロー
ポワローの3皿　282
ポワローのポタージュとマッシュポテト　227

○マイタケ
キノコのコンフィとジャガイモのピュレ　235
キノコのコンフィとジャガイモのピュレ、キノコのムース添え　235
マイタケのコンフィ、フォワグラ、伊達鶏のコンソメ　235

○マグロ
マグロのタルタル、ウイキョウの香り　167

○マッシュルーム
海老のクネルとジロール茸、クレーム・ド・シャンピニョン　155

○マンゴー
エキゾチックフルーツのババ　219

○マンダリンオレンジ
柑橘類のデザート　生姜とマスタードの香りで　210

○メロン
フルーツのコンソメとアイスクリーム　206

○モモ
マスカルポーネのアイスクリームと黄桃、ピスタチオの
　エミュルション　266
桃の瞬間コンポートとライチのソルベ　214

○野菜（ミックス）
ありったけの焼き野菜　231
オマールのア・ラ・クレーム　159
オマールのポシェ、栃木の野菜添え　251
伊達鶏ささみのティエドと春野菜　134
伊達鶏のロースト、いろいろ野菜添え　343
伊達鶏胸肉のポワレ、オマールの香り　134
栃木の春野菜、トマトのジュレ　105
とちぎ和牛スライスと夏野菜のサラダ　190
帆立と夏野菜のラグー　147

○ヤシオマス
ウドのピクルス、プレミアムヤシオマスのリエットと
　伊達鶏のリエット　81
軽いトリュフ風味のフランとプレミアムヤシオマス　122
プレミアムヤシオマスのコンフィ、グリーンソース　302
プレミアムヤシオマスのコンフィと新玉ネギ　127
プレミアムヤシオマスのショーフロワ　119
プレミアムヤシオマスのティエド、キュウリのソース　118
ホワイトアスパラガスとプレミアムヤシオマス、ムースリーヌソース
　68
ポワローの3皿　282
ヤシオマスのスフレ、笹の香り　126
ヤシオマスのファルシ、フィノッキオのポワレ　127

○ヤマトイモ（ツクネイモ）
サワラと大和イモのクルート、酒粕風味の蟹のコンソメ　250

○ユズ
ユズのウッフ・ア・ラ・ネージュと和梨の瞬間真空、和梨のソルベ
　274

○洋ナシ
佐野産イチジクと洋梨、スペキュロスのアイスクリーム　262
洋梨のデザート、キャラメリア（ミルクチョコレート）の
　アイスクリーム　270

○ヨモギ
よもぎのアイスクリームとキンカンのコンポート　112

○ラングスティーヌ
グリーンピースとラングスティーヌ、酒粕のナージュ仕立て　155

○リ・ド・ヴォー
リ・ド・ヴォーと椎茸のパネ、オーブン焼き　100

○レタス
レタスとイカのミルフィユ仕立て、オリーブソース　146

○レバー
筍のロースト、鶏胸肉と白レバーのポワレ　84
伊達鶏白レバーのフラン、オマールのムースリーヌ　21
伊達鶏レバームースとリンゴのメレンゲ、鹿のバルバジュアン
　279

○レモン
レモンのウッフ・ア・ラ・ネージュ、とちおとめ、
　酒粕のアイスクリーム　326

音羽和紀（おとわ かずのり）

1947年栃木県宇都宮市生まれ。大学卒業後渡欧。日本人として初めてアラン・シャペルに師事。フランス料理をはじめ、ドイツ料理、スイス料理など幅広く学ぶ。1981年、故郷の宇都宮市でレストラン『オーベルジュ』を創業。フランス料理店、レストラン・バー、デリカショップなど複数の業態を経営し、多様な食の楽しみ方を地域に広げる。2007年7月に開店した『オトワレストラン』は2014年に世界的なホテル・レストラン組織ルレ・エ・シャトーに加盟認証を受け、宇都宮のグラン・メゾンとして確かな評価を得る。創業当初より母と子の料理教室や親たちへの講演活動など地域の子どもたちへの食教育に奔走する。また、県の農政委員や「とちぎ未来大使」を務め、食・農・観光をつなぐべく精力的に活動を続ける。現在、料理人の長男 元、次男 創、マネジメントの長女 香菜。そして子どもたちの伴侶や孫たち、店のマダムであり最大の理解者である妻、道子とともに、Otowaファミリーとして地域に根ざすレストランを目指し、更に進化中。

受賞歴（フランス）

1988 〈プラルディエ〉ブレス鶏委員会より

1989 〈ヴィザン葡萄栽培の王〉南仏コート・デュ・ローヌ ヴィザン村より

1989 〈オリーブの騎士〉ニョンス・オリーブ協会より

1993 〈フロマージュの騎士〉チーズ鑑評騎士の会より

1993 〈アン県料理人クラブ名誉会員〉アン県料理人クラブより

1993 〈エスコフィエの弟子〉エスコフィエ協会より

1998 〈トリュフの騎士〉トリュフ協会より

1999 〈ヴォークリューズ名誉県民〉ヴォークリューズ県より

1999 〈シャトーヌフ・デュ・パープの騎士〉シャトーヌフ・デュ・パープ協会より

受賞歴（日本）

2010 農林水産省 第一回料理マスターズブロンズ賞

2013 フランス料理アカデミー会員認定

2015 フランス共和国農事功労章シュヴァリエ

2015 栃木県文化功労者（栃木の食文化向上への貢献）

2016 農林水産省 第七回料理マスターズ 第一回シルバー賞

2018 ルレ・エ・シャトー シェフトロフィー 2019

著書

「サラダ好きのシェフが考えた サラダ好きに贈る 137のとっておきサラダ」、「サラダ好きのシェフが考えた サラダ好きのための131のサラダ」、「シェフに教えてもらった シンプルですてきなおもてなしフレンチ」、「料理を変える つけ合わせバリエーション」（すべて柴田書店刊）他。

ルレ・エ・シャトーは、1954年にフランスで誕生した世界的な権威を誇るホテル・レストランの会員組織で、現在は世界64ヵ国、580軒あまりのホテルとレストランが加盟している。入会にあたってはルレ・エ・シャトーの価値基準をもとに、厳しい審査が実施され、それを満たす施設だけが認証される。『オトワレストラン』は、2014年に加盟が認証された。

2018年11月、カナダで開催されたルレ・エ・シャトー世界大会2018において、その年の最も優れたシェフを称える「シェフトロフィー 2019」を音羽和紀が受賞。世界の加盟施設580軒より一人のシェフが選出されるもので、日本の加盟施設では初の快挙となった。

2017年5月から運行がはじまった、JR東日本のクルーズトレイン「TRAIN SUITE 四季島」。この車内で提供する食事の一部を、『オトワレストラン』が担当することになった。担当するのは上野を出発し、甲州、信州、会津を巡り、上野に戻る一泊二日コースの帰りの昼食で、栃木県の食材をふんだんに使用したコース料理を、季節ごとに提供している。

店舗
オトワレストラン
シテ・オーベルジュ

連絡先
株式会社オトワ・クリエーション
住所　〒320-0826栃木県宇都宮市西原町3554-7
電話　028-611-3188　FAX　028-651-2310
https://otowa-group.com/

この地でフランス料理をつくり続けていく

故郷に愛され、発信するフランス料理店。素材・人・料理

初版印刷　2019 年 7 月 1 日
初版発行　2019 年 7 月 15 日

著者 ©　音羽和紀（おとわ かずのり）
発行者　丸山兼一

発行所　株式会社柴田書店
　　　　東京都文京区湯島 3-26-9 イヤサカビル 〒 113-8477
　　　　電話　営業部 03-5816-8282（注文・問合せ）
　　　　　　　書籍編集部 03-5816-8260
　　　　URL　http://www.shibatashoten.co.jp

印　刷　図書印刷株式会社
製　本　加藤製本株式会社

本書収載内容の無断掲載・複写（コピー）・引用・データ配信等の行為はかたく禁じます。
乱丁・落丁本はお取替えいたします。

ISBN 978-4-388-06300-0
Printed in Japan
©Kazunori Otowa 2019